Einaudi. Stile libero

Dello stesso autore nel catalogo Einaudi

Grafogrifo (con M. Poggi)

© 2014 Giulio Einaudi editore s.p.a., Torino

www.einaudi.it

Tutti i marchi e le immagini riprodotte nel presente volume
appartengono ai rispettivi titolari.
La casa editrice, esperite le pratiche per acquisire tutti i diritti
relativi al corredo iconografico della presente opera, rimane a
disposizione di quanti avessero comunque a vantare ragioni in proposito.

ISBN 978-88-06-21771-6

Riccardo Falcinelli

CRITICA PORTATILE AL VISUAL DESIGN

Da Gutenberg ai social network

Einaudi

Indice

p. 3 Introduzione
13 Visualità
23 Industria
35 Serie
45 Design
55 Riproducibilità
75 Consumo
85 Contesti
107 Identità
121 Marchio
135 Display
145 Codici
157 Caratteri
179 Lettura
187 Layout
203 Iconografia
219 Esattezza
237 Narrazioni
251 Fotografia
263 Schermi
275 Stile
287 Miti

305 *Elenco delle illustrazioni*
318 *Bibliografia essenziale*

Critica portatile
al visual design

1

2

3

Introduzione

In un giorno imprecisato del 1524, Marcantonio Raimondi, forse il piú grande incisore dei suoi tempi, viene arrestato dalle guardie di papa Clemente VII e rinchiuso nelle carceri vaticane. È coinvolto in un crimine spaventoso e sporchissimo. Non si tratta di omicidio o furto, non è magia nera e neppure eresia. A quanto ci risulta, si tratta di un crimine nuovo, mai commesso prima. È accusato di quello che, con un termine moderno, chiamiamo «design».

Facciamo un salto indietro. Federico II marchese di Mantova commissiona a Giulio Romano – brillante allievo di Raffaello – una serie di dipinti erotici, per adornare il Palazzo Te appena costruito. Si tratta di immagini amorose con satiri, ninfe e divinità varie, e se l'esplicitezza è il criterio per distinguere erotismo e pornografia, allora i soggetti in questione sono pornografici: vi figurano falli eretti, amplessi e posizioni (sedici per la precisione). La commissione di pittura pornografica non è però una novità tra cerchie ristrette e facoltose. Nuova è l'idea di ricavare da quelle figure delle matrici incise e stamparne delle copie rivolgendosi a un pubblico piú ampio.

E qui entra in scena Marcantonio, pare che l'idea sia sua. Il lavoro è superbo e anche per questo il papa vede bene di arrestarlo seduta stante. Le copie recuperate sono immediatamente bruciate. Giulio Romano non viene invece perseguito, vuoi perché si trova a Mantova, vuoi perché dipingere pornografia per un ricco committente non è il vero reato. È credibile invece che l'aspetto criminoso venga riconosciuto nella pericolosità della prassi produttiva: e cioè la velocità e l'ampiezza di diffusione che le copie stampate permettono.

Da quando la stampa ha cominciato a essere sempre più capillare, la Chiesa ha imparato che ci sono pericoli nuovi, più grandi e più dannosi degli infedeli o degli eretici. In quegli stessi mesi, infatti, l'Europa è invasa dalle molte copie dei testi luterani e da volantini in cui il papa è raffigurato come l'anticristo. Il pericolo non sono più le voci dissidenti, ma la loro diffusione; e per la prima volta il potere deve fare i conti con il consenso di quella che sarà poi battezzata società di massa. Perché la massa non la fa solo il numero, ma, appunto, la gestione del consenso. Il crimine di Marcantonio non è la pornografia, ma aver permesso la sua circolazione.

Una delle caratteristiche principali del design, che lo distingue dall'arte o dall'artigianato comunemente inteso, è questa: un artefatto di design non esiste in un originale, ma nelle sue copie. E non si tratta solo di una necessità produttiva, ma di un orizzonte estetico, funzionale e di senso.

Nel mondo contemporaneo il design è ovunque: può essere usato, abitato, fruito, maneggiato, goduto, sfruttato, sprecato, distrutto, riciclato; ma soprattutto il design può essere *visto*. Questo è l'argomento del nostro libro: i linguaggi e i saperi del visual design, cioè di tutte quelle cose progettate anzitutto per lo sguardo.

Il design è un insieme di pratiche molto diverse, e difficilmente lo si costringe dentro un'unica interpretazione. Dobbiamo quindi procedere per pezzi, per brandelli, per ragionamenti ora circoscritti ora trasversali, per dubbi e apparenti incoerenze, cercando man mano di tirare fila possibili. Non possiamo tenere il visual design in una frase, ma possiamo girargli intorno elencando alcune sue caratteristiche in determinate condizioni.

L'assunto di questo libro è che il visual design non sia una disciplina, ma una serie di discorsi che riguardano ambiti diversi della produzione e della conoscenza. Il campo è quindi molto vasto: contiene oggetti, informazioni, racconti, eventi, aziende e persone.

Il visual design ci circonda. E in molti hanno imparato a riconoscerlo: nella grafica delle grandi aziende, nelle pubblicità, nelle interfacce del computer o del telefonino, nelle copertine dei libri o nei video musicali. Ma il visual design non riguarda solo gli ambiti piú evidenti della comunicazione, ad esempio vi rientra a pieno titolo l'etichetta di un paio di mutande. Si tende a trascurare che anche quelle righe stampate su due centimetri di fettuccia sono state progettate da qualcuno, cioè sono un piccolo progetto grafico fatto di codici, simboli e font appropriate. Pensando al visual design si pensa infatti alle opere piú estetiche e non agli oggetti quotidiani: si pensa al poster della Tate Gallery e non alla bolletta dell'Enel, si pensa alla pubblicità dell'alta moda e non alla biancheria dell'Upim.

Quando qualcuno scopre che mi occupo di design, la sua prima esclamazione di solito è: «Che bello, un mestiere creativo!» Non c'è dubbio che il design abbia molti aspetti per cosí dire artistici, ma sono solo una parte, spesso non principale, di ragionamenti e problemi molto piú articolati: documentarsi su un tema preciso; risolvere una questione tecnica; ottenere i diritti di un'immagine; fare un preventivo; rapportarsi ai clienti e cosí via. Tutte queste pratiche fanno parte dei saperi del design e ne determinano le forme e la fortuna.

La maggioranza di quelli che vorrebbero fare il designer però, specie tra i piú giovani, ha in testa quasi esclusivamente gli aspetti espressivi o spettacolari; anche perché libri e giornali preferiscono parlare non del design ma dei suoi grandi autori, come Philippe Starck, Frank Gehry, Giorgio Armani o Chip Kidd.

INTRODUZIONE

Nella moda, il vestito di cui piú si parla è quello di *haute couture;* bello, immaginifico quanto si vuole, ma risolto anzitutto sul piano espressivo, come fosse una scultura. Saper progettare le magliette del supermercato, invece, richiede di padroneggiare ambiti e competenze ben piú ampi: uno stesso disegno deve infatti funzionare su taglie diverse; ci sono valutazioni anatomiche e antropologiche che investono la scelta dei materiali e delle cuciture; ci sono i problemi relativi al colore sia sul piano igienico sia su quello simbolico; per non parlare della resistenza dei tessuti e delle tinte; delle finiture e degli elastici; della tenuta ergonomica e della sostenibilità in rapporto al prezzo.

Una delle ragioni per cui alcuni stilisti sono una spanna sopra agli altri è forse perché nei loro abiti, anche nei piú artistici, si vede la capacità sartoriale di fronteggiare problemi diversi e complessi. Gli aspetti artistici dànno indubbiamente fama e visibilità, ma per stanare il bravo designer chiedetegli di ideare una maglietta comune o la sua etichetta. Per essere grandi progettisti bisogna prima essere artigiani con competenze profonde.

Certo, sul piano espressivo, un libro di Bruno Munari non è pari a un bugiardino farmaceutico, ma per capire il design dobbiamo partire da un campo piú largo, e non livellarlo ai semplici parametri dell'arte, della creatività o del talento che sono solo gli aspetti «purificati» di attività piú sfaccettate.

Rientrano nel visual design: la scatola di un surgelato, il tabellone ferroviario, lo scontrino della farmacia, un fumetto, un libro di analisi matematica, il biglietto dell'autobus, il bollettino di conto corrente, la font del passaporto, il manuale di istruzioni del mobile componibile, il piccolo adesivo sopra il pompelmo, una pagina di romanzo, una carta geografica, l'indicazione stradale, il pattern di una piastrella, il marchio a fuoco su una coscia

7

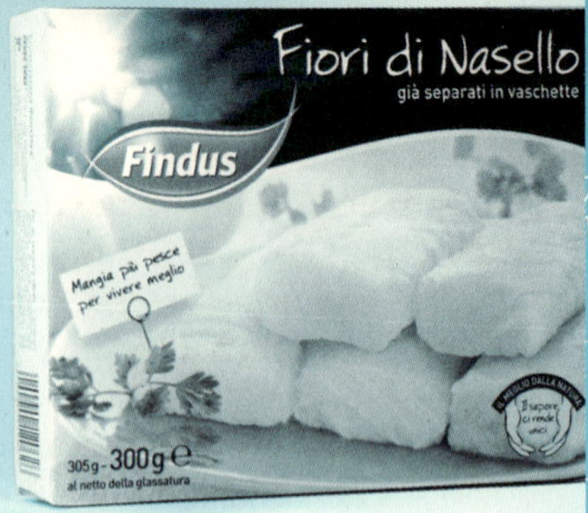
Fiori di Nasello
già separati in vaschette
Findus
Mangia più pesce per vivere meglio
305g - 300g e
al netto della glassatura

8

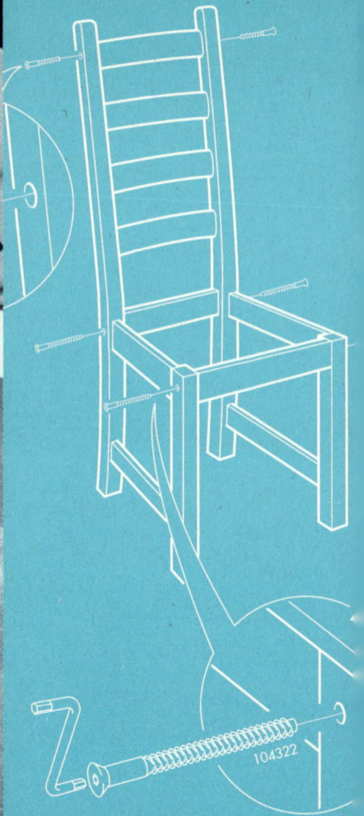
104322

9

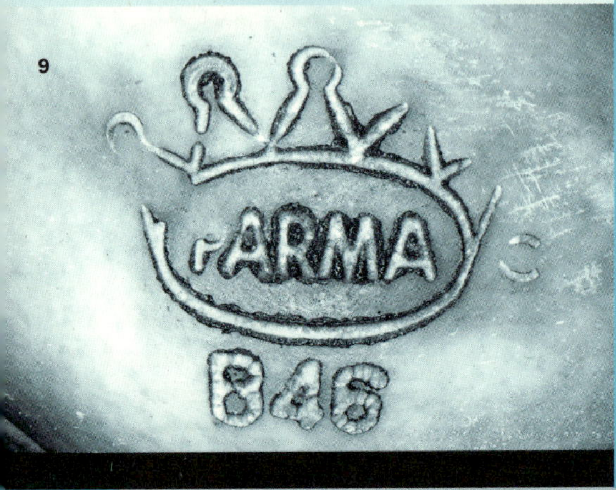
ARMA
846

10 ▸

VANITY FAIR
SUMMER'S WILDEST TRENDS!
the high street goes on safari
Gemma Arterton
The British bombshell rocketing to the top
WOULD MADAM LIKE A LINE WITH HER BLOW-DRY?
How drug culture targets women
feminism 2013
WHERE are we at?

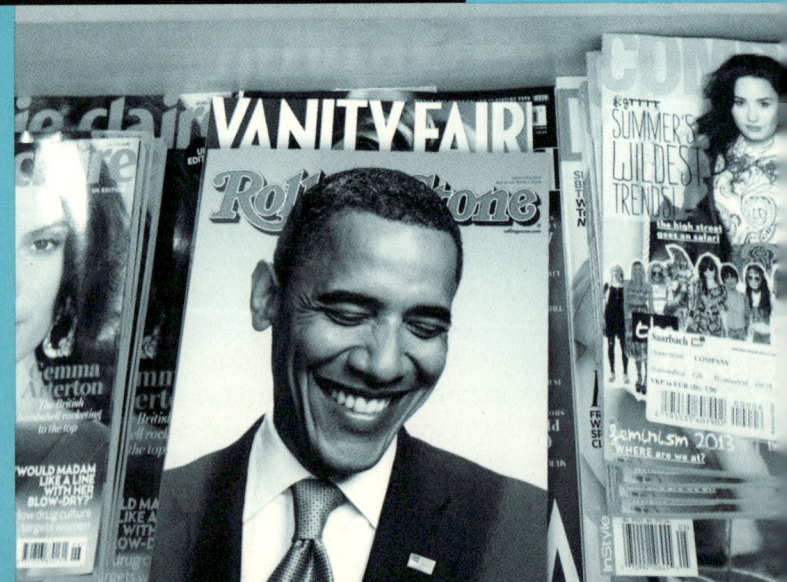

di prosciutto, una foto di moda, il cartamodello di una camicia, un'illustrazione scientifica, e il viso del presidente degli Stati Uniti.

Insomma: tutto ciò che si vede fa parte del visual design? Non tutto. Tutto quello che è progettato per essere visto secondo certe intenzioni: per informare, raccontare o sedurre gruppi di persone all'interno della società di massa.

È visual design l'interfaccia dell'iPad cosí come il volantino della pizzeria di quartiere. Parliamo di visual design ogni volta che qualcuno ha *serializzato* e *diffuso* un discorso visivo: tante copie di un volantino o di un libro, tante scatole di pasta, tanti schermi su cui compare una pagina web, tanti cinema in cui vedere uno stesso film.

Se un insieme che contiene troppi elementi può apparire poco proficuo ai fini del ragionamento, allo stesso tempo è impossibile parlare di visual design (e capirne qualcosa) senza considerarlo un fenomeno trasversale che investe campi diversi: dalla fotografia all'intrattenimento, dalla semiotica al marketing. Questi contesti e le loro attività si influenzano a vicenda: una certa procedura genera una certa forma; una forma viene scelta da una certa società; una tecnologia viene soppiantata da un'altra e condiziona altre procedure e altre forme.

Un artefatto visivo è infatti sempre calato in un flusso culturale, economico, sociale, ed è sempre connesso con altri artefatti e linguaggi. Ragionarne al di fuori di un'epoca e di una società precisa è quindi infruttuoso. Eppure questo è ciò che fa la maggior parte dei libri e dei siti Internet dedicati alla grafica e alla visualità, riducendo tutto a elenchi, piú o meno mascherati, di cose belle. L'unico giudizio diventa cosí il «mi piace», come negli infiniti post dei social network. La storia del visual design è al contrario molto piú complessa, attraversa discorsi e pratiche molteplici, e non può essere ridotta a una galleria di figure, di manifesti o di loghi.

Visual design è un termine diffuso, usato quasi sempre come sinonimo di graphic design. *Graphic* sarebbe in senso stretto il sistema dei layout, dei marchi, delle impaginazioni, dei lettering e delle font*; mentre *visual*, il piú generale ambito della comunicazione visiva.

L'aggettivo *visual* dichiara che abbiamo a che fare prima di tutto con il vedere**; ma anche una scarpa è pensata per essere vista, eppure appartiene al product design; e anche una carta da parati è pensata per esser vista, ma la consideriamo interior design. Il malinteso non è concettuale, ma burocratico: nel sistema della cultura esistono tanti nomi quante sono le discipline di cui hanno bisogno le università o gli albi professionali. Queste tassonomie sono sopportabili (e spesso utili) negli aspetti pratici della vita, ma possono essere di intralcio per comprendere il mondo. Perché nel lavoro reale e nella percezione del pubblico i confini tra le diverse attività sono piú fluidi.

Per capire il visual design non dobbiamo dividerlo in categorie o in tipi di merci, altrimenti il risultato sarà solo un elenco di forme. Il modo migliore per capire il design è chiedersi cosa aveva in mente chi l'ha progettato, chi è il committente, qual è il contesto sociale e quali tecnologie l'hanno permesso.

Parafrasando un noto slogan*** potremmo dire che nel visual design la forma *non* segue la funzione ma l'*intenzione*. Dobbiamo allora investigare non solo quello che si sa sull'argomento (la cultura del design) ma pure quello che si crede (le idee comuni esterne al mondo dei designer).

---

* *Font* è una parola femminile anche se è molto diffuso l'uso maschile come sinonimo di «caratteri»: viene dal francese del Cinquecento e si riferisce a un'unica colata di piombo, stagno e antimonio.

** Tradurremo *visual* con «visivo» per riferirci ai fenomeni legati alla visione; useremo invece «visuale» per riferirci alla cultura a cui appartengono questi fenomeni.

*** «Form follows function», la forma segue la funzione.

Ovvero dobbiamo tener conto – accanto alle voci ufficiali – dei luoghi comuni, dei miti, degli stereotipi che circolano nella società. L'uomo della strada ritiene che il designer sia un tipo moderno di artista, come crede che il visual design abbia a che vedere con la creatività e col saper usare il computer. Anche queste convinzioni fanno parte dei discorsi sul design e vanno considerate con attenzione.

Molti artefatti di design, anche quelli migliori, non sono però sempre il frutto del lavoro dei designer, ma di matematici, ingegneri o filosofi. Come vedremo, Isotype, il sistema da cui nasce l'infografica moderna, fu ideato da Otto Neurath, economista e sociologo; Worldmapper, una delle invenzioni statistiche piú brillanti degli ultimi anni, è frutto del lavoro di matematici; e una delle collane editoriali piú eleganti in Italia, la biblioteca Adelphi, fu disegnata dai redattori della casa editrice in aperta polemica con il gusto in voga tra i grafici. In questo libro, quindi, il termine *designer* verrà usato prevalentemente come participio presente: è «colui che progetta». Matematici, orefici, redattori, fotografi, disegnatori e imprenditori, figure diverse per formazione e cultura, senza nessun riferimento obbligato ai designer come categoria professionale.

Visualità

I domini della visualità hanno confini mobili e sfumati. Qui codici e linguaggi diversi coesistono e si sovrappongono. Per capire meglio queste convivenze proviamo a ragionare su come è fatta un'immagine televisiva prendendone una a caso, la prima che compare accendendo la Tv.

L'immagine televisiva possiede alcune peculiarità che non vanno trascurate: anzitutto non è una foto o un fermo immagine, bensí è un'immagine che *accade*, che ha cioè una durata e una natura dinamica e fluente. Si tratta poi di un'immagine pensata in serie, cioè costruita per essere visualizzata su milioni di schermi diversi, e ogni schermo su cui compare ne è un esemplare, senza che però esista un'immagine originale da qualche altra parte. L'immagine televisiva è sempre la manifestazione di una copia senza originale.

Dicendo «televisiva» non ci riferiamo però semplicemente al televisore, perché oggi uno stesso programma può esser trasmesso in Tv, replicato su un archivio YouTube, visto in streaming su un sito web, scaricato dalla rete o visualizzato sul cellulare. Questo statuto molteplice ha comportato influenze reciproche tra i vari linguaggi della comunicazione, cosí che i siti web imitano gli stilemi ora delle news ora della fiction, mentre i layout dei programmi televisivi si ispirano alle interfacce dei browser.

Esemplificative di queste coabitazioni sono le sembianze di un comune telegiornale dove all'immagine sorgente (quella generata dalla telecamera che riprende la scena) sono aggiunti loghi, scritte, bacchette o altre immagini piú piccole. Un'immagine televisiva è appunto un palinsesto, cioè una sovrapposizione di piú livelli di scritture e figure.

Questo standard è oggi lo stile delle news in tutti Paesi: Cnn, Rai e Al Jazeera condividono questo accavallamento di codici che imitando una pagina web comunica in modo efficiente la frenesia di chi è dentro le notizie. Ma anche la scena di un film è attraversata da testi, sovraimpressioni, scorrimenti, dissolvenze e ovviamente dal logo dell'emittente.

Queste mescolanze di elementi grafici riguardano tutta la televisione, non solo quella dei programmi in diretta. Per esempio, in una recente versione di Sherlock Holmes, prodotta dalla Bbc nel 2010 e ambientata ai giorni nostri, gli Sms inviati dai personaggi compaiono non come semplice didascalia ma come fondamentale elemento narrativo.

Si pensi anche a *I racconti del cuscino* (1996) di Peter Greenaway che, girato e montato in digitale, introduceva soluzioni grafiche tipicamente televisive – come le sovraimpressioni e le immagini dentro le immagini – all'interno della struttura narrativa cinematografica, anticipando molti codici che oggi sono diventati la norma.

Allo stesso modo le immagini visualizzate sul monitor del computer vengono fruite ora a fianco di un banner pubblicitario, ora al lampeggiare di Facebook. La pubblicità non si limita piú a interrompere i programmi ma si affianca o si sovrappone loro e – se pure è indubbio che le interruzioni pubblicitarie durante un film siano fastidiose – l'idea di un'immagine isolata da fonti di disturbo è il retaggio di epoche che non esistono piú.

C'è però da chiedersi se epoche simili siano mai davvero esistite, visto che, ad esempio, la rappresentazione dell'*Amleto* ai tempi di Shakespeare prevedeva invettive, battutacce e rumori vari da parte del pubblico. Del resto anche il modello apparentemente puro del teatro borghese o della sala da concerto ha sempre previsto il chiacchiericcio, la mondanità, l'aperitivo nel mezzanino come parte dell'esperienza estetica, tanto che una famosa battuta definisce eccentrico colui che va al concerto per ascoltare la musica. Oggi, poi, la funzione shuffle dei lettori mp3 ha reso comune ascoltare musica passando da Bach a Lady Gaga, magari mentre si fa jogging o un esercizio in palestra. Pratica anticipata dallo zapping televisivo che, per molti aspetti, è stato origine di tante giustapposizioni postmoderniste. Per capire il visual design, dunque, dobbiamo partire dall'assunto che la comunicazione *accade* sempre durante altra comunicazione.

Tanti sono i linguaggi che si basano sulla nostra capacità di vedere: la pittura, il cinema, la lettura, la segnaletica, la danza. È davvero difficile nel mondo moderno pensare a un'interazione con le cose in cui la vista non sia coinvolta. Sembrerebbe che oggi tutto il mondo sia una questione visiva.

Da piú di quarant'anni ci ripetono che la nostra è la «civiltà delle immagini», e non si può negare che siamo circondati ogni giorno e in ogni momento da artefatti visivi. La presenza di immagini, in tutte le loro forme, dalla pubblicità ai blog, dall'arte ai videogiochi, è però spesso tanto pervasiva da risultare invisibile e non ci si accorge che queste immagini non sono né naturali né neutre, ma possiedono un linguaggio, un funzionamento, un'ideologia. Partiamo dunque da qualche coordinata riguardo alla visione umana in relazione al design.

Le cose osservate hanno sempre un significato perché glielo diamo noi guardandole, altrimenti non sapremmo che farcene del mondo. Questo nostro guardare è sempre un guardare *esperto*, perché i percorsi esplorativi dell'occhio cambiano a seconda della cultura dell'osservatore e a seconda di cosa sta pensando. Quando guardiamo, noi sappiamo già qualcosa, abbiamo già delle idee in testa. Guardare è prestare attenzione, e non si può essere attenti a tutto. Né siamo tutti attenti allo stesso modo. Quindi nessuno potrà garantirci che il fruitore vedrà le cose esattamente come sono state progettate, e in questo il design deve sempre tener conto di un margine di errore.

Le attitudini percettive e le ragioni culturali sono inestricabili. Da una parte le predisposizioni biologiche ci permettono di costruire codici culturali precisi; dall'altra il cervello si sviluppa influenzato sia dal contesto sociale in cui viene educato sia da quello chimico e ormonale in cui cresce. In parole povere: la biologia fa sí che il rosso sia piú visibile del blu, ma è la cultura che attribuisce al rosso significati e utilizzi.

Anche con il piú semplice artefatto di visual design, ci troviamo di fronte a codici distillati in millenni di convenzioni figurative e scrittorie: un ritratto è spesso tagliato a mezzo busto; in un'addizione mettiamo le cifre una sotto l'altra; nelle carte geografiche i fiumi sono blu; nella foto di un bacio, la donna reclina la testa all'indietro; l'asse x è quello orizzontale; il rosso è passionale; le note sono a piè di pagina e la forchetta sta alla sinistra del piatto. Si tratta di codici fissati dall'economia, dalla pittura, dall'educazione, da esigenze igieniche, da evidenze logiche. Ma mentre i produttori di comunicazione vengono educati al loro funzionamento (e i piú accorti anche al loro significato storico), i consumatori si limitano a fruire.

L'occhio dei designer è infatti abituato a soluzioni visive frutto di percorsi di studio tipici della formazione artistica, tanto che la comunicazione può rischiare di risolversi in un processo autoreferenziale, poco utile perché non si mette nei panni (cioè negli occhi e nella cultura) di chi guarda le cose con una differente formazione alle spalle, ossia la maggior parte del pubblico.

Per questo l'aspirazione di arrivare a layout universali è utopica: la comunicazione non è come sparare a un bersaglio, è piú simile all'impollinazione, dove solo alcuni semi arrivano a destinazione. Bisogna dunque accettare il fatto che i suoi processi siano in continuo mutamento, impossibili da dominare come vorrebbe il marketing.

Anche se un famoso luogo comune reputa le figure piú efficaci delle parole, non esiste per l'uomo un guardare svincolato dal linguaggio: percepiamo sempre in un ambiente linguistico e siamo abituati fin da piccoli a usare una lingua storico-naturale, cioè quando pensiamo ci parliamo in testa. A questo proposito, appartengono al regno delle immagini non solo le figure artificiali o la visione naturale, ma anche le immagini mentali, quelle che formuliamo di continuo con l'immaginazione, sognando a occhi aperti o nel sonno. Queste immagini che abbiamo dentro sono sfuggenti, fatte di elementi non solo visivi ma acustici, tattili, emotivi. I sensi non agiscono infatti in isolamento, il nostro stare al mondo è sempre multisensoriale: figure, forme e colori non sono mai percepiti prescindendo da altre sensazioni.

Per esempio, qualunque intervento sonoro che funga da accompagnamento alle figure innesca meccanismi di influenze reciproche. Se si guarda un film senza audio, ci si accorge che è molto piú difficile seguire le azioni in assenza dei rumori: il naturalismo del cinema non è dato solo dalle figure, ma è abilmente costruito dalla musica e dai rumoristi. Il visual design è quindi sempre sinestetico e, anche con l'artefatto apparentemente piú elementare come un semplice foglio stampato, dobbiamo essere consapevoli del flusso multisensoriale in cui verrà percepito.

Ecco dunque che la grafica di un libro non sarà solo la figura in copertina, ma anche il titolo, l'autore, il prezzo, la sua forma, la carta, la colla, l'odore, il numero di pagine, il peso, la sensazione al tatto e tutto ciò che si presenta alla percezione del lettore. Vedere è un atto complesso che non può essere ridotto alla mera decifrazione di una bella composizione.

Visual design è dunque la progettazione di tutto ciò che percepiamo con gli occhi, ma in sinestesia con gli altri sensi, e in rapporto all'immaginazione.

Non esiste, nella società attuale, un racconto, una merce o un'istituzione che possa fare a meno di un sistema visivo che gli dia forma e diffusione: dal pane per i toast alla segnaletica, dai libri di matematica ai film.

Anche concetti in apparenza piú astratti, come un'università, una raccolta di beneficenza o un investimento in obbligazioni, hanno bisogno di un'immagine con cui essere proposti e rappresentati.

È esemplare il caso di Ikea, il cui catalogo opera in maniera coordinata con gli oggetti venduti e con lo spazio espositivo, legati in una triplice alleanza: il mobile rimanda contemporaneamente alla sua figura stampata e allo spazio in cui è esposto; lo spazio espositivo a sua volta somiglia al layout del catalogo; e il catalogo li riflette entrambi.

L'idea di fondo è usare il catalogo non come listino, ma come fiction, visualizzando non i mobili, ma il mondo accogliente di chi li abita; e proponendo un gusto, un modo di illuminare lo spazio e perfino un modo di stare e di essere. Il catalogo è un esempio limpido di graphic design, è un vero e proprio magazine di arredamento attraverso cui la visualità precede le merci, dandogli significato.

Senza il visual design, quegli oggetti non esisterebbero, almeno non come li conosciamo. Tant'è vero che quando si passa dallo spazio espositivo a quello dell'acquisto si rimane un po' delusi, il sogno crolla e ci troviamo circondati da sconfinati bancali di merci.

Se il catalogo Ikea è un caso di rapporto strettissimo tra gli oggetti e la loro visualizzazione, la vodka Absolut è invece un caso di coincidenza. La bottiglia è allo stesso tempo il prodotto e il suo visual, tanto che i pubbli-

16

Come and play.
Tower Hill.
Jim Moriarty x.

17

Parfait mélange
ThePillowBook Section029

18

2013
IKEA
€7,99
NUOVA VITA
ALLA TUA
CASA.

19

Valfrutta
Piselli Piccoli
di giornata
CIRIO
I Piselli Medi
VERACE DAL 1856

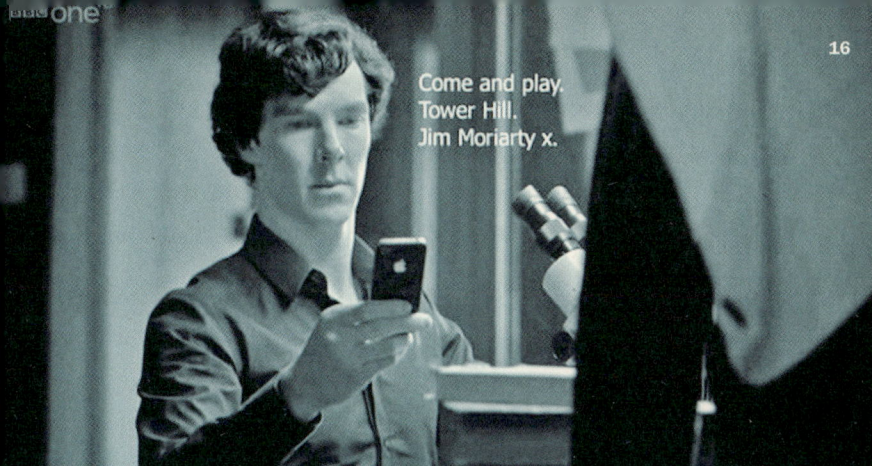

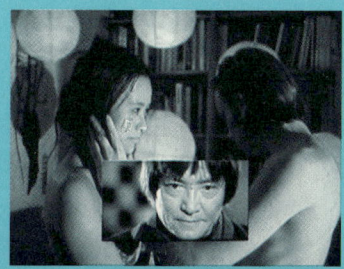

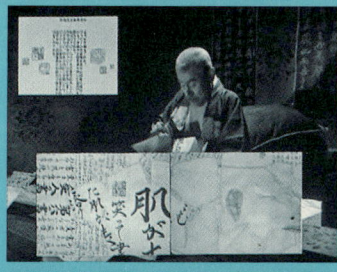

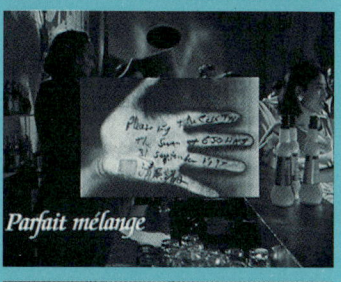

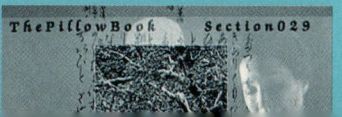

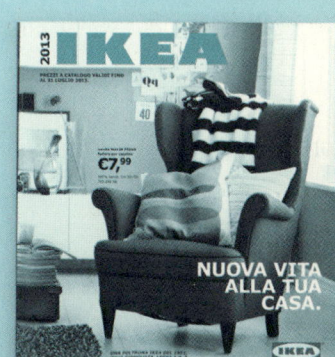

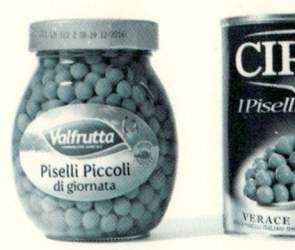

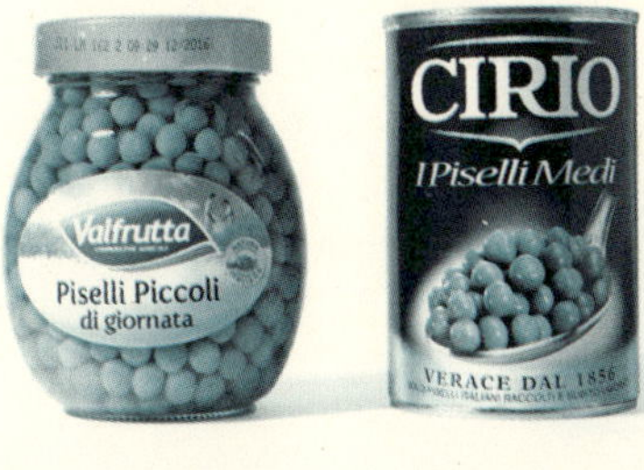

citari possono giocarci e possono pure non mostrarla. Absolut sta dichiarando in maniera esplicita che c'è un legame inscindibile tra le cose e la loro figura. Lo stesso accade con il vino rosso, che è associato a una tipologia di bottiglia (cosí come la birra o l'acqua minerale). Questa forma «da vino» – inventata dai francesi – è finita per diventare una categoria, un'immagine simbolica, o meglio, una sineddoche: la parte che significa il tutto.

Per ragioni simili, gli spot della Nike e le campagne di Benetton possono non mostrare piú i prodotti: il visual design è tutto, dà forma a un modo di vivere e di pensare nel quale i prodotti abitano l'immaginazione.

Un altro esempio di coincidenza psicologica tra prodotto e visual è rappresentato da molti cibi in scatola, con caratteristiche diverse in base al rapporto che si istaura tra il contenuto e il contenitore. Sul packaging alle volte compare una foto dell'alimento a grandezza naturale, come nel caso delle lattine di legumi, presentati al massimo del loro splendore secondo le regole della *food-photography*; altre volte invece ci vengono mostrati i legumi reali attraverso un barattolo di vetro, come capita sulle scatole di pasta o di riso dove una finestrella ci fa vedere il prodotto «vero», segno di trasparenza e genuinità. Il packaging degli alimenti è appunto basato sulla corrispondenza che si crea tra la cosa e la sua raffigurazione, dal massimo dell'aderenza (il cibo visto dalla finestrella), alle rappresentazioni che sembrano senza mediazioni (la foto a dimensioni reali), alle forme traslate (la foto del cibo succulento già condito nel piatto).

Stabilire un confine che separi il design di un prodotto dal design della sua immagine, è dunque difficile.

Ciascun ambito della progettazione (ideazione del prodotto, fotografia, grafica, illustrazione) dà forma ad aspetti diversi della visualità: un certo tipo di luce, la qualità di una superficie, un particolare accordo cromatico. Il gioco che si instaura fra questi pezzi concorre a costruire l'impressione generale dell'artefatto, ma anche un concetto psicologico.

Se dico Absolut o Ikea, l'immagine che ci viene in mente non è la semplice evocazione di qualcosa che abbiamo visto, ma è anche un modello visivo che vive nella nostra mente.

Arriviamo dunque a una considerazione piú generale: il visual design progetta anzitutto *rappresentazioni*.

E una rappresentazione è, appunto, qualcosa che si mostra sensibilmente al nostro sguardo, ma pure qualcosa che finisce per abitare i nostri pensieri.

Su questi meccanismi, le merci (anche quelle culturali) costruiscono quell'alone di fascino che fa sí che Chanel, Lacoste o Einaudi diventino archetipi psicologici, caricati di un gigantesco valore aggiunto.

20

21

22

23

24

Industria

Il visual design riguarda il mondo contemporaneo, ma per capire molti aspetti delle sue manifestazioni odierne dobbiamo conoscerne le origini. Una buona ragione per studiare l'insieme dei fenomeni che chiamiamo Rinascimento è che in quegli anni si è affacciata una moltitudine di saperi, di pratiche, di codici e di economie che sono alla base del mondo in cui viviamo e del design come lo conosciamo. Tra questi, l'invenzione della stampa è difficilmente sopravvalutabile. La possibilità di produrre un testo in piú copie non solo rivoluziona la conoscenza, ma è un paradigma produttivo: da quel momento appare chiaro che tutto può essere prodotto in serie, in multipli, in copie.

Il lavoro dei miniatori medievali ha infatti molte caratteristiche in comune con le composizioni di grafica moderne (layout, lettering, impaginazione), ma queste sono somiglianze formali perché il modo di ragionare (e di lavorare) è radicalmente diverso. I miniatori non sono designer ma pittori, cioè autori di pezzi unici, conchiusi e cesellatissimi.

Per capire il design dobbiamo invece guardare alle forme non come cose in sé ma come frutto di un processo: cioè dobbiamo concentrarci sul tipo di procedure intellettuali ed economiche e sulla società in cui prendono forma. Solo da questa prospettiva possiamo capire i funzionamenti profondi, anche estetici, che portano all'interfaccia di un videogioco o alla segnaletica stradale.

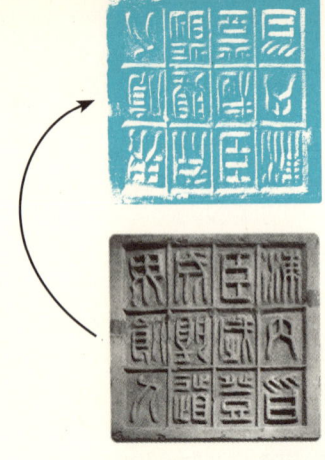

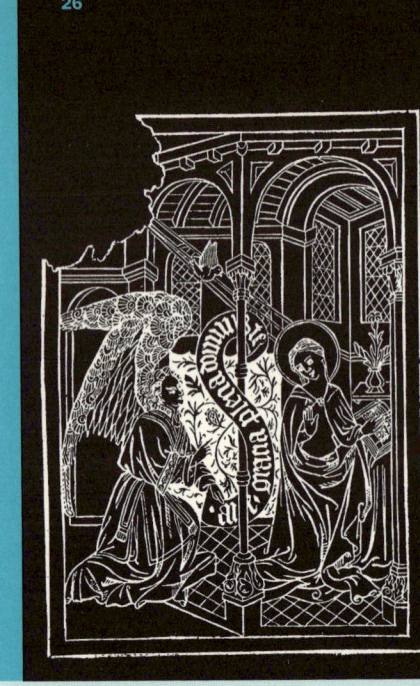

Altrimenti, se non ne spieghiamo i motivi, tutte le forme del design finiscono per somigliarsi; ovvero dal punto di vista compositivo, la grafica di uno shampoo non è poi cosí diversa da quella della copertina di un libro.

La nostra storia inizia nel Quattrocento: la rivoluzione industriale settecentesca ha in Johann Gutenberg (1394-1468) un prodromo fondamentale e – in anticipo sulle scarpe da ginnastica e sui cibi in scatola – è il libro stampato il primo oggetto industriale, cioè di design.

Cos'è un processo industriale? E cosa qualifica invece un oggetto come preindustriale? Verrebbe da dire che la differenza consiste nella lavorazione manuale, contrapposta alla lavorazione tramite macchinari: un processo industriale impiega macchine. Ma si capisce subito che questa classificazione è imprecisa. Anche il mondo antico usava trapani, seghe, torni, e la differenza non può neppure risiedere nella qualità della macchina o nelle sue dimensioni; del resto, di fronte a un trapano a manovella, la stessa distinzione tra utensile e macchina diventa labile.

Una tassonomia piú trasversale potrebbe considerare industriali quelle lavorazioni che impiegano macchine azionate con il vapore o l'elettricità; questa, però, è una definizione storica, corretta ma non esaustiva: il vapore aumenta di scala un processo che concettualmente è stato già formulato. Inoltre di industria c'è anche quella culturale, dove, ai pistoni e alle turbine, corrispondono processi intellettivi. Ragionare sulla tipografia è invece utile: l'invenzione gutenberghiana è interamente manuale, eppure contiene in nuce alcune caratteristiche specifiche dell'industria. Vediamo perché.

Prima di Gutenberg esistevano vari procedimenti di stampa, cioè lavorazioni in cui si inchiostrava una matrice a rilievo e la si premeva su una superficie. Si trattava di varie forme di timbri usati anzitutto per stampare motivi ricorrenti su tessuti, muri, ceramiche. C'erano poi punzoni con cui si coniavano monete o si imprimevano fregi su pelli e metalli (rilegature, armature) e c'erano sigilli da premere sulla carta o sulla ceralacca. Tutti questi tipi di matrici sono però utensili cosí come lo sono un martello o un pennello: si prende un timbro e lo si stampiglia su una stoffa tante volte finché non l'ha ricoperta tutta, creando un pattern omogeneo. Il timbro è uno strumento per produrre un tessuto decorato, ma non ancora per produrlo in serie.

Gutenberg, che aveva competenze di oreficeria, partendo dall'idea del timbro – e forse ispirato da precedenti esperienze orientali – mette a punto un sistema in cui tanti piccoli timbri di metallo (corrispondenti ai singoli segni) vengono affiancati fra loro per comporre parole e pagine. Il timbro quindi non è piú un utensile ma il pezzo di una procedura e questo comporta una serie di vantaggi: ad esempio, una volta stampata, la pagina può essere smontata e i timbri riusati per costruirne una nuova.

Prima di allora esistevano i cosiddetti libri «tabellari» in cui ogni pagina era un unico timbro, cioè un blocco non smontabile o riutilizzabile e in cui la fatica e il tempo di incisione non potevano essere moltiplicati oltre l'impiego del singolo testo. Per questo Gutenberg non ha inventato la stampa (che esisteva già), bensí la stampa «a caratteri mobili», ovvero un sistema di serializzazione. Questo aveva due livelli: da una parte, la realizzazione di copie a partire da una matrice permette di moltiplicare la produzione (e questo i libri tabellari lo facevano già); dall'altra, la scrittura si basa sulla combinazione di singole matrici piú piccole affiancate le une alle altre fino a formare la pagina scritta, che può essere poi anche smontata.

In questo senso il processo è industriale: perché una volta stabiliti e progettati gli elementi necessari alla produzione, si tratta solo di *produrre*. In generale, infatti, la qualità di un processo industriale risiede in una serie di azioni prestabilite, la cui esatta ripetizione dà luogo

30

31

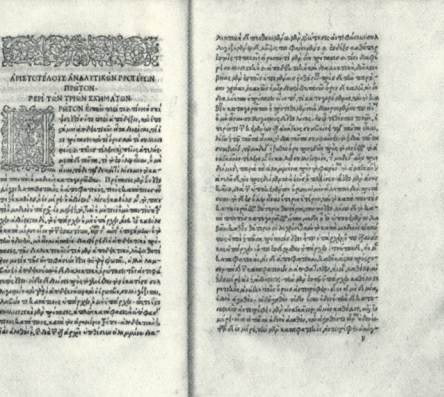

tipografia

Corpo

32

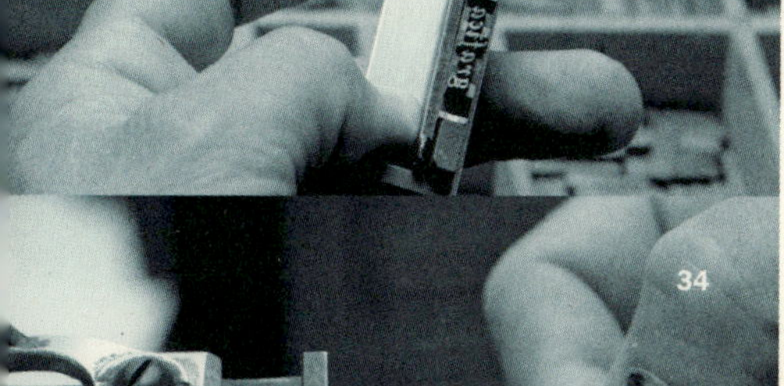

33

34

35

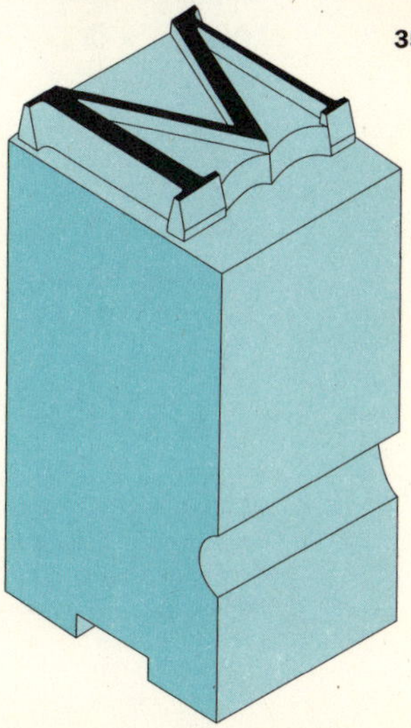

a un oggetto (o a un evento) che si concretizza sempre dopo l'invenzione delle procedure stesse.

Il libro a stampa rivoluziona la conoscenza e preannuncia il funzionamento dei moderni mass media. Nei primi anni della tipografia, l'epoca dei cosiddetti incunaboli*, vengono perfezionate le varie sequenze di produzione in uso ancora oggi (ideazione, progettazione, revisione, realizzazione) e il design finisce per articolarsi in fasi precise, a cui corrispondono altrettanto precise professionalità. Un esempio è l'officina di Aldo Manuzio (1449-1515) alla fine del Quattrocento, dove Francesco Griffo (1450-1518) faceva il designer di caratteri, Erasmo da Rotterdam si occupava della correzione di bozze e una serie di operai specializzati maneggiava torchi, carta e inchiostri. Già vediamo gli accenni della moderna catena di montaggio.

In questi primi tempi industriali – e qui emerge la mentalità progettuale – il disegno dei caratteri non è pensato come mero elenco di belle forme, ma come sistema di segni che prevede già a monte la necessità di affiancarli fra loro, e questo non è un dettaglio secondario. Il Bauhaus** – che pure ambiva a risolvere il rapporto tra arte e industria – ha avuto un approccio formalista al disegno dei caratteri, pensava alla forma delle lettere ma non approfondiva la relazione di queste con le righe, con la pagina, con i margini e con la produzione reale di libri e riviste. Si disegnava la sagoma di una lettera in astratto, trattandola come un bell'oggetto, il che è molto diverso dal pensarla come tassello di un sistema articolato.

---

* «Incunaboli» perché erano libri appena nati. Il termine deriva dal latino *incunabulum* che significa «in culla».

** Fondata a Weimar nel 1919 da Walter Gropius, il Bauhaus è stata la scuola d'arte e design più nota e influente del Novecento. Piena espressione delle istanze moderniste, fu incentrata su un nuovo metodo che superasse le distinzioni tra arte, artigianato e industria secondo le esigenze che già dalla fine dell'Ottocento avevano dato vita ai movimenti Arts and Crafts e Deutscher Werkbund.

Per questo, per capire il design, dobbiamo tenere insieme tanto i problemi di tecnologia e di percezione, quanto quelli economici e produttivi. Molti testi affermano che i libri di Aldo Manuzio sono esemplari di bellezza insuperata, ma questo è un dato opaco e parziale, i fatti importanti sono altri: Manuzio è il primo a pubblicare un catalogo di tutti i titoli in vendita e con tutti i prezzi. Omettendo questo dettaglio, non si capisce la portata dell'innovazione manuziana, non solo formale ma imprenditoriale. La cultura feudale infatti non avrebbe potuto concepire il concetto di listino.

Il nodo di tutto il discorso è che, prima della pubblicità, della fotografia, del cinema, della televisione o di Internet, il visual design si manifesta in Occidente con la stampa tipografica, parallelamente al delinearsi di nuove condizioni di produzione e consumo.

Prima della tipografia le cose grafiche accadevano in contesti completamente diversi. Se aveste visitato una provincia dell'Impero romano intorno al II secolo d. C., vi sareste trovati circondati da una moltitudine di immagini e di scritte su muri e su cartelli, e fra i vari tipi di scrittura avreste notato la coerenza grafica di quella ufficiale, cioè quel maiuscolo continuo che anche oggi conosciamo attraverso lapidi e iscrizioni.

Il fatto che questa particolare scrittura fosse coerente in tutto l'Impero richiama in parte quella che oggi, parlando delle aziende, definiamo «immagine coordinata». Questo, però, non è ancora design, e le ragioni sono appunto di natura sociale: il pubblico della Roma imperiale non è il pubblico di una moderna società di massa.

Perché si possa cominciare a parlare di design in senso moderno bisogna attendere l'economia del Quattrocento e le esigenze del primo capitalismo. Non poteva certo bastare l'idea in sé: un'invenzione è sempre un prodotto della Storia. Gutenberg è, come si dice, l'uomo giusto al momento giusto; interpreta i segnali della società e propone un modello produttivo protoindustriale che diventa presto una rivoluzione epistemologica: non si tratta soltanto di una nuova tecnologia che diffonde il sapere, ma soprattutto della trasformazione del sapere in consumo. Prima di Gutenberg si compravano e vendevano libri, ma dopo di lui il libro diventa definitivamente *anche* una merce.

I caratteri mobili erano fatti di una lega di piombo e antimonio e si sarebbe continuato a sperimentare il miscuglio migliore fino alla prima metà del Novecento: ad esempio per il carattere *Times* – progettato per l'omonimo quotidiano intorno al 1930 – si mise a punto, oltre al disegno, una lega metallica che resistesse all'urto delle rotative. Le matrici dei libri tabellari erano invece di legno, da cui il nome «libri xilografici»•; qui, come accennavamo, testo e immagini erano un tutt'uno, incisi su una stessa tavoletta. Con procedimenti simili si stampavano anche i primi santini e le varie immagini devote che cominciavano ad avere un massiccio pubblico popolare.

La xilografia era usata, fin dal tardo Medioevo, anche per stampare carte da gioco, e questo è un aspetto chiave per capire cos'è la serialità: le carte da gioco venivano realizzate per forza industrialmente, perché se fossero state fatte a mano sarebbe stato possibile distinguerle quando erano rovesciate e quindi barare. L'industria prevede oggetti virtualmente identici e nel caso delle carte era questa *identità* che garantiva l'azzardo. I tarocchi, al contrario, poiché non servivano per giocare, venivano dipinti a mano uno per uno, rifinendoli con l'applicazione di una foglia d'oro come i dipinti, ed erano cosí allo stesso tempo strumenti di divinazione e oggetti preziosi.

• Dal greco ξύλον, «legno».

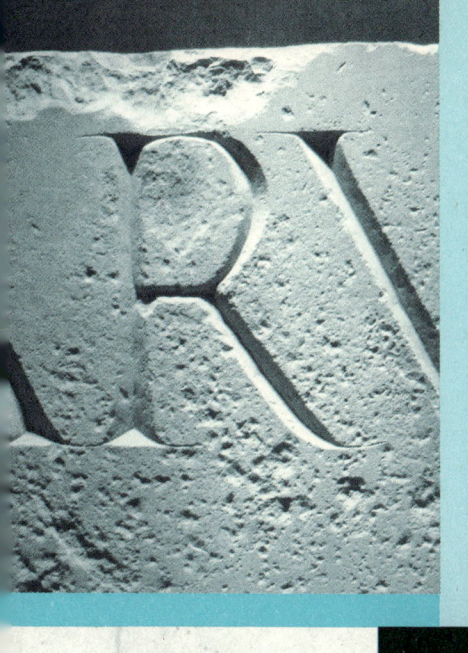

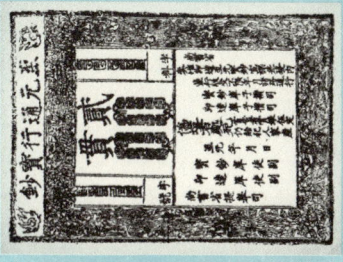

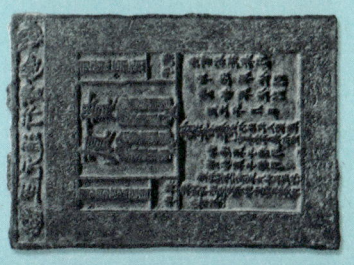

頗心三時住耶答曰無也何以故心
無有壞是故初時無也何以故心
故心空若心有增住者因緣有若干
相彼上更三緣若心第三時住者青
黃赤無有色相有色相亦無增減亦
無怖畏是故心上虛空或作是說若心
增上住者或時歡喜而修行道此非

I piú antichi esempi di stampa xilografica non sono però occidentali ma vengono dalla Cina del III secolo a. C. È Marco Polo a raccontarci di come i cinesi usassero soldi di carta stampata, cioè le banconote. In epoca Ming (1368-1644) esisteva già un mercato di massa per la narrativa ed erano molto diffusi romanzi a stampa realizzati con incisione xilografica. In questo caso è interessante notare il legame che si instaura tra una prassi scrittoria e una tipologia di produzione: mentre il contorno delle lettere dell'alfabeto occidentale, fatto di curve e raccordi, rendeva lenta la realizzazione di libri xilografici, il cinese, che è il risultato di una combinazione di tratti dritti, permetteva un'incisione piuttosto rapida, tanto che si è ipotizzato che una pagina xilografica in caratteri cinesi fosse realizzata, per mezzo di graffiature, in un tempo inferiore alla composizione in piombo di una pagina gutenberghiana.

I cinesi avevano tuttavia sperimentato per primi la stampa a caratteri mobili già nell'XI secolo, ma sembra che non si fossero sbizzarriti nei modi in cui utilizzarla.

È credibile che i caratteri cinesi non trovassero nessun vantaggio da un'invenzione che giustappone segni. Mentre la parola occidentale mette i segni uno accanto all'altro, il sistema cinese li sovrappone all'interno di uno spazio quadrato, scrivendoli uno sopra l'altro fino a formare il carattere o cosiddetto ideogramma.

Tra gli antecedenti delle pratiche di stampa c'è poi un oggetto – tra i piú enigmatici della Storia dell'archeologia – che non possiamo trascurare: si tratta del Disco di Festo, conservato al Museo archeologico di Iraklio a Creta, datato non oltre il 1700 a. C. e rinvenuto nel 1908.

Si tratta di un oggetto che rende problematici molti dei concetti di serialità e industrialità di cui stiamo parlando. Su questo disco di argilla compare, nei due lati, un testo disposto a spirale che converge verso il centro; linee verticali lo dividono in gruppi di segni (forse parole), per un totale di 242 segni non incisi, bensí impressi tramite 45 punzoni diversi, secondo una logica che non possiamo che definire tipografica. Di questo metodo di imprimitura per mezzo di matrici (appositamente preparate in anticipo) non abbiamo esempi in nessun'altra epoca e in nessun altro luogo. Sembra strano che si preparino matrici per realizzare un unico manufatto, ma forse è solo il nostro occhio moderno a non farci immaginare altri scopi.

Queste matrici erano usate per scrivere correntemente testi diversi? E, in ogni caso, quali mentalità, progettualità e società sentirono il bisogno di formulare un metodo del genere? Il Disco di Festo tace e rimane avvolto nel mistero, ma ci fa riflettere: qualsiasi storia delle opere di ingegno si riduce a un elenco di fatti miracolosi, se ne ignoriamo il contesto. La Storia, anche quando c'è di mezzo il talento, deve essere sempre storia sociale, altrimenti non parla di niente.

40

41

42

43 ▶

Serie

Se le qualità industriali di un artefatto sono determinate da ragionamenti moderni tipici della società capitalistica, la produzione in serie è invece sempre esistita, o quasi. L'antichità impiegava già pratiche moltiplicatorie; i ceramisti, da tempi remoti, producevano anfore e mattoni usando degli stampi. Quello che cambia con la modernità è la scala, la quantità, ma sopratutto l'economia di questi fenomeni. Nasce cosí un nuovo paradigma, cioè una nuova visione del mondo e dell'uso che se ne fa.

Dov'è infatti la distinzione concettuale, tecnica e tecnologica, tra uno stampo da vasaio e uno stampo industriale, se non nella mentalità? Dobbiamo quindi chiarire la differenza che passa tra i concetti di serie, multiplo e copia. Differenza che, come vedremo, è determinata da un lato dal tipo di mercato e dall'altro dalle intenzioni dei produttori.

Partiamo da una semplice constatazione: il mondo antico ha a disposizione manodopera gratuita, cioè gli schiavi, di conseguenza i valori di economia, di risparmio di tempo e di energie sono privi di senso. Il valore del lavoro nel mondo antico non ha rapporti diretti col prezzo del prodotto finito, non lo determina. Una cultura simile non investe – o lo fa molto poco – nell'elaborare procedure per ottimizzare la produzione. Il mondo romano, per esempio, era interessato a un modello di sviluppo basato sulla politica militare.

Il Medioevo propose altri modelli economici e sociali, e tra questi, dopo l'anno Mille, i prodromi mercantili del moderno capitalismo. La differenza è dunque di priorità: il mondo antico non ha necessità di metodi per abbassare i costi. In piú quelli che consumano e spendono sono una minoranza, e quelli che spendono per beni superflui sono una minoranza minuscola.

Se provassimo a immaginare il rapporto di un antico Romano con una sedia, con molta probabilità scopriremmo che non ne aveva mai comprata una: vuoi perché le aveva ereditate dalla famiglia, vuoi perché le aveva comprate in blocco insieme alla casa e, si sa, una sedia robusta può durare anni. Non solo: il concetto di «nuovo» non era in sé una virtú. Noi moderni discerniamo con finezza il *vecchio* dall'*antico*, ma in passato questo discrimine non era certo cosí marcato.

Uno scrittore di raffinata sensibilità quanto Jun'ichirō Tanizaki ha cercato di spiegare agli occidentali come, nella cultura tradizionale giapponese, lo sporco sia estremamente fascinoso, poiché la patina che si deposita sugli oggetti è il segno prestigioso del loro lungo vissuto: in Giappone anche le forme possono essere sagge. Del resto pure noi possiamo ristrutturare radicalmente un vecchio appartamento ma tenere le porte d'epoca (pure se non chiudono piú bene o se sono scorticate), trattandole come simulacri di epoche passate. Questa, che oggi si configura come scelta elitaria, era nel mondo antico non solo norma, ma necessità.

In un'ottica antica, una sedia nuova acquistata solo perché ci piace la sua forma sarebbe un oggetto superfluo o di lusso. Ma la vera differenza con quel mondo è che noi non stiamo comprando una sedia per sederci, noi stiamo consumando cultura. Il che da una parte si configura come caratteristica dell'Homo sapiens in quanto animale simbolico, dall'altra – ed è sotto gli occhi di tutti – testimonia come il passaggio dal consumo simbolico allo spreco sia brevissimo, con tutte le conseguenze di sostenibilità e di ingiustizia che questo comporta.

Se dovessimo descrivere la società attuale in termini lapalissiani, potremmo dire che è una società in cui tutti spendono e consumano, e dove, piú in generale, anche i beni di prima necessità vengono inquadrati secondo parametri estetici o simbolici. O almeno cosí è nelle zone abbienti del pianeta.

Nel mondo antico non solo non c'è la mentalità, ma non c'è neppure un pubblico di riferimento. Non è un caso che sappiamo dell'esistenza di stampi ceramici, perché anfore e laterizi erano consumati in grandi quantità.

Quel mondo ha conosciuto, accanto al multiplo, anche il concetto di copia. Si trattava però di qualcosa di diverso da ciò che intendiamo oggi. Nell'antica Roma esistevano ad esempio le «copisterie»: luoghi in cui si portava un libro e si chiedeva che venisse duplicato, a mano. Per sveltire il processo, il libro veniva diviso in fascicoli da distribuire a ciascun copista, di modo che piú scrivani contemporaneamente potessero completare la copiatura in tempi ridotti. È immaginabile che piú il lavoro era veloce, piú costasse, e che di questo servizio usufruissero i lettori piú ricchi.

I Romani conoscevano anche la copia di opere d'arte, e le botteghe erano attrezzate per moltiplicare i dipinti e le sculture piú famose e apprezzate. È possibile che le copie dei dipinti venissero eseguite col metodo antichissimo del reticolato•, mentre le copie delle sculture erano realizzate con un preciso sistema di misurazione e di puntelli. Oggi mettersi in giardino una copia in marmo del *David* di Michelangelo è considerato un gesto di intolle-

---

• Si disegnava un reticolo sopra l'immagine da copiare e un reticolo uguale sul nuovo supporto, poi si copiavano i dettagli contenuti in ciascun quadrato del primo reticolo in un nuovo quadrato, garantendo da una parte le proporzioni dell'insieme, dall'altra semplificando il lavoro di copiatura dividendolo in tanti pezzi piú piccoli e semplici.

rabile cattivo gusto, ma nel mondo antico era la norma anche tra i piú raffinati.

Per capire meglio il concetto di serie proviamo prima a chiarire cosa caratterizza la progettazione di un pezzo unico. Immaginiamo di voler costruire un tavolo: è probabile che partiremo con un'idea in testa, ci procureremo i materiali necessari e cominceremo a lavorarli per dare forma al nostro oggetto, finché a un certo punto diremo a noi stessi: ecco, ho finito.

Se invece volessimo produrre quel tavolo industrialmente, anziché costruirlo inventeremmo le procedure necessarie da ripetere ogni volta; faremmo i conti su dove poterci rifornire del legname necessario; sceglieremmo i macchinari piú idonei e via dicendo. Chiunque abbia progettato un pezzo unico per ragioni artistiche o di bricolage sa bene che la sensazione di aver finito è sfuggente e personale: si può continuare a cesellare l'oggetto a oltranza (Picasso una volta disse che il grande artista è quello che sa fermarsi al momento giusto). Nel design invece un pezzo è finito quando la procedura produttiva è terminata: un tavolo industriale non può essere carteggiato all'infinito.

Questa riflessione ne comporta subito un'altra: man mano che si lavora a un pezzo unico non solo si possono spostare i termini della sua finitezza ma si può persino cambiare idea. Se all'inizio avevamo deciso che il tavolo sarebbe stato in legno grezzo, a un certo punto possiamo decidere di farlo bianco. Infatti, tanto piú il valore che abbiamo in mente è di natura espressiva, tanto maggiori saranno il margine di imprevisto e i cambi di rotta.

Quando lavoriamo a un pezzo unico lo inventiamo *mentre* lo facciamo. Nella produzione in serie, invece, inventiamo non il pezzo ma le procedure per realizzarlo.

Veniamo adesso al rapporto tra serie e copia partendo da un caso che può aiutarci a riflettere: la ricopiatura di un disegno.

Immaginiamo che il disegno che andremo a ricopiare l'abbiamo fatto noi stessi in precedenza, e che quindi per la copia useremo lo stesso tipo di carta, la stessa matita e agiremo nello stesso contesto, con lo stesso tavolo, la stessa luce eccetera. Il disegno lo avremo realizzato un'ora prima, cosí da minimizzare differenze come la perdita di allenamento o di stato mentale. Iniziamo dunque a copiare, cioè affianchiamo al disegno originale un nuovo foglio bianco e tracciamo dei segni.

Se facessimo una copia ogni ora, per ventiquattro ore, nessuna sarebbe perfettamente identica all'originale; la matita avrà ogni volta grana e tremolii differenti, ma soprattutto ogni volta – anche se crediamo di copiare pedissequamente – noi staremo interpretando e, quindi, inventando.

Adesso immaginiamo che, nell'ora che separa la seconda copia dalla terza, squilli il telefono: dall'altra parte del filo ci dànno una brutta notizia che ci mette in agitazione. È molto probabile che il terzo disegno rivelerà in qualche modo l'evento. Detto piú semplicemente: noi non funzioniamo come macchine, non siamo fatti per ripetere una procedura in modo identico. Anche la precisione millimetrica di una ballerina classica rivelerà all'occhio esperto tante variazioni per quante repliche avrà visto. In fondo, se sapessimo ripetere esattamente qualcosa, attività come lo sport e tutti i tipi di gare sarebbero privi di senso.

Qualcuno potrebbe obiettare che questo è vero di fronte ad attività aleatorie, come l'arte o lo sport, ma anche quando si tratta di copiare con riga e squadra un disegno geometrico le cose non cambiano: chiunque si sia cimentato nel disegno tecnico sa bene come evitare ditate e sbavature richieda un esercizio sorvegliatissimo, tanto che apprezziamo la precisione proprio perché *innaturale*.

Dunque, riguardo ai nostri disegni, possiamo farli simili, molto simili, ma non identici. I falsari di opere d'arte hanno sviluppato una capacità particolare nell'azzerare la naturale voglia di inventare e di intervenire, ma anche il quadro falso (apparentemente identico) non è un prodotto industriale, e, se esaminato chimicamente, rivelerebbe la sua vera natura. Non basta quindi duplicare qualcosa (seppur in molte copie), per aver istituito un processo industriale: il risultato è un disegno «ricopiato» e non una copia in serie. Non sono industriali le decine di statue delle botteghe romane e non sono industriali i libri degli amanuensi.

La differenza fra arte e industria però non risiede strettamente nella manualità o nelle macchine e i confini non sono affatto netti: la tipografia, come abbiamo visto, era fatta tutta manualmente ed è la prova che un processo manuale può – come caso limite – essere anche considerato industriale. L'opposto di «industriale» non è «manuale» o «artigianale», bensí «non pensato per la serie». Dove l'accento va anzitutto su «pensato».

Possiamo aggiungere che l'oggetto industriale è pure «percepito come serie», cioè il fatto che ogni singolo pezzo sia indistinguibile dagli altri è una qualità specifica che appartiene all'idea psicologica che ci facciamo di quell'oggetto.

L'uomo ha prodotto un grande numero di oggetti secondo procedure e metodi precisi, e questo è comunemente chiamato artigianato; ma se, a monte, si prevede la realizzazione di piú copie dell'oggetto, si istituisce una procedura e questa condiziona le caratteristiche dell'oggetto, siamo probabilmente in ambito industriale.

Immaginiamo ora di prendere il nostro primo disegno, quello originale, e pensare: è proprio bello, voglio farne

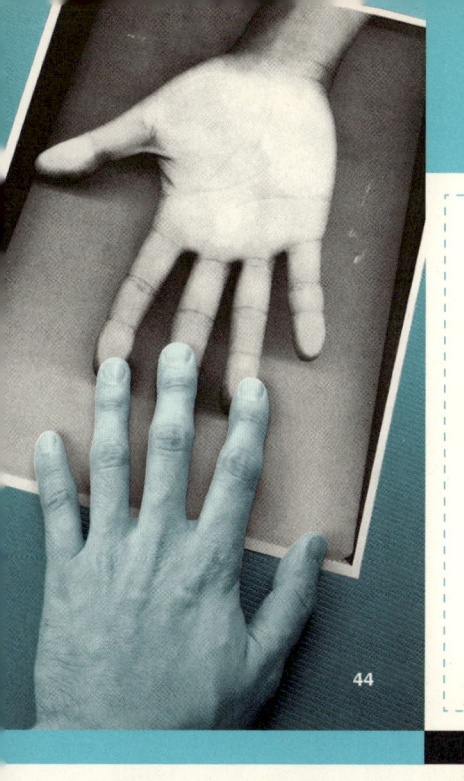

Qui sarebbe dovuta comparire la pubblicità di una nota marca italiana, ma i detentori dei diritti non ci hanno autorizzato alla riproduzione. Anche un'immagine negata appartiene alle politiche del visual design.

una copia. E, poggiatolo sul vetro di una fotocopiatrice, duplicarlo e magari farne mille pezzi. Le copie ottenute sono industriali? Sí e no.

La distinzione stavolta non è descrittiva (tipo di procedura) ma filosofica (qualità della procedura). Non ci sono infatti pratiche senza teorie, né tecnologie senza una visione del mondo. La fotocopia del disegno è, in potenza, il frutto di un processo industriale, e ne possiede alcune caratteristiche fondamentali: serialità, coerenza, moltiplicazione, tecnologia, efficienza, standard. Manca però l'aspetto saliente, ma apparentemente piú astratto: l'*intenzione*.

Io ho deciso di copiare il disegno *dopo* averlo fatto, e *dopo* aver capito che mi sarebbe piaciuto averne delle copie. Al contrario, il processo industriale presuppone che l'intenzione seriale *preceda* il disegno.

Poniamo che la nostra fotocopiatrice riproduca usando un toner nero su fogli formato A4, uno standard tra i piú comuni. Il mio disegno però è fatto su un foglio A4 ma con pastelli colorati; la fotocopia sarà quindi manchevole di alcuni pezzi: in primo luogo sarà in bianco e nero, cosí il verde e il rosso (che sono tinte equiluminose) verranno fuori come uno stesso grigio e quindi, se nel mio disegno c'è la bandiera italiana, questa risulterà come due fasce grigie e una bianca al centro. Inoltre, siccome la copia non arriva mai al margine esatto della carta, un pezzetto sui bordi verrà tagliato, perdendo parte delle informazioni.

Se invece avessi deciso a monte di progettare un disegno da fotocopiare avrei previsto un margine bianco tutto intorno, avrei disegnato e colorato direttamente in toni di grigio e, magari, avrei usato per la mia bandiera il tratteggio per il verde e dei puntini per il rosso, aggiungendo in calce una legenda esplicativa, come si fa sulle mappe. A quel punto la copia avrebbe mantenuto non solo la coerenza stilistica, ma anche quella semiotica. Questo è design. Questo è un ragionamento industriale.

Mentre nel caso del pezzo unico la procedura coincide con l'esecuzione, nel disegno industriale le procedure sono decise in anticipo secondo parametri produttivi, tecnologici, semiotici, e la realizzazione avviene dopo.

Tra le cose di cui tener conto in anticipo ci sono quindi le caratteristiche dei mezzi a disposizione, in quanto non esiste una tecnologia che non abbia limiti o vincoli: nel nostro caso i vincoli sono i margini bianchi del formato A4 e una ridotta scala di grigi dovuta al toner in polvere. La fotocopiatrice è quindi un ottimo esempio delle possibilità e dei limiti di qualunque tecnologia in generale.

◂48

49▾

50

51

Design

Secondo i vocabolari italiani il termine inglese *design* viene dal francese *dessein*, che a sua volta viene dall'italiano «disegno».

A metà del Cinquecento, il sapiente umanista Benedetto Varchi aveva condotto un sondaggio di opinione fra pittori e scultori, chiamandoli a esprimersi su quale fosse la maggiore fra le arti. Le risposte furono diverse, ma tutti sembravano d'accordo sul fatto che – ancor prima della pittura o della scultura – fosse da tener in gran conto il disegno, perché padre di qualunque arte. Cominciava a farsi avanti l'idea che il disegno non consistesse nel tracciare figure, ma nell'inventarle: il disegno come strumento per ragionare.

Il significato principale e piú comune della parola disegno è quello di rappresentazione grafica di oggetti della realtà o dell'immaginazione; il termine significa poi progetto, proposito, o si riferisce alla determinazione schematica, a grandi linee, di una serie di operazioni; ed è in questa seconda accezione che è passato nell'inglese *design*. La traduzione corretta è dunque «progetto» o «progettazione».

Per il nostro discorso, design è la progettazione di artefatti o eventi attraverso procedure prestabilite e ripetibili. Oltre agli oggetti, si può infatti *prevedere* anche la copia di un evento, come accade con le arti performative. Quando un attore a teatro recita ogni sera uno stesso monologo, ci troviamo di fronte a una serie simile alla copia manuale di un disegno; se invece quel monologo viene pensato per essere ripreso con una telecamera e trasmesso piú volte, c'è una tecnologia che garantisce che la serie sia identica. La differenza tra recitazione teatrale e cinematografica è quindi per alcuni aspetti, oltre che linguistica, industriale.

Nell'uso italiano design è spesso inteso come semplice accorciativo per product design o per graphic design. Il termine è cosí usato per riferirsi allo stile moderno (e apertamente di tendenza) di oggetti di arredamento, fino a coincidere col concetto stesso di made in Italy. In un senso piú ampio (e sempre nell'immaginario comune) design rimanda poi alla moda o alla decorazione di interni. Se ne fa un uso specifico e non generale. In inglese il termine è invece meno connotato, ma piú efficiente, chiede infatti sempre un aggettivo che lo contestualizzi: *graphic* design, *architectural* design, *fashion* design, *sound* design, e cosí via. L'urbanista di ultima generazione è definito *town designer*. L'accezione inglese non riguarda solo il contesto industriale: il designer è semplicemente un progettista in senso moderno, tanto che il termine è spesso intercambiabile con *artist*, in base al presunto grado di coinvolgimento con le attività commerciali o con quelle espressive. Insomma, si può essere un graphic designer o un graphic artist, a seconda che si lavori per una multinazionale o per un contesto indipendente. Ma è chiaro che sono nomenclature scivolose e un po' vaghe.

Progettare è però solo in parte inventare le forme. Progettare è anche stabilire le strategie e i canali di diffusione di un'idea; e queste due attività, anche se avvengono in tempi diversi, vanno pensate insieme.

Progettare riguarda quindi sia la creazione di un artefatto che la sua implementazione, cioè il suo essere messo in opera nella società. Compiti diversi che vivono però in rapporto di influenza reciproca.

Di solito quando si dice progettare si pensa agli aspetti creativi, al designer davanti al foglio bianco; ma, nel contesto complesso del mondo moderno, un progetto che non è implementato non è ancora design fino in fondo.

Non si può però essere troppo rigidi, perché, se i progetti davvero realizzati hanno un preciso statuto di realtà, quelli solo ideati possono essere strumenti teorici di portata enorme: questo è tipico dell'architettura, dove i progetti costruiti sono una minoranza rispetto a quelli disegnati.

A questo proposito si pensi ai disegni realizzati a inizio Novecento dall'architetto Antonio Sant'Elia (1888- 1916), in cui compaiono palazzi incostruibili con le tecnologie dell'epoca, ma a cui si ispirano oggi le metropoli reali; o si pensi a Giambattista Piranesi (1720-78), autore di costruzioni reali ma piú noto per le sue *Carceri d'invenzione* che hanno plasmato l'immaginario fantasy di centinaia di film, videogiochi e giochi di ruolo: tutti i vari *dungeons* vengono da lí.

Nel design non si tratta solo di replicare una forma, ma di pensare quella forma all'interno di una strategia complessiva, per declinarla su supporti, luoghi e tempi diversi. Calibrando in ciascun caso le tecnologie piú appropriate e le strategie piú opportune. Il design ragiona per procedure, cioè stabilisce un insieme di operazioni le cui caratteristiche sono determinate da una finalità precisa.

Per capire cos'è un ragionamento di design ci può aiutare una scena dal film *Ed Wood* di Tim Burton. Il film racconta la vita di Edward D. Wood jr, definito «il peggior regista di tutti i tempi», e ricostruisce il lavoro cinematografico su un set scalcinato degli anni Cinquanta. Il film di Tim Burton, girato nel 1994, è in bianco e nero come omaggio dal sapore vintage ai film di Wood. In una scena decisamente spassosa un'attricetta svampita, che non ha idea di come si faccia il cinema, arriva sul set e mostrando due vestiti chiede al regista: «Quale abito mi metto per la scena, questo rosso o questo verde?» L'operatore alla cinepresa, alzando gli occhi al cielo, le risponde: «Facciamo quello grigio scuro». L'attrice ragiona in termini di abbigliamento, mentre il cinema ragiona industrialmente: rosso e verde appaiono uguali una volta sviluppata la pellicola.

Immaginiamo di progettare il marchio per una compagnia aerea. Le forme e i colori scelti, nonché la font, dovranno rispettare alcune prerogative, la prima delle quali sarà l'unicità: non dovrà somigliare a qualcos'altro. Da un punto di vista tecnico, i colori e le forme dovranno avere caratteristiche tali da poter essere riprodotti, senza troppi problemi, su supporti diversi: la livrea dell'aereo, la divisa delle hostess, la carta di imbarco, il sito web, le tovagliette, i bicchieri, i tovaglioli e cosí via. In questi casi scegliere un colore pastello è rischioso, perché il margine di errore a cui ci esponiamo è molto alto. Un verde pastello verrà fuori piú scuro su carte porose (che assorbono molto inchiostro), e si mostrerà piú pallido su carte lucide (che hanno in superficie una patina di colla); rischiamo quindi che il verde delle carte di imbarco venga fuori diverso da quello dei tovagliolini. In questi casi, se davvero vogliamo un verde pastello, dobbiamo scegliere inchiostri differenti a seconda dei supporti finali, affinché, una volta stampati, i verdi si somiglino fra loro.

Una delle ragioni per cui, nella nostra società, il rosso è tanto usato, è perché mantiene costanti le sue caratteristiche percettive anche con risorse modeste. Il sistema piú diffuso ed economico di riproduzione del colore è infatti la quadricromia, dove con solo quattro inchiostri combinati tra loro si ottiene una dignitosa gamma cromatica. Questo sistema non consente però di avere tinte pastello brillanti, perché, basandosi sulla combinazione di percentuali di inchiostro, piú il colore si schiarisce

52

53

54

55

piú diventa opaco*. A differenza delle tinte pastello, il rosso – che si ottiene con la sovrapposizione di due inchiostri pieni e non schiariti (giallo e magenta) – rimane invece sempre brillante, solido e costante. Questo rosso in gergo si chiama «rosso 100», perché i colori che lo compongono sono stesi al cento per cento e non in percentuali ridotte. Per intenderci: si tratta del rosso brillante della Coca-Cola.

Torniamo al marchio della compagnia aerea. Risolti i problemi cromatici se ne porranno alcuni strutturali: il disegno dovrà funzionare in formato gigante sulla livrea dell'aereo e in dimensioni ridotte su un biglietto da visita. È poi possibile che il logo debba essere stampato su uno scontrino in carta termica, dove la risoluzione è molto bassa e i tratti fini potrebbero impastarsi. Non ultimo, il logo andrà ricamato sul bavero delle giacche delle hostess, e qui la tecnologia del filo e delle cuciture impone soglie di spessori sotto cui è impossibile andare. E poi ci sono le spillette in finto oro con i colori fatti a smalto, ci sono i timbri, le shopper e i gadget vari. Prima di iniziare a disegnare il logo bisogna tener conto di tutte queste cose. Ecco perché decidere di fotocopiare un disegno dopo averlo fatto (anche in centomila copie) equivale a duplicare un'opera di pittura e non a realizzare un progetto di design.

I problemi esposti fin qui sono una mappa di massima con cui orientarsi. Non è infatti possibile tracciare una linea netta e definire cosa è design e cosa non lo è; cosa è industriale e cosa no. L'artigianato ha sempre impiegato procedure per ottimizzare la produzione, anche se su scala meno massiccia di quello che comunemente

---

* Questo effetto si ottiene con il retino, quell'insieme di puntini che vediamo nei prodotti stampati e ritroviamo in Lichtenstein, che imita, ingrandendola, la stampa dei fumetti. Per schiarire un colore si rimpiccioliscono i puntini.

si reputa prodotto in serie. Oggi poi nuove tecnologie, come le stampanti 3d, da una parte stanno ridefinendo l'idea stessa di pezzo unico, dall'altra ribadiscono la ripetizione seriale come condizione cruciale della società moderna. Se con le tecnologie tradizionali servivano un numero minimo di esemplari per avviare la produzione, le stampanti 3d permettono di tirarne anche uno solo, ma secondo logiche e risultati tipici della serie. Le categorie di cui parliamo vanno quindi intese come strumenti di orientamento e non come verità ineluttabili.

Lo stesso visual design è un termine di comodo, utilissimo all'argomento di questo libro ma un po' generico in altri contesti. Stabilire i confini di un concetto è infatti sempre un'operazione arbitraria e dipende esclusivamente dal discorso che si vuole condurre. Nel nostro caso, possiamo proporre delle condizioni; possiamo tracciare perimetri possibili, spesso piú d'uno, spesso sovrapposti o intersecati; possiamo ritrovare similitudini fra artefatti e analogie tra le varie prassi, fino ad avere un quadro generale ma dai contorni mobili.

Per individuare questi confini plurimi e sfumati, ne descriverò ora qualcuno molto ampio, forse paradossale o estremo, ma che potrà aiutarci a capire meglio le cose.

Un uomo pettina una ragazza per un'occasione importante, diciamo il suo matrimonio; la finalità è renderla bella agli occhi di amici, parenti, ex fidanzati, nemici, vicine di casa invidiose; il tutto pensato probabilmente per la luce di un mezzogiorno di maggio. Quest'uomo è un parrucchiere. Ma se l'uomo in questione pettina un'attrice per un film, dovrà tener conto di altri elementi: il tipo di riflettori che verranno usati, le luci e controluci, il tipo di focale della cinepresa, la profondità di campo dell'inquadratura, la forza icastica dell'acconciatura (pensiamo all'onda sull'occhio di Veronica Lake); e dovrà anche tener conto dell'ambientazione del film, delle particolarità del personaggio, dell'epoca storica, del grado di plausibilità (Esther Williams che esce dall'acqua con la messa in piega a posto), di realismo o di artificio (è un film di Ken Loach o di Fellini?) e cosí via. Questo non è un parrucchiere ma un *hair designer*.

Il parrucchiere cinematografico è un designer non perché ha molti problemi da affrontare, ma perché quei problemi sono inquadrati all'interno di un processo, che avrà nell'iterazione il suo compimento: iterazione delle copie del film distribuito, delle foto inviate ai giornali, ma anche iterazione quotidiana sul set. Per girare un film possono volerci mesi, e bisogna inventare una procedura analitica per far sí che quell'attrice sia sempre pettinata allo stesso modo ogni giorno di ripresa, senza che i capelli appaiano piú lunghi, piú mossi, piú chiari. Naturalmente esistono le parrucche per ovviare al problema, ma anche decidere se usare i capelli acconciati o la parrucca è un problema di design.

Per ragioni simili, il fotografo del matrimonio ha come finalità l'album di nozze, mentre il fotografo di moda, quando ritrae una modella vestita da sposa, ha problemi di design. Una foto per la copertina di una rivista, per una confezione di merendine o per la pubblicità di un'automobile non viene *scattata* ma *progettata*. E cosí, un conto è fare il cuoco in un ristorante, altra cosa è progettare un piatto congelato per la Findus. In entrambi i casi ci sono procedure ripetibili, ma nel secondo sono cruciali la serializzazione, la diffusione e l'eloquenza su grandi numeri.

Vediamo allora un esempio limite: l'autore dei discorsi del presidente degli Stati Uniti, diffusi su milioni di teleschermi, di pagine web, di giornali, in cui ogni sillaba è calibrata per ottenere la massima efficacia, è uno scrittore o è uno *speech designer*?

Forse ci siamo allontanati un po' dal cuore del discorso, ma per capire un territorio bisogna sempre spingersi verso i suoi confini. Marcantonio Raimondi aveva serializzato delle immagini proibite. Non si era però limitato a duplicare dei disegni, il suo modo di procedere e di disegnare era pensato per funzionare e avere successo nella distribuzione, ed è in questo che il potere individua un reato: non nella pornografia, ma nella forza di diffusione che non può essere lasciata in mano a chiunque.

La rivoluzione della stampa – con cui iniziano le tensioni della comunicazione di massa – ha comportato un'esplosione della conoscenza e del sapere, ma ha pure provocato la nascita di organi di controllo sempre piú capillari e pervasivi. La società contemporanea ha infatti sviluppato un altissimo livello di sorveglianza, non lontano da quello raccontato da George Orwell o da Aldous Huxley, ma a differenza dei loro romanzi, che erano ispirati ai totalitarismi coevi, il mondo di oggi si autorappresenta con tinte meno cupe e apocalittiche, impiegando come sistemi di controllo da una parte il consumo e l'intrattenimento e dall'altra il sistema anagrafico e fiscale. Il design dà forma a questi discorsi.

I mass media sono infatti, allo stesso tempo, sistemi di diffusione e di censura la cui forza è principalmente di natura estetico-retorica. È quindi chiaro che capire il visual design non serve solo ai grafici, ma è uno strumento piú ampio, in un'epoca in cui tutto ciò che ci circonda è progettato per essere visto secondo certe intenzioni. Per informare, raccontare o sedurre.

56

57

58

59

Riproducibilità

La sera del 21 giugno 1791, mentre tentava di fuggire con la famiglia, Luigi XVI fu arrestato presso Varennes, nel nord-est della Francia. Due anni dopo sarebbe morto sulla ghigliottina. La leggenda vuole che il re fosse arrestato grazie a Jean-Baptiste Drouet, maestro di posta di Sainte-Menehould, che l'aveva riconosciuto confrontandone il viso con l'effigie ritratta su una moneta.

Il conio di monete ha, fin dall'antichità, tutte le caratteristiche di un progetto di design, dovendo tener conto dei problemi di serialità e di diffusione massiccia. Forse al conio manca solo un aspetto del design, che è appunto il consumo, ma non può essere altrimenti: il denaro è l'unico oggetto che non è merce, ma la misura*. Le monete possedevano formati, materiali e disegni specifici e – diffondendo i simboli del potere – contribuivano ai miti collettivi e all'immagine coordinata del Paese. Quello che è nuovo, nella Francia del XVIII secolo, è il rapporto del pubblico con l'immagine riprodotta. La raffigurazione del volto del re era stata, fino a quel momento, una questione simbolica, ovvero una metafora del potere. Drouet, invece, attraverso la moneta riconosce una persona precisa e non il suo ruolo; riconosce l'*originale* di qualcosa che fino a quel giorno aveva conosciuto attraverso delle copie.

* Tranne quando diventa numismatica.

È questo uno dei sentimenti che inducono milioni di persone ad affollarsi davanti alla *Gioconda* di Leonardo, esposta al Louvre. Il fascino del quadro non sta solo nei meriti intrinseci della pittura, ma nel trovarsi di fronte all'originale di un dipinto conosciuto attraverso libri, magliette, poster, tazze e film.

Negli anni Trenta del secolo scorso, il filosofo tedesco Walter Benjamin (1892-1940), in un libro ormai classico, sosteneva che la riproducibilità tecnica delle opere d'arte avrebbe comportato una perdita della loro aura, cioè quella fascinazione, quasi mistica, suscitata nello spettatore dall'esemplare originale.

Per capire bene il senso di questa riflessione, dobbiamo ricordare che la fotografia era stata inizialmente impiegata – tra le altre cose – per riprodurre dipinti, non solo per inserirli nei libri, ma anche per appenderli in casa insieme ad altri quadri. Non era questo un consumo esclusivamente popolare (come accade oggi con i poster in vendita nei musei), ma era diventato comune, anche tra i borghesi colti, appendere in salotto un quadretto con la *Creazione di Adamo* della Cappella Sistina. Oggi si tende ad abbellire le proprie pareti con la copia di un famoso poster di grafica o con la locandina di un film, mentre incorniciare Botticelli viene da molti reputato kitsch, ma non era questa la mentalità della borghesia coeva a Benjamin.

Dobbiamo quindi chiederci: perché oggi, tra i piú aggiornati, incorniciare la copia della locandina di *Quarto potere* è ritenuto di buon gusto, mentre appendere la copia di Van Gogh è considerato di gusto cattivo? Una delle ragioni è che le generazioni successive a Benjamin hanno non solo introiettato la riproducibilità tecnica, ma l'hanno anche trasformata in un fatto estetico. Mentre Van Gogh ha uno specifico pittorico che nel poster viene appiattito e banalizzato, la locandina di *Quarto potere* è stata pensata per essere copia, e questa qualità viene riconosciuta e apprezzata.

Il pensiero di Benjamin però – per quanto raffinato – non è stato profetico: oggi il pubblico (colto e popolare) prova di fronte agli originali un senso amplificato dell'aura, di certo diverso da quello di un uomo dell'Ottocento, ma non per questo meno mistico. La riproducibilità ha ridefinito i confini del pezzo unico e del pezzo seriale, cambiando l'atteggiamento della società nei confronti delle immagini e degli esemplari artistici.

A questo proposito è interessante notare come, nel Novecento, l'arte contemporanea sia diventata sempre meno riproducibile, spesso in maniera programmatica: happening e performance possono consistere solo di una procedura scritta, opere concettuali, documentabili ma non riproducibili. Una delle ragioni di questa perdita di materialità può essere rintracciata proprio nella risposta ai fenomeni di serializzazione e mercificazione dell'arte.

Le prime riflessioni degli artisti sulla riproducibilità tecnica precedono però Benjamin di almeno quattro secoli.

Perché ci sia design, l'intento di creare in serie deve trovare un mercato che ne abbia bisogno. Non è infatti un caso che, come Gutenberg, sia tedesco anche un altro maestro alle origini del visual design: Albrecht Dürer (1471-1528).

Questi affiancava all'attività di pittore un'intensa attività di disegnatore di immagini pensate per essere stampate. Con le copie di un disegno, infatti, si lavorava in maniera piú agile e si guadagnava di piú, in un contesto, quello del Nord, che si stava evolvendo velocemente verso nuove direzioni del mercato e della comunicazione. La committenza della pittura prevedeva infatti grandi capitali e un unico acquirente; di contro, quasi tutti potevano pagare il prezzo di una stampa, che aveva un mercato parallelo a quello dei libri tipografici. Inoltre, la committenza tedesca dell'epoca si limitava, riguardo alla pittura, a pochi temi religiosi approvati e alla ritrattistica, mentre la nuova tecnica della moltiplicazione permetteva all'artista di prendere l'iniziativa senza aspettare una commissione. C'erano ovviamente registri diversi: le xilografie piú economiche per il pubblico popolare (con temi biblici riconoscibili con facilità) e le incisioni al bulino, piú costose e ricche di significati allegorici, per la borghesia colta (la famosa *Melencolia I* appartiene a questo secondo gruppo).

Oltre a ragioni economiche ce ne sono però anche di estetiche: Dürer problematizza le risorse e i limiti tecnologici delle immagini stampate. Non siamo di fronte al lavoro di incisione svolto da Marcantonio Raimondi sui dipinti di Raffaello, in quel caso si tratta di copie non nel moderno significato di multipli, ma nel tradizionale significato di «ricopiate»: riproduzioni di pittura insomma, e quindi, per quanto splendide, prodromi di cartoline e souvenir. Dürer inventa invece opere che nascono pensate per la stampa: progetta e disegna per la riproducibilità, rendendo *produttivi* i mezzi riproduttivi.

Gutenberg e Dürer provengono entrambi dall'oreficeria (i maggiori incisori del Quattrocento non sono miniatori o pittori, ma orafi), l'uno modernizza il sistema per stampare le parole, l'altro lo fa per le immagini; e la storia comincia a cambiare. Per i successivi quattrocento anni le arti grafiche continuano a essere percepite come subalterne, minori, applicate, rispetto alla grande arte, ma è chiaro che il valore superiore di un dipinto rispetto a una stampa non è altro che un dato economico dovuto dall'unicità del pezzo.

Sul piano espressivo il valore di molte stampe dureriane veleggia alto quanto quello della pittura. Nel XIX secolo ci saranno poi Daumier e Toulouse-Lautrec – il cui lavoro grafico è autonomo da quello pittorico e fu apprezzato anche dai contemporanei – ma è Dürer il primo grande artista della «pittura moltiplicabile», il primo a capire la grafica come l'arte del visivo seriale, stabilendo un'equa-

60

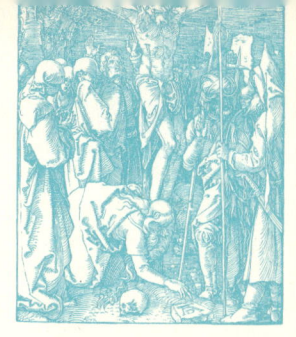

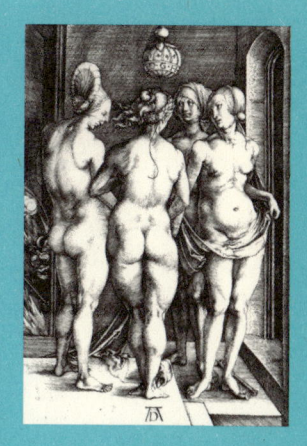

61

62

◀ 63

zione secondo la quale la pittura sta al mondo premoderno come la grafica sta alla borghesia e al nuovo mercato.

La capacità di diffusione della grafica è subito cosí forte che finisce per influenzare la pittura stessa, e basti a tal proposito un esempio tra i piú famosi: gli affreschi di Pontormo (1494-1557) alla Certosa del Galluzzo sono appunto ispirati ad alcune stampe di Dürer, di cui lui era un fervente ammiratore; e la famosa *Visitazione* sembra essere apertamente in debito con la stampa dureriana delle *Quattro streghe*. La pittura si ispira dunque alla grafica che, leggera e maneggevole, si diffonde per l'Europa. Cosí i motivi dureriani finiscono per essere piú visti, piú *letti*, piú noti della pittura di Pontormo. Ma all'inizio di questa storia la pittura è ancora regina e la rivoluzione grafica – come quella tipografica – rimane apparentemente inavvertita.

Dürer lavora insomma ragionando già in termini di design e con in mente un altro tipo di pubblico. Ciò comporta delle mutazioni anche sul piano formale ed espressivo. Da questo momento in poi, alcuni artisti cominceranno a inventare (in maniera piú o meno consapevole) opere concepite per la riproducibilità, mettendo a punto procedure nuove rispetto alla vecchia tradizione artistica.

Il funzionamento di una bottega dell'epoca è, a questo proposito, significativo: si partiva dal disegno originale realizzato da un artista (Dürer nel nostro caso) e si proseguiva con una serie di passaggi in cui operai specializzati copiavano, trasferivano, incidevano e infine stampavano il disegno. Non si trattava, quindi, della bottega dell'artista stile Firenze-Medici, ma di una realtà preindustriale che riguardava non soltanto l'esecuzione delle stampe, ma anche l'invenzione, visto che l'artista vi era coinvolto in tutte le fasi. L'illustrazione richiedeva infatti fin dall'inizio di essere pensata secondo schemi ripetibili: un gran numero di scene e di figure che potevano essere duplicate, rovesciate, ribaltate, solo con variazioni minime nella posa e nei gesti, a opera di una schiera di disegnatori subordinati.

Erwin Panofsky ha notato come questa procedura tiri un filo rosso che dai tempi di Dürer arriva dritto fino ai moderni studi di cartoni animati, un esempio limpido di progettazione industriale. La loro realizzazione prevede infatti piú livelli di ripetizione seriale: un livello macroscopico tipico di tutto l'entertainment, e cioè il fatto che la visione accadrà in piú copie su diversi schermi, televisori, monitor; un secondo livello, per cui il disegno di un personaggio deve essere coerente da fotogramma a fotogramma; e un terzo livello, per cui il disegno dovrà essere coerente anche al variare del disegnatore, perché – trattandosi di milioni di disegni – uno stesso personaggio dovrà per forza essere disegnato da piú persone.

Quest'ultima interazione è la piú difficile da mantenere e infatti spesso si notano varianti di mano[*]. Negli anni Trenta, per ovviare alle possibili incoerenze, venne inventata una procedura secondo cui, riguardo ai personaggi piú importanti, il capo disegnatore realizzava i disegni principali e gli assistenti si occupavano di quelli mancanti, da cui il soprannome di *inbetweeners*, cioè «quelli che disegnano in mezzo». La procedura era stata perfezionata soprattutto dagli studi Disney che, producendo lungometraggi, avevano un problema di coerenza e di realismo di un'ora e mezza contro i sette minuti dei concorrenti. Disney aveva cosí messo in piedi una serie di procedure a metà tra artigianato e industria, unendo il modello fordista con la bottega d'arte, e cioè mettendo a capo di ogni catena di montaggio un artista: un Botticelli per le principesse, un Bosch per i cattivi e un Paolo Uccello per le scenografie.

---

[*] Nei cartoni realizzati direttamente al computer, invece, la visibilità dello stile del disegnatore è molto attenuata, anche se percepibile a un occhio esperto, e non riguarda piú il disegno del personaggio ma il modo in cui è animato.

64

Fotografia aerea a bassa quota di una piazza con 8 imboccature di strada.

LAMPADA AD ARCO, sprizzano scintille. Autostrada lucida come uno specchio. Macchie di luci. Dall'alto e

ochiare

con auto che schizzano via.

Specchio parabolico di un'auto, ingrandito.

RITMO-o-

5 SECONDI DI SCHERMO NERO

I veicoli: tram elettrico, automobili, camion, biciclette, carrozze, autobus, motorini, motociclette, passano rapidamente dal centro verso l'esterno, poi d'un tratto cambiano tutti direzione: si incontrano nel centro. Il centro si apre. TUTTO sprofonda, sprofonda, sprofonda.

un'antenna della radio.

(La cinepresa vista rapida mente ciò che accade sulla scena come sotto delle cadute)

RITMO

Metropolitana. Cavi. Canali.

RITMO-o-O

Sotto le strade le fogne. Ritmi di luce sull'acqua.

Insegna luminosa con scritta intermittente

YMOHOLYMOH

Fuochi artificiali al luna-park
CORsa con l'ottovolante.

127

65

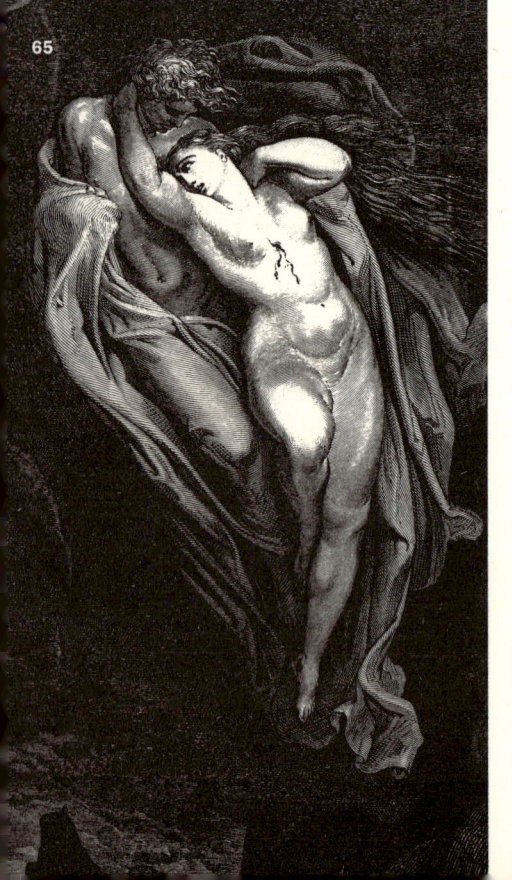

Divan Japona
75 rue des Mar

Ed Fournier
Directeur

66

Il nome filosofico della grafica degli albori potrebbe essere «intenzionata riproducibilità». Almeno per quanto riguarda il suo versante piú espressivo, laddove proprio il fatto di ragionare per copie comporta precise caratteristiche estetiche e di senso.

Tra i piú importanti pionieri di questa poetica, c'è László Moholy-Nagy (1895-1946), figura chiave del Bauhaus, interessato alla tipografia, al cinema, alla fotografia, consapevole soprattutto di come i limiti e le rigidezze della pratica tipografica tradizionale (fatta di blocchi fisici di legno e piombo) stessero man mano allentandosi.

Moholy-Nagy sosteneva che i libri del futuro sarebbero stati illustrati non piú con le incisioni, ma con le foto; riflessione tanto lungimirante che oggi ci pare ovvia. «Probabilmente, – diceva, – persino le opere filosofiche si serviranno degli stessi mezzi grafici delle attuali riviste americane». Quello che Moholy-Nagy aveva in mente era una nuova sintassi verbo-visiva applicabile in piú campi e che poi è diventata lo standard: oggi infatti i manuali di chimica sono impaginati come i magazine illustrati.

Ma Moholy-Nagy sentiva anche che l'industrializzazione e la messa a punto di tecnologie sempre piú sofisticate avrebbero liberato l'arte dal predominio del pezzo unico. Diventava quindi centrale usare le nuove tecnologie non piú solo a fini riproduttivi (come la fotografia), ma anche a scopi produttivi. Proponeva, ad esempio, di usare il grammofono non per riprodurre, ma per produrre musica, incidendo a mano la lastra del disco, cioè senza registrare un suono con un microfono. Anche quest'idea è oggi la norma, non solo per la musica elettronica, ma per tutta la musica che viene composta in digitale e che non è la registrazione analogica di un'esecuzione, ma la produzione diretta di una sequenza numerica a cui corrispondono dei suoni.

La preveggenza di Moholy-Nagy non deve farci sfuggire che le sue idee sono davvero innovative rispetto all'establishment artistico dell'epoca, tanto che arriva a concepire il «tipofoto», una composizione verbo-visiva, attuata tramite tecnologie tipografiche, che gli permettono il montaggio di testo e fotografie a fini narrativi (quello che oggi i programmi di grafica fanno comunemente).

Grazie agli esperimenti condotti sui mezzi fotografici, Moholy-Nagy comprende come la fotografia non abbia insita in sé la riproducibilità, ma la possa acquisire se si trasforma in «tipofotografia», cioè in una foto pensata per essere fruita non su carta sensibile ma su carta stampata tipograficamente. Quello che spingeva Moholy-Nagy era però, prima che un'esigenza di design, la necessità di superare l'inerzia di codici precostituiti. Non era ancora un designer, era piuttosto un artista che ragionava con gli strumenti del design, ma che aveva spinto il discorso piú lontano.

Il nesso verbo-visivo non era però appannaggio esclusivo dell'arte, e la parte da leone l'avrebbero fatta la pubblicità e il marketing. L'aspetto interessante delle riflessioni di Moholy-Nagy non è solo nel suo modo di ragionare – abbiamo visto come da Dürer in poi tutti i protodesigner ragionino in termini di serie – ma soprattutto nel fatto di rivendicare alla produzione seriale un'intenzione che non è piú solo produttiva, bensí eminentemente estetica: la riproducibilità come poetica, come forma espressiva della modernità.

L'Ottocento aveva conosciuto grandi maestri della litografia e dell'incisione, ma questi ragionavano da pittori, e, pur maneggiando con maestria le tecniche di stampa, non avevano ancora maturato una coscienza delle possibilità del design. Anche l'illustratore piú famoso dell'epoca, Gustave Doré (1832-83), forzava l'incisione

67

68

69

in chiaroscuri e modellati che imitavano la pittura a olio senza sviluppare un linguaggio pensato fino in fondo per la riproduzione.

Tra i pionieri della nostra storia, un posto d'onore spetta a Katsushika Hokusai (1760-1849), a Kitagawa Utamaro (1753-1806) e a tutta la scuola giapponese dell'Ukiyo-e, e non è un caso che un linguaggio cosí compiuto nasca da una tradizione, quella sino-nipponica, in cui distinguere tra parola e figura (e quindi tra libri e pittura), non è mai stato un vero problema.

Ukiyo-e significa «immagini del mondo fluttuante», come venivano chiamati i quartieri di piacere di Kyōto e Tōkyō. Questa è infatti l'arte grafica dei libri, cartoline, poster venduti nei quartieri dei teatri e dei bordelli, che raffiguravano la vita delle prostitute e i volti di attori celebri. Un genere popolare a cui Hokusai affianca anche meravigliosi libri di disegni (in giapponese, manga) e dei proto-graphic novel che sono alla base del fumetto moderno.

Hokusai non è un pittore mancato. Hokusai disegna per la stampa, e lo vediamo da alcune finezze di ragionamento: ha sviluppato un tratto di contorno pensato per essere inciso e stampato. I disegni originali venivano infatti incollati su una tavola di legno, che andava scavata tramite sgorbie, lasciando i contorni a rilievo. Hokusai ha un modo di tracciare i segni che, una volta trasferiti su legno, non perdono di forza né di vivacità: il contorno delle figure possiede modulazioni tra spesso e sottile che si prestano perfettamente alle necessità e ai limiti dell'incisione e dell'inchiostratura. È quindi plausibile pensare che abbia modificato il modo di disegnare attraverso feedback costanti con ciò che vedeva stampato.

Dopotutto è tipico delle arti industriali vedere «come viene fuori» dopo un certo intervallo di tempo, mentre nella pittura il risultato è pressoché immediato. Il design, come dicevamo, progetta anzitutto procedure i cui frutti si vedono successivamente*. Insomma, il tratto di Hokusai, quella che in gergo si chiama la «mano», ha introiettato i problemi, le procedure, i ragionamenti tecnici della stampa. Se invece guardiamo Doré, ci accorgiamo che la freschezza del disegno viene raggelata dall'incisione. Doré è un grandissimo disegnatore, con un senso della composizione inarrivabile, ma patisce la tecnologia. Hokusai la domina.

Da questo punto di vista la Storia della grafica è anche la storia di una presa di coscienza: quella di non essere un'arte minore, ma una cosa diversa, il cui orizzonte estetico nasce con la tecnologia e non le si adatta.

Il primo a usare il termine graphic designer pare sia stato, nel 1922, William Addison Dwiggins, per riferirsi alle varie attività della comunicazione stampata: libri, illustrazioni, tipografia. Ma bisognerà aspettare la fine della Seconda guerra mondiale perché il termine diventi di uso comune in America e in Europa. Prima di allora il campo di azione non era cosí chiaro, e neppure ruoli e mentalità. Il termine piú usato era *commercial artist* che, nella sua crudezza descrittiva, individuava il ruolo non nella capacità di progettare, ma in quella di lavorare per il mercato. È evidente che una definizione del genere ha senso solo in relazione alla cultura romantica e all'idea di un artista integro, non commerciale.

In Italia la parola usata era «cartellonista» e anche qui si sente un tono di spregiante condiscendenza: non si sta parlando di designer ma di artisti prestati ai manifesti pubblicitari e quindi artisti minori. È soprattutto in quest'ottica che le idee di Moholy-Nagy appaiono spre-

* Ad esempio, nel cinema in pellicola si deve aspettare per vedere il «girato», cosí come nella grafica si deve aspettare la stampa finale o la pubblicazione online che, anche se sembra immediata, ha bisogno di un tempo di verifica per controllare che i colori e gli allineamenti siano coerenti su tutti i monitor e su tutti i sistemi operativi.

70

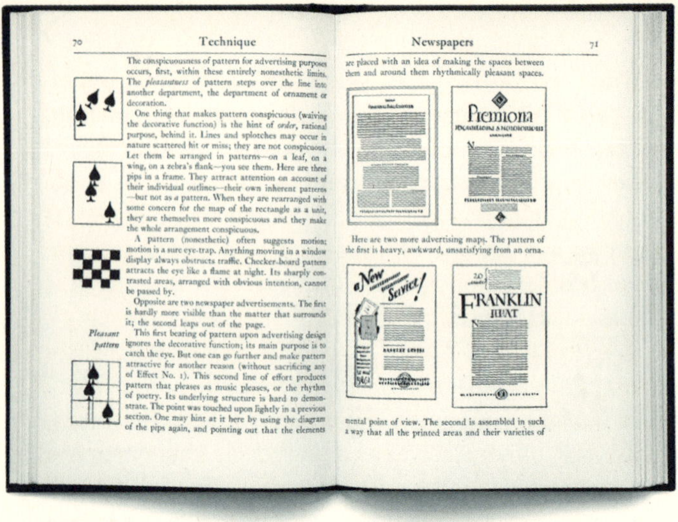

70 Technique

The conspicuousness of pattern for advertising purposes occurs, first, within these entirely nonesthetic limits. The *pleasantness* of pattern steps over the line into another department, the department of ornament or decoration.

One thing that makes pattern conspicuous (waiving the decorative function) is the hint of *order*, rational purpose, behind it. Lines and splotches may occur in nature scattered hit or miss; they are not conspicuous. Let them be arranged in patterns—on a leaf, on a wing, on a zebra's flank—you see them. Here are three pips in a frame. They attract attention on account of their individual outlines—their own inherent patterns—but not as *a* pattern. When they are rearranged with some concern for the map of the rectangle as a unit, they are themselves more conspicuous and they make the whole arrangement conspicuous.

A pattern (nonesthetic) often suggests motion; motion is a sure eye-trap. Anything moving in a window display always obstructs traffic. Checker-board pattern attracts the eye like a flame at night. Its sharply contrasted areas, arranged with obvious intention, cannot be passed by.

Opposite are two newspaper advertisements. The first is hardly more visible than the matter that surrounds it; the second leaps out of the page.

Pleasant pattern

This first bearing of pattern upon advertising design ignores the decorative function; its main purpose is to catch the eye. But one can go further and make pattern attractive for another reason (without sacrificing any of Effect No. 1). This second line of effort produces pattern that pleases as music pleases, or the rhythm of poetry. Its underlying structure is hard to demonstrate. The point was touched upon lightly in a previous section. One may hint at it here by using the diagram of the pips again, and pointing out that the elements

Newspapers 71

are placed with an idea of making the spaces between them and around them rhythmically pleasant spaces.

Here are two more advertising maps. The pattern of the first is heavy, awkward, unsatisfying from an ornamental point of view. The second is assembled in such a way that all the printed areas and their varieties of

71

72

giudicate. Le ricchezze della borghesia romantica venivano proprio dai commerci e dalle produzioni di design e di arti applicate, tanto che lo statuto di «arte vera» appare come l'espressione schizofrenica di una società che deve prendere le distanze da quanto le dà sostentamento: ossia il design è tollerato, ma il sublime estetico (e la verità dello spirito) sta altrove.

Tuttavia, col passare degli anni, iniziano a comparire artisti sempre piú bravi e soprattutto sempre piú coscienti del proprio ruolo. Di fronte alle illustrazioni di Duilio Cambellotti (1876-1960) anche i critici piú snob si ricredono e non lo reputano solo un pittore minore. Eppure, mentre negli Stati Uniti il successo economico in fondo riconosce indirettamente uno statuto di prestigio alle opere di design, in Italia, complici le soffocanti tassonomie estetiche dell'epoca, il design appare sempre pittura accademica prestata alla pubblicità.

Sarà il Futurismo a cambiare in parte le cose: col suo incondizionato desiderio di novità, farà entrare di prepotenza il design nel mondo delle attività rispettate (o quasi), tanto che Fortunato Depero (1892-1960) – pittore e cartellonista per la Campari – rivendicherà, con orgoglio futurista, le sue prestazioni per l'industria e la pubblicità.

Tra le due guerre gli ambiti e i compiti del design arriveranno a formulazione compiuta, da una parte attraverso le necessità quotidiane delle industrie (soprattutto americane) che investiranno soldi ed energie nel visual design, individuandovi la testa di ariete del nascente marketing; dall'altra maturerà, soprattutto in Europa, un ragionamento critico sul design, che contrapporrà al modello statunitense uno sviluppo sociale dell'industria. Di queste esperienze fanno parte il Bauhaus e tutte quelle collaborazioni tra imprenditori illuminati e giovani progettisti, come in Italia i casi di Olivetti, Einaudi, Pintori, Munari o Steiner.

Parlare di serialità e riproducibilità potrebbe sembrare un'operazione inutile o di retroguardia in un'epoca in cui tutti possiedono un computer e una stampante in casa. Proprio oggi, invece, c'è bisogno di capirne le logiche (teoriche e storiche), perché l'enorme disponibilità di tecnologie grafiche finisce per mascherare il potenziale (anche politico) che queste tecnologie comportano. Non mi riferisco a chi si limita a giocare con Instagram, ma anche a chi vorrebbe farne una professione.

Molti giovani illustratori propongono lavori che, a prescindere dai meriti estetici, non hanno le qualità progettuali per poter andare in produzione. Ad esempio, pochi sanno quale profilo cromatico è il piú adatto alla sua conversione in stampa, lo ignorano pensando che certe cose non riguardino l'arte. Ma se un'illustrazione o una foto non è da subito inquadrata all'interno di una gamma precisa di colori, il risultato sarà scadente. Un esempio banale, ma molto diffuso, è il fatto che la gamma Rgb, con cui si definisce lo spazio dei possibili colori sul monitor, è piú ampia della gamma di quadricromia; aspetto che viene spesso tralasciato, cosí che in stampa tutto esce spento e impastato.

Si è infatti abituati alle stampanti casalinghe o da ufficio che non sono pensate per la serializzazione professionale, ma per le foto in poche copie. Queste stampanti, spesso in esacromia*, forniscono immagini brillanti partendo appunto dal file Rgb, finendo per educare a risultati che sono diversi da quelli possibili con la stampa industriale. Una storia simile era già accaduta cinquant'anni fa, quando la Kodak aveva messo sul mercato rullini di pellicola che reagivano solo ai colori vivaci (soprattutto i rossi), essendo concepiti per le foto delle vacanze e non per un uso piú professionale.

---

* Cioè non con quattro ma con sei inchiostri e quindi lontane dagli standard reali di produzione.

Lo slogan con cui sono state diffuse sia le stampanti che i programmi grafici è: «What you see is what you get», quello che vedi sullo schermo è quello che ottieni stampato. E difatti le stampanti sono costruite per comportarsi coerentemente col profilo cromatico standard delle macchine fotografiche. Ma i profili colore all'interno dei software sono tanti e diversi; per esempio si può stabilire la quantità e la combinazione degli inchiostri in base alla carta su cui si stamperà: se la carta è lucida, si può caricare molto il colore; se la carta è porosa, bisognerà diminuirne la quantità sostituendo alle tinte un po' di nero per bagnarla di meno.

I colori scuri come il marrone o il viola si possono infatti stampare sulla carta patinata ma non sui quotidiani, dove vengono rimpiazzati con dei «quasi neri». Basti confrontare una stessa pubblicità stampata su un giornale e su una rivista per vedere come cambiano i colori.

Bisogna dunque ragionare in altri termini e cioè: «What you get is what you want», quello che ottieni è quello che vuoi; bisogna cioè comprendere non solo le tecnologie, bensí il ruolo concettuale che queste svolgono, proprio come hanno fatto Dürer e Hokusai: perché la tecnologia non è mai solo un mezzo, è anche uno strumento teorico.

Negli ultimi decenni, le opere dei pittori del passato hanno avuto, tramite le riproduzioni, una diffusione sempre piú grande. Tra i classici, chi riscuote maggior ammirazione è probabilmente Caravaggio, apprezzato non tanto per i contenuti quanto per gli effetti illusionistici e cinematografici. I film hollywoodiani dell'epoca d'oro si ispiravano infatti al luminismo caravaggesco e questo standard è diventato la chiave che ha fatto capire, di riflesso, come guardare i suoi dipinti.

Di tutta la Storia dell'arte, però, il successo maggiore è spettato agli impressionisti, a Van Gogh, a Klimt e a Matisse. La ragione di questo consenso si può in parte spiegare con l'immediatezza dei temi trattati: luoghi e tipi quotidiani, paesaggi dalle tinte sgargianti, erotismo soffuso. Tutti contenuti facilmente accessibili senza troppi temi allegorici da decifrare. La freschezza della pittura impressionista può infatti, sotto forma di poster, arredare gli ambienti domestici, mentre la *Crocifissione* di Masaccio nel salotto medio porrebbe quantomeno delle perplessità.

Ma c'è anche un'altra ragione che concorre al successo di questi artisti e che può passare inosservata: e cioè che la loro pittura è la piú facile da riprodurre.

Come notavamo, la quadricromia permette di ottenere solo certe tinte: ad esempio il color lapislazzulo è impossibile da raggiungere, col risultato che molta pittura del Quattrocento ne esce appiattita. La stampa esercita insomma una selezione delle opere del passato, contribuendo al successo di quell'arte che passa meglio al setaccio della riproduzione.

Gli impressionisti hanno poi un'altra caratteristica che li avvicina alla stampa tipografica: furono infatti la prima generazione a usare i colori industriali confezionati in tubetti; a differenza dei pittori precedenti, che ottenevano i colori per impasti e velature, Monet arrivò a impiegarli cosí come uscivano dalla spremitura. Queste tinte preconfezionate rispondevano a una standardizzazione, come quelle degli inchiostri tipografici. Il senso di ottenere molte tinte partendo da pochi colori base è infatti quello di ottimizzare i costi e la produzione, tanto che il concetto di colore primario è impensabile fuori della mentalità industriale.

L'abitudine alle riproduzioni ha finito poi per normalizzare anche la percezione, facendoci preferire certi accostamenti rispetto ad altri. La tavolozza di Monet o di Matisse è insomma coerente con la tecnologia che la diffonde tramite poster, libri, cartoline.

Ed è appunto la cartolina uno dei primi medium con cui le immagini cominciarono a diffondersi nella società moderna: cartoncini dove i colori erano appunto piú saturi e contrastati rispetto ai delicati passaggi tonali della pittura tradizionale, tanto che l'espressione «sembra una cartolina», riferita a un paesaggio, allude a un cromatismo sfavillante e oleografico.

La cartolina nasce verso la fine del conflitto franco-prussiano del 1870. Ai ragazzi in partenza per il fronte venivano consegnati dei cartoncini stampati solo da un lato, per poter mandare i saluti a casa. Anche la guerra era ormai inquadrata in termini di massa.

La prima e piú grande diffusione di immagini industriali non appartiene al turismo o alla pubblicità, ma è lo strumento con cui i soldati comunicano con la famiglia. Milioni di piccole figure diffuse in tutta Europa, come prova di permanenza in vita.

73

74

GOOD BYE LENIN!

DANIEL BRÜHL
KATRIN SASS

EIN FILM VON
WOLFGANG BECKER

flickr from YAHOO!

The Tour   Explore   Sign In   Sign Up

Share y
in ph

Sign

Discover

75

Consumo

Negli ultimi due secoli il visual design ha avuto come ruolo forte quello di dare forma e rappresentazione ai consumi e non soltanto nella società capitalistica: Stati Uniti e Unione Sovietica hanno gestito sul fronte del design problemi spesso simili, in quanto entrambe società di massa, e – anche se tendiamo a identificare la persuasione occulta col mondo dei pubblicitari di Madison Avenue – pure i sovietici si servivano di consumo e pubblicità, seppure secondo valori diversi rispetto all'Occidente.

Nel film *Good Bye, Lenin!* (2003) di Wolfgang Becker, ambientato nell'ex Berlino Est dopo il crollo del muro, la madre del protagonista si risveglia dal coma, ignara della riunificazione. Era stata una donna attiva, impegnata in politica, duramente critica nei confronti del capitalismo americano, ma anche della burocrazia del suo Paese e voleva sinceramente un socialismo migliore.

Il figlio, per evitarle uno shock che potrebbe causarle un infarto, decide di fingere un mondo parallelo che la protegga dalla verità, e cioè dalla disgregazione dell'Unione Sovietica.

Nei supermercati di Berlino i prodotti sono ormai solo quelli occidentali, così lui comincia a staccare le etichette dai barattoli e le sostituisce con quelle della vecchia grafica sovietica, in un'operazione di squisito bricolage vintage che somiglia al lavoro che si fa durante la produzione di un film*. Tra i vari prodotti che ricostruisce ci sono i cetriolini Spreewälder, ormai introvabili, i preferiti di sua madre.

La scena chiave della storia è la seguente: quando la madre del protagonista si trova di fronte a una maxi pubblicità della Coca-Cola, il figlio la convince che la bibita è finalmente passata ai russi come meritava, essendo all'origine un'invenzione sovietica subdolamente rubata dagli americani. La madre se ne rallegra: la conquista della Coca-Cola è il segno che il socialismo si allarga sempre di piú; ma proprio il fatto che se ne rallegri e che accetti la Coca-Cola come prodotto russo, oppure che basti un'etichetta a confondere dei cetrioli occidentali con quelli sovietici, ci racconta che a Est e a Ovest il rapporto col design non era poi cosí diverso: la madre non trova fastidiosa la maxi pubblicità che invade la strada, ma solo il fatto che sia simbolo dell'imperialismo americano.

Finita la Guerra fredda, il modello culturale apparentemente monolitico degli Stati Uniti ha però cominciato a polverizzarsi, già intaccato dalle contestazioni interne iniziate al tempo del Vietnam. Una pluralità di voci – prima in parte tenute a freno o semplicemente prive di rappresentanza – si è diffusa sempre piú anche e soprattutto per necessità sociale: gli Stati Uniti sono un Paese di Paesi, di etnie, di culture, costrette a una convivenza spesso forzata, e si trovano di frequente in prima linea nel formulare strategie di design che nascono con una vocazione globale. Ma quello che viene esportato non è piú l'America.

Le multinazionali contemporanee, infatti, pur risiedendo per la maggior parte negli Stati Uniti, propongono il consumo come fatto globale e non piú come fatto americano.

---

* Quando si gira un film ambientato negli ultimi ottant'anni ci sono designer che pensano a foderare ad esempio gli attuali pacchetti di sigarette con i facsimile di grafica del passato.

La stessa Coca-Cola o McDonald's sono oggi difficilmente definibili come prodotti statunitensi in senso stretto; i capitali sono multinazionali e le strategie si adattano ai vari Paesi in maniere diverse. Ad esempio, in Cina andare al McDonald's è vissuta come esperienza di lusso esotico e non come forma di colonizzazione culturale, un po' come quando noi andiamo a mangiare sushi.

Nell'economia globale tutti i Paesi industrializzati esportano, distribuiscono, vendono le proprie merci. Fin dagli albori di Hollywood, le produzioni cinematografiche americane sono percepite da molti come piú sofisticate di quelle di altri Paesi, questo per la quantità di capitali investiti che ne hanno fatto uno standard con il quale non si può non confrontarsi. Si potrebbe cosí dire che oggi l'unica vera merce americana esportata è di fatto l'entertainment.

L'Italia esporta gastronomia e moda: la scala della nostra circolazione è piú piccola, ma si tratta anche di prodotti mediamente piú costosi. Negli Stati Uniti i prodotti italiani sono associati a un tenore di vita elevato e sono percepiti e desiderati come segno di status. Quindi credere che una Barbie o una sit-com californiana siano colonizzatrici piú del Parmigiano o di Prada – cosa che poteva essere vera trent'anni fa – risulta oggi una semplificazione.

Chiunque sia stato negli Stati Uniti sa bene che i prodotti e i costumi che invadono l'Europa sono solo quelli che gli europei decidono di accettare, e non arriva qualsiasi cosa. La prima regola delle società di massa è il consenso. Non riceviamo tutta la televisione americana, ma una selezione, e questo è diventato sempre piú vero in tempi recenti in cui i programmi li scegliamo da Internet. Chi ha viaggiato un po' sa che la Coca-Cola ha un sapore diverso da Paese a Paese. Quella in vendita in Italia non è quindi un prodotto americano, ma un prodotto multinazionale pensato per risultare *americano* al palato degli italiani.

L'aspetto pericoloso di qualunque modello culturale è uno solo: la società (ogni società) fa passare la propria ideologia come naturale, e quest'azione, esercitata dapprima sui propri cittadini come *ovvio* modo di vivere, viene proposta fuori come il *migliore* modo di vivere (ed è tra l'altro un'eccellente arma di marketing). Questo, però, non lo fanno solo gli americani, e il fatto che il loro intrattenimento indichi, raccontandolo, un modo di vivere, non significa che quel modello sia piú invasivo di altri. Anche convincere il mondo che il made in Italy è sinonimo di qualità è una forma di pressione culturale.

Per questo, continuare a identificare l'imperialismo culturale solo con gli Stati Uniti è ingenuo, soprattutto in un'epoca in cui la domanda cruciale pare essere un'altra: Internet è davvero un villaggio globale o è solo un grande mercato per le multinazionali?

Per ragioni simili è molto difficile oggi dividere nettamente il mondo in colonizzatori e colonizzati: sono sempre piú numerose le comunità che vivono in modo postcoloniale e che, pur essendo costituite da cittadini statunitensi o britannici, criticano la nazionale *way of life*. Le voci sono molteplici, e minoranze e nuove tribú dagli interessi simili conquistano spazi impensabili fino a pochi anni fa. La rivoluzione elettronica, poi, ha cambiato molte delle carte in tavola. Senza aderire in maniera acritica al convincimento che il web sia la strada spianata per la democrazia, è innegabile che oggi bastino un computer e una scrivania per produrre e diffondere cultura. Si tratta di capire con quali numeri. Quello che è certo, però, è che la partita non è piú soltanto per chi detiene i mezzi di produzione, ma per chi sa usarli.

Allo stesso modo è difficile inquadrare i sistemi di sapere in dominanti e dominati, in cultura ufficiale e controcultura; non esiste piú un'opposizione tra la regina Elisabetta e i punk, perché Internet ha dissolto il concetto di un'autorità culturale unica. I blogger non sono controcultura, ma cultura tout court, spesso piú autorevole dei quotidiani nazionali.

Per le stesse ragioni, piccole produzioni indipendenti lavorano in autonomia e trovano poi nei grandi editori o distributori cinematografici solo un sistema di diffusione. Non possiamo quindi piú analizzare i sistemi di produzione visuale usando il vecchio modello del persuasore occulto e delle vittime succubi; quel sistema unidirezionale, tipico dell'emittenza televisiva, non è piú l'unico riferimento, e Internet – anche se sono ancora ridotte le percentuali di quelli che hanno libero accesso alla rete – ha cominciato a moltiplicare voci e canali.

Il web ha però dato visibilità a un fenomeno che è sempre esistito. Il sovvertimento dei significati è qualcosa che la Chiesa, ad esempio, ha combattuto per secoli: migliaia di fedeli trattavano i santi come divinità, e i cosiddetti eretici erano in fondo liberi interpreti delle Scritture. Un tempo queste interpretazioni venivano represse e punite, oggi i significati sono sempre di piú una negoziazione tra emittenti e riceventi e – anche se i poteri forti sembrano sempre piú forti – le capacità critiche del pubblico, pur nella nicchia, aumentano di giorno in giorno.

Nelle società occidentali, in apparenza tranquille, la comunicazione e l'intrattenimento sono cosí diventati strumenti sufficientemente efficaci per mantenere il controllo senza piú bisogno di uccidere o di affamare.

Ma anche distinguere il bene dal male non è affatto semplice, perché oggi il potere non è una cosa sola, non è facilmente riconoscibile, non ha un'unica direzione né un unico obiettivo, né sempre è un nemico e, di conseguenza, la comunicazione visiva prende forme diverse, impossibili da inquadrare in un'unica interpretazione.

Il visual design è la pubblicità di una scarpa, ma pure la grafica del modello F24 per pagare le tasse. Le forze di produzione parlano a persone diverse in modi diversi, per sedurre, per informare, per spiegare, per intrattenere; gruppi numerosi che possiamo solo superficialmente definire pubblico, perché questo non è una massa indifferenziata di generici consumatori di merci: ci sono utenti, spettatori, acquirenti, lettori e ci sono pure, come alle mostre, i contemplatori.

Se da una parte i pubblici sono molti, dall'altra però i linguaggi tendono a somigliarsi fra loro: una multinazionale o una Ong usano spesso gli stessi codici per parlare; e la grafica di un magazine di moda e quella di un libro di chimica sono sempre piú simili. I libri scolastici sono ricchi di foto, di schemi, di diagrammi, ma queste visualizzazioni, che si vorrebbero esatte, vengono influenzate dalla grafica, spesso esornativa, delle riviste di consumo, e non c'è dubbio che questa abitudine verrà amplificata sempre piú dai nuovi media digitali.

Il visual design dà forma ad aspetti cruciali della produzione e del consumo. Eppure tanto piú i suoi artefatti sono pervasivi, tanto meno le scuole primarie insegnano come funzionano; i bambini ne imparano il linguaggio per contatto prolungato, dedicando le ore di studio solo a materie piú tradizionali come la Storia dell'arte o la Letteratura. Pensare che le competenze visive non vadano spiegate, perché tanto a capire una pubblicità, un fumetto o un telefilm, i ragazzi imparano da soli, è un'idea che comporta dei rischi.

Qualsiasi esperienza non affiancata da strumenti critici, finisce per essere considerata naturale, con la conseguenza che non la scegliamo davvero, ma la subiamo: cosí la società finisce per dividersi in produttori e consumatori acritici di comunicazione visiva.

Soprattutto nelle attività ritenute artistiche, è diffuso il malinteso (frutto di un'educazione romantico-letteraria) che chi inventa qualcosa dipingendo, scrivendo o scattando fotografie, non solo sia l'autore di quel qualcosa, ma che l'abbia anche *prodotto*. Di fatto nella società di massa le cose sono un po' piú complicate.

Nel mondo attuale le vecchie distinzioni tra artista e non-artista, professionista e amatore sembrano ormai indebolite. Quello che invece vale la pena di chiedersi è se una certa attività coinvolga la produzione o il consumo di cultura, di saperi e di conoscenza. Non basta *inventare* per far parte dei produttori di cultura.

Cosa significa infatti produrre? Non ci sono requisiti rigidi, possiamo però elencare qualche possibile condizione. Perché ci sia produzione, l'artefatto realizzato dovrebbe essere diffuso (non importa se in un paesello di mille anime o su scala mondiale); l'artefatto dovrebbe essere fruito da un destinatario che è disposto a spendere una certa cifra e un po' del suo tempo; l'artefatto dovrebbe permettere al produttore di guadagnare con la propria opera; l'artefatto dovrebbe influenzare un gruppo di persone; l'artefatto dovrebbe essere riconosciuto da una comunità come prodotto.

Si può ovviamente dipingere solo per il proprio piacere, o scattare fotografie da condividere con gli amici, e ci si può ritenere artisti ed esserne contenti, a patto però di conoscere l'effettivo peso del proprio operato. Se provate a navigare su un social network come Flickr, gli utenti – salvo rarissime eccezioni – non fanno parte del sistema di produzione della fotografia, bensí della sua utenza; infatti, spendendo soldi per apparecchiature, libri, software, contribuiscono al mercato della fotografia anzitutto come consumatori.

Nella società di massa i tanti che pubblicano su Internet foto e disegni sono di sicuro autori di quelle immagini, ma non stanno producendo immagini, le stanno consumando. Questo non toglie che le opere possano essere buone, né che si possa trattare di grandi artisti; lo stesso Kafka non ha mai fatto parte da vivo del sistema di produzione.

Questa non è la difesa di un fantomatico statuto professionale, né una teoria istituzionale dei linguaggi visivi; è invece un invito a riflettere sul fatto che *produrre* e *consumare* sono oggi gli aspetti cruciali della comunicazione visiva, ancor prima della creatività e del talento.

Non è un caso che su Flickr i commenti a una foto siano improntati a: «Bel cromatismo», «bella composizione», «interessante primo piano» e via dicendo. Questi giudizi sono il residuo purovisibilista della cultura ottocentesca, e rivelano come gli autori di quelle foto siano completamente ignari del dibattito attuale non solo sulla fotografia, ma sulla cultura visiva in generale. In una società satura di figure, la potenza di un'immagine non è la semplice forma ma le domande che ci pone, come: qual è il punto di vista dell'autore? chi sta influenzando chi? cosa chiede quell'immagine a chi la guarda?

Imparare il visual design per mera frequentazione comporta il rischio di educare al consumo acritico, al formalismo e all'incoscienza delle forze in gioco. E purtroppo proprio il vecchio manuale di Storia dell'arte prepara i ragazzi al «mi piace» anziché al piú entusiasmante «perché?» Quello che andrebbe invece insegnato è che la composizione, in un'immagine, è un fattore importante ma non primario perché in una società complessa il significato di un'immagine è prima di tutto l'uso che se ne fa.

Ragionare criticamente sul visual design, come processo e non come forma, è non solo indispensabile, ma di stringente attualità. Senza un'adeguata riflessione, l'enorme disponibilità di mezzi produce infatti due strade senza uscita: da una parte i fanatici della tecnologia in sé, a cui è stato affibbiato il calzantissimo nomignolo di «smanettoni», dall'altra i pensatori della comunicazione, che passano il tempo a friggere l'aria spesso ignari degli aspetti concreti della produzione; entrambi accomunati da una sterile separazione fra teoria e pratica.

Tuttavia, anche se la scuola non dà gli strumenti necessari, le nuove tecnologie digitali, piccole ed economiche, permettono di accedere ai mezzi di produzione da casa propria.

Per questo, mai come oggi, l'aspetto davvero importante sembra essere non soltanto il talento ma la sua progettualità; ovvero capire come farlo operare nella società. Questa consapevolezza è l'unico modo per possedere davvero quei mezzi, anziché subirli.

Acquistano cosí un nuovo spessore i progetti di autoproduzione e, per chi vuole parlare e sa come farlo, in pochi centimetri di scrivania si configurano risorse ben piú potenti del vecchio ciclostile. Bisogna però avere delle cose da dire. Troppo spesso, invece, i media sono usati come fini a sé stessi, in un assordante quanto inutile brusio. La maggior parte del visual design che ci circonda è mera decorazione, fatta tanto per fare, e a molti (anche tra i potenti) sta sfuggendo di mano la forza di comunicazione a cui potrebbero accedere.

76

77

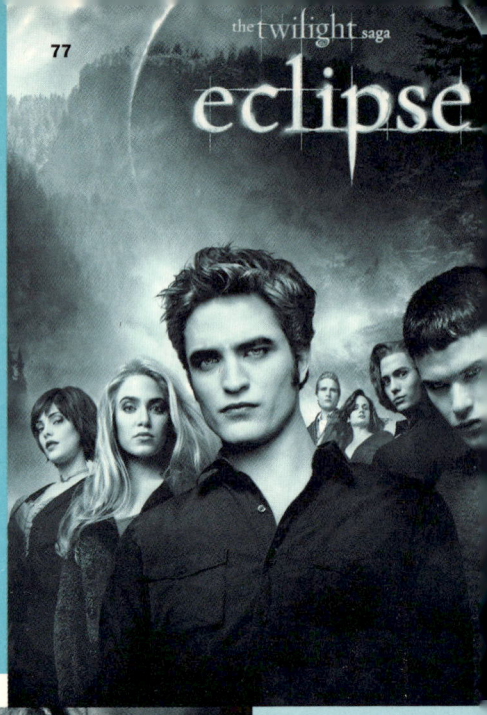

the twilight saga
eclipse

78

79

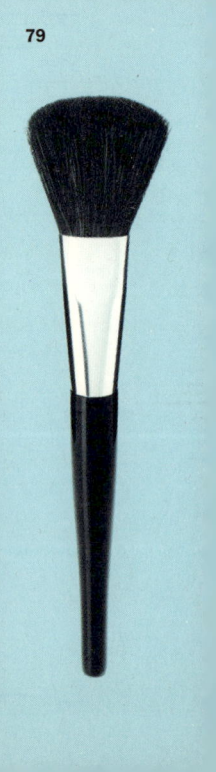

Contesti

I campi in cui il visual design è chiamato a sedurre sono la pubblicità, la cosmetica e la moda. Queste ultime possono aiutarci a capire meglio un fatto piú generale: il visual design non è mai un'entità isolata, bensí accade in un contesto in cui il pubblico sa già delle cose. Fruire rappresentazioni visuali rievoca sempre altre rappresentazioni, creando un sistema di associazioni che si riflettono anche nelle pratiche sociali.

Un elemento di altissimo valore simbolico è il volto con cui ci presentiamo agli altri: il colore della pelle (naturale o artificiale), la pettinatura, gli occhiali o il cappello sono portatori di significati articolati.

Per millenni il pallore è stato segno[*] di distinzione: l'espressione «sangue blu» si riferiva alle vene visibili sotto l'epidermide; l'abbronzatura era invece il segno delle classi subalterne e di chi lavorava all'aperto. Poi, nell'Ottocento, le classi umili non furono piú identificate con i contadini ma con gli operai (pallidi perché chiusi nelle fabbriche); cosí, quando Coco Chanel tornò dalle vacanze abbronzata, quel segno – che fino a poco tempo prima sarebbe stato considerato rozzo e indegno di una vera signora – fu subito usato dalle classi agiate come nuovo codice di distinzione.

---

[*] In questo libro «segno» è usato come termine ombrello sotto cui ricadono fenomeni diversi. Questa scelta, che in un testo di semiotica sarebbe approssimativa, mi è sembrata coerente con l'assunto secondo cui oggetti, persone ed eventi condividono sul piano del design processi simili di significazione.

Dal dopoguerra in poi l'abbronzatura fu il segno di chi poteva permettersi le vacanze, magari sulla neve d'inverno. Tutto filava liscio finché la scienza non cominciò a parlare dei pericoli del sole, dei danni dei raggi Uv, dei tumori della pelle e finché anche gli operai non poterono permettersi un po' di villeggiatura. A quel punto, i piú attenti fra i ricchi cominciarono a stare all'ombra, a usare protezioni totali, e tornarono pallidi. L'abbronzatura divenne cosí il segno di chi è ricco (o vorrebbe esserlo), ma non è abbastanza evoluto da sapere dove va il mondo. Cosí rimasero abbronzati (molto abbronzati) solo i ricchi grossolani e quei poveri che volevano imitarli.

Questa storia, che sembra una semplice nota di costume, parla appunto di design: anche le mode sono infatti forme di serializzazione, e le pratiche sociali irreggimentano i corpi secondo standard che sono sempre forme simboliche.

Questa storia parla anche dell'uso del colore e di come abbigliamento e cosmetica ci abbiano educato non solo a dire qual è il nostro colore preferito, ma a riconoscere quello che ci sta meglio addosso.

A tale proposito, una moda recente ha riportato in auge le storie di vampiri e il pallore come forma simbolica di un'aristocrazia dell'animo. L'horror usa tematiche allegoriche per parlare della società; e in una società in cui i giovani passano tanto tempo in casa, il vampiro ha tutte le caratteristiche del simbolo forte.

Il vampiro vive nella società, sebbene come un estraneo; ha pose tormentate e un po' dandy in cui il maschile e il femminile sfumano; ha la sprezzatura di chi non si cura del mondo, e frequenta la morte un po' come sfida a cui non crede fino in fondo, un po' come possibilità di risurrezione. Ma soprattutto, col suo modo di stare nelle cose e nello spazio, il vampiro incarna la grande passione adolescenziale per lo stile come condensato visibile della propria identità. I ragazzi solari e in pace col mondo vadano pure a fare sport all'aria aperta, per tutti gli altri c'è la notte, e il pallore ne è il vessillo.

Nella serie televisiva *True Blood* (2008), ambientata nella Louisiana di oggi, compare per pochi ma icastici episodi la regina dei vampiri, interpretata da Evan Rachel Wood. La Wood, oltre a essere bella, ha lineamenti abbastanza puntuti da conferirle da un lato la ieraticità che si addice a una vera regina, dall'altro il sex appeal di una vampiressa.

Guardando la serie rimasi catturato dall'alone di splendore che la circondava, fatto di una sapiente fotografia e di una lucentezza della pelle – bianchissima, compattissima – che si configurava come il piano alto e idealizzato di un sangue antico. La materia di cui era fatta sembrava spinta fino all'artificio; era allo stesso tempo carne e porcellana, e quindi bambola, cyborg o fantasma. Il che è quanto di meglio si possa chiedere a una regina dei vampiri.

A un certo punto, mentre guardavo l'episodio, questa presenza cosí levigata mi ha distratto e mi sono ritrovato a vagare con la fantasia; ho cominciato a chiedermi come avessero fatto a darle quella luminosità. Quando mi è capitato, nei giorni seguenti, di parlare di *True Blood* con vari amici, il discorso si è concentrato sull'uso delle tematiche horror, poi piú di uno ha tirato fuori l'argomento: «Hai visto la regina dei vampiri com'era bianca?»

Avevamo pensato cose molto simili, e piú se ne parlava piú si capiva che l'innaturale biancore della Wood ci aveva colpiti tutti, tanto che mia moglie avanzò ipotesi scientifiche su quanti strati di fondotinta ci volessero per ottenere un effetto del genere.

È normale confrontare le cose che vediamo con quelle che già sappiamo e con quelle che ci frullano in testa. Capita, leggendo un libro, di smarrirsi, tanto che, dopo qualche pagina ci si accorge di aver perso il filo e si è costretti a tornare indietro e ricominciare la lettura. Sembrerebbe un'esperienza banale, che non ha nulla di speciale, né nulla da insegnare sul design: uno guarda un film e si mette a pensare che deve pagare il bollo dell'auto, che deve mandare una mail importante o che deve preparare la sacca per la piscina del giorno dopo.

Nella società attuale non si può pretendere un'attenzione costante: il nostro è sempre uno sguardo impreciso, e il visual design deve prevedere un frequente stato di distrazione del pubblico. A questo riguardo qualcuno potrebbe sostenere che i pensieri che ci passano per la testa sono affari personali, e che ognuno ha i suoi, e che questo non c'entra nulla con la serie Tv, con la comunicazione visiva e col design. Invece sono convinto del contrario. Vediamo perché.

Spostiamoci su un'altra serie Tv: *Desperate Housewives* (2004), che racconta i misteri e gli scandali nascosti dietro la facciata rispettabile dei ricchi sobborghi americani, quelle villette ordinate dietro le cui tendine plissettate si consumano adulteri, ricatti e omicidi.

Il modello viene dai melò degli anni Cinquanta e Sessanta, soprattutto da *Peyton Place* (1956), romanzo di enorme successo all'epoca, da cui fu tratto un altrettanto famoso film con Lana Turner. *Desperate Housewives* aggiorna però il modello, aggiungendo al semplice melò la truculenza dell'horror, le battute fulminanti della sit-com, e una buona dose di comicità slapstick. L'idea – geniale quanto furba – è di allargare il pubblico potenziale: mentre il melò ha come spettatore privilegiato le donne, horror e sit-com permettono di attirare maschi adulti e adolescenti, trasformando *Peyton Place* da prodotto per casalinghe a prodotto trasversale.

In un episodio di *Desperate Housewives* il personaggio interpretato da Eva Longoria – per rocambolesche avventure degne del miglior feuilleton – deve far credere al marito di essere incinta. Cosí va in ospedale e, rivol-

80

81

82

gendosi all'infermiera alla reception, chiede un certificato di maternità, ma – aggiunge – non le serve che sia vero, ne va bene uno qualsiasi, perché tanto poi lo falsificherà da sola, dato che ha ricevuto Photoshop come regalo di Natale. Gli spettatori ridono. Noi ragioniamo.

Se la battuta è comprensibile, è perché Photoshop, il piú famoso e diffuso programma di elaborazione fotografica, è oggi noto al pubblico di massa. Questo software è uno standard professionale non amatoriale, eppure, per via dell'immaterialità del digitale, è presente in molti computer casalinghi. Molti sanno aprire un file, cambiare i colori di una foto, oppure levare gli occhi rossi in uno scatto rubato col cellulare. Oggi le tecnologie del visual design sono comuni come gli elettrodomestici, quindi non stupisce che una *desperate housewife* abbia Photoshop accanto al microonde e al frullatore e, mentre in *Peyton Place* è impensabile che Lana Turner maneggi caratteri di piombo, Eva Longoria che maneggia Photoshop, non solo è plausibile, ma coerente col personaggio.

Come abbiamo già detto, il guardare è sempre un guardare esperto, chi guarda sa già delle cose. Di Eva Longoria si sa che è stata una nota attrice di soap opera, mentre del suo personaggio sappiamo che è una ex superficiale redenta, che prima di trasferirsi nella cittadina delle *desperate* faceva la modella a New York e Milano; e infine ha imparato che i valori autentici non sono nelle metropoli della moda ma laddove si vivono i sentimenti veri. Il pubblico la ama per questo.

Però, pur agendo entro due chilometri di strada provinciale (il mondo delle *desperate* è condensato come Paperopoli o il villaggio dei puffi), Eva Longoria è sempre in tiro, truccata, vestita, scintillante. Anche se di solito proprio in provincia si bada di piú a essere sempre a posto (cosa penserà la vicina?), la Longoria è però fin troppo *overdressed* e *overmadeup*. Ma questo fa parte del gioco:

la Longoria non è solo un personaggio; la Longoria è la testimonial latina di L'Oréal.

Quando campeggia sulle migliaia di riviste e cartelloni il suo volto rimanda al volitivo personaggio di *Desperate Housewives*, mentre quando appare nella serie Tv la chioma vaporosa rimanda allo shampoo per capelli trattati. Letteralmente. Le spettatrici sono competentissime, la vedono muoversi durante l'episodio e, senza concettualizzare, pensano che vorrebbero quei capelli; vedono la pubblicità sulla rivista e sentono che con quello shampoo saranno volitive e determinate. Non conta se ci sia davvero un rapporto diretto, contrattualizzato tra la serie Tv e la cosmetica; il nodo del discorso non è svelare la presenza di una pubblicità subliminale, ma il fatto che prodotti diversi condividono uno stesso contesto di valori, idee, procedure.

La pubblicità dei cosmetici, come quella di profumi e gioielli, ha una struttura rigorosa: il volto, il logo grande del produttore, il prodotto presentato come un oggetto prezioso. Il volto non sempre è generico, piú spesso aggiunge un sottotesto e connota la foto.

Le modelle che pubblicizzano prodotti considerati di base (creme nutrienti o antietà) possono anche essere delle sconosciute, il loro ruolo è quello dell'*everywoman*: tutte le donne invecchiano, tutte hanno bisogno di questa crema, e la crema è raccontata come un bene di prima necessità. E qui il visual design usa come sottotesto la paura: si vedono volti divisi in due, a sinistra il rugoso e macchiato, a destra il luminoso e virginale. La struttura del «prima e dopo» – nata per vendere i detersivi – è applicata da una parte per mostrare l'efficacia della crema (che lava via le macchie piú ostinate), ma dall'altra porge alle donne lo specchio della verità: il mostruoso ritratto alla Dorian Gray. Il sottotesto horror può arrivare fino all'esplicitezza da *medical thriller*: una recente

83

84

85

86

MARCHIO

PRODOTTO

testo discorsivo
di qualche riga

campagna di un prodotto anticellulite recita: «La cellulite è una malattia». Il termine «malattia» sostituisce cosí l'altrettanto delirante ma piú leggiadro «inestetismo». Il punto non è stabilire se la cellulite è o non è una malattia: in passato era il segno del benessere (le borghesi di Rubens) o di fertilità (la grassa statuetta della Venere di Willendorf); il punto è convincere i consumatori di essere in difetto, di vivere un'esistenza mediocre, ma di poter acquistare la felicità da commedia brillante.

Quando si passa dal parafarmaceutico ai cosmetici, non si vende piú la paura, ma il sogno, il glamour, la condizione di chi è invidiato. Rossetti, ciprie e tinture per capelli non hanno il volto anonimo dell'*everywoman*, ma la bellezza identitaria di Catherine Deneuve, di Isabella Rossellini o, appunto, di Eva Longoria. E ogni bellezza racconta una sua storia. La Deneuve significa l'*allure* parigino, la Longoria l'orgoglio latino. E infatti una delle piú fortunate campagne L'Oréal mostra gli stessi prodotti ciascuno associato a diverse bellezze: la nordica, la rossa, la latina, la nera, in tono col *politically correct* multiestetico.

Anche la Disney ha lanciato una linea di prodotti chiamata Disney's Princesses, dove Cenerentola, la cinese Mulan e la afroamericana Tiana si comportano come le ambasciatrici L'Oréal: una per ogni etnia, una per ogni Paese, una per ogni tono di pelle o colore di capelli, ognuna con la sua personalità specifica (la romantica, la determinata, la buffa), strette in sorellanza, secondo un modello che dalle *Piccole donne* della Alcott arriva dritto a *Sex and the City*. Questo modello diventa al tempo stesso topos narrativo e strumento di marketing, perché alle singole personalità corrispondono le identità delle consumatrici.

Si racconta che, quando alla fine degli anni Ottanta i disegnatori della Disney stavano lavorando alla *Sirenetta*, ricevettero una visita del responsabile marketing della società di giocattoli che aveva la licenza per il merchandising. Questi sosteneva che non si poteva fare la protagonista rossa di capelli perché le bambole rosse non vendevano. La storia, vera o mitica che sia, è emblematica di un passaggio fondamentale per il visual design: fino agli anni Ottanta si portavano i consumatori a un unico modello di merce (la bambola bionda), dopo si è cominciato a ragionare per tribú: la bambola rossa individua cosí una precisa identità e soprattutto un preciso segmento di mercato.

Il volto rimbalza quindi dal film al prodotto, dal prodotto all'immagine, dall'immagine di nuovo al film in un ininterrotto gioco di specchi. In quest'ottica, tornando a *True Blood*, la domanda: «Che fondotinta avranno usato?», non pare piú una frivola distrazione esterna alla storia, e il biancore della vampiressa Wood non è piú un semplice effetto speciale. Anzi, i rimandi tra fiction e immaginario (piú o meno commerciale) sono talmente articolati che lo slogan di una nota marca di cosmetici dichiara di essere: «The make-up of make-up artists» ovvero il trucco usato da quelli che lavorano nel cinema, cioè dai designer.

I linguaggi visivi non sono entità isolate ma diffuse: la fiction interagisce col marketing, con i valori morali e culturali, e i discorsi si rimandano l'un l'altro in infiniti riflessi e tautologie. Quando operiamo col visual design noi siamo già dentro a un flusso di cultura e di comunicazione, quindi la prima domanda da farsi è sempre: cosa sa già il mio destinatario? E spesso il pubblico sa molte cose.

Ma il pubblico non è un'entità compatta e ognuno sa le *sue* cose, l'attenzione è selettiva e si basa sul proprio vissuto e sui propri gusti. Cosí mentre Eva Longoria attraversa un nuovo episodio c'è chi pensa ai capelli; chi pensa al proprio matrimonio; chi si chiede come si fa a potare una siepe a forma di palla; chi pensa che deve pulire il terrazzo; chi pensa che non è abbastanza ricco; e chi pensa che Eva Longoria abbia un bel sedere e nient'altro. Il visual design accade sempre mentre qualcuno sta pensando a qualcos'altro, perché abbiamo soglie di attenzione diverse che agiscono simultaneamente.

C'è però un altro aspetto. Oggi il pubblico è molto piú smaliziato che in passato, spesso fino al parossismo: ad esempio, vanno molto di moda le teorie del complotto. Non capendo le logiche del potere, sono sempre di piú quelli che credono all'esistenza di piani sotterranei e di manipolatori occulti: i protocolli dei savi di Sion, la massoneria, i servizi deviati, poliziotti e giudici corrotti, preti pedofili che vogliono conquistare il mondo. Indubbiamente la cronaca non ci risparmia brutture di questo tipo, ma l'abitudine alla disillusione ha generato nei confronti della comunicazione un nuovo mito: il perenne sospetto dell'inautenticità.

Cosí, di fronte alla pubblicità di L'Oréal, c'è anche chi pensa: «Tanto la faccia è ritoccata con Photoshop!» Per questo la battuta della Longoria è doppiamente plausibile: avendo lavorato come modella a Milano, di sicuro è entrata in contatto con i grafici della moda che le hanno mostrato i prodigi del software, ed è per questo che lo ha ricevuto come regalo di Natale, per poter ritoccare le proprie foto in autonomia, anche nella sua vita di provincia.

Monica Bellucci – anch'essa testimonial di cosmetici – ha dichiarato in un'intervista che le sue foto sono tutte ritoccate in digitale, esortando le ragazzine a non confrontarsi con modelli irraggiungibili. Non bastano però le parole a disinnescare il potere delle immagini: la perfezione continua a parlare attraverso i modelli iconografici diffusi e attraverso la compattezza delle pelli immacolate. Photoshop è uno strumento antropologico, una forma simbolica che definisce l'immaginario come la prospettiva lo era stata per gli uomini del Quattrocento.

Considerare la moda o i cosmetici come qualcosa di frivolo o superficiale è a sua volta un pensiero superficiale. I fanatici della moda, cosí come quelli che la ignorano, sono l'ennesima variante di vecchie dicotomie: la forma e il contenuto, la carne e lo spirito, l'apparire e l'essere. E ripropongono l'annosa guerra tra iconoduli e iconoclasti. Entrambi reagiscono in maniera esagerata al potere delle immagini.

Quand'ero bambino, negli anni Settanta, le amiche di mia madre si dividevano in truccate e struccate, tutte convinte che quello fosse un segno importante di rivendicazione. La società è ancora oggi divisa tra chi reputa stupido dare importanza alle forme e chi investe solo su quelle; chi reputa che un libro non si giudichi dalla copertina e chi pensa che siano le copertine a determinare il successo del libro. Chi ha ragione? Nessuno dei due, ovviamente, perché il problema è male impostato. Siccome conosciamo il mondo attraverso i sensi, l'unica cosa con cui possiamo avere a che fare sono le forme; quello che chiamiamo contenuto è una costruzione mentale, un'idea psicologica. Quando parliamo di dare troppa importanza alle forme (o non dargliene affatto), stiamo solo usando una metafora per riferirci allo spessore morale che attribuiamo ad alcune di queste forme.

Insomma, anche se nella vita quotidiana ci dedichiamo ad attività nobili e importanti, anche se non siamo schiavi delle apparenze o se ci siamo abbronzati per sbaglio, i segni parlano: attraverso il modo in cui camminiamo, in cui decidiamo di passare il tempo libero, attraverso la camicia che indossiamo, le parole che scegliamo. Del resto non c'è persona piú ingenua di chi afferma di infischiarsene delle convenzioni sociali e di vestirsi con la prima cosa che capita: anche vestirsi con la prima cosa che capita è un modo di vestire e ha un significato preciso, cioè quello di infischiarsene delle convenzioni sociali. Non solo non possiamo non avere una forma, ma soprattutto non possiamo non comunicare e non possiamo far finta che ogni nostra mossa non verrà comunque interpretata in qualche modo.

Opposti agli iconoclasti ci sono ovviamente gli iconoduli, gli adoratori delle forme. Questi sublimano la cosmetica con intensivi esercizi in palestra o tramite la chirurgia estetica. Gli addominali a tartaruga o i nasi rifatti sono spesso design non perché sono progettati da qualcuno, ma perché ripetono in serie sempre uno stesso modello iconografico. La palestra, secondo un consolidato modello americano, punta a ingrossare le spalle e i bicipiti, e questo non è un modello né naturale né ovvio: nel mondo greco antico contavano molto di piú le cosce. Le lotte tra uomini e centauri ideate da Fidia per il Partenone mettono in scena bicipiti regolari e gambe robustissime. Piegare il gomito per mostrare il bicipite è, al contrario, segno non dell'uomo forte ma dell'uomo forzuto: il culturista, Braccio di Ferro, il sollevatore di pesi, tutti personaggi da circo o da vaudeville, perché, in un mondo dove la fatica vera è stata delegata ai piú poveri, ci si limita a metterla in scena.

Anche la palestra, il salone dell'estetista o la sala operatoria sono luoghi dove si può comprare visual design.

Torniamo dunque alla regina dei vampiri e all'inizio del nostro discorso. Siamo sicuri che quei pensieri – apparentemente distratti rispetto alla trama – non attraversino in varie maniere la testa del pubblico? Del resto commentare un film al cinema (e ancor di piú commentare le immagini televisive) è sempre stato un pezzo dell'esperienza estetica. L'idea di una fruizione svincolata da disturbi o da altri linguaggi è solo un'astrazione di quello che accade davvero. Certo, c'è chi guarda le serie Tv seguendo meramente la trama, eppure produttori e sceneggiatori sanno che scegliere un'attrice piuttosto

87

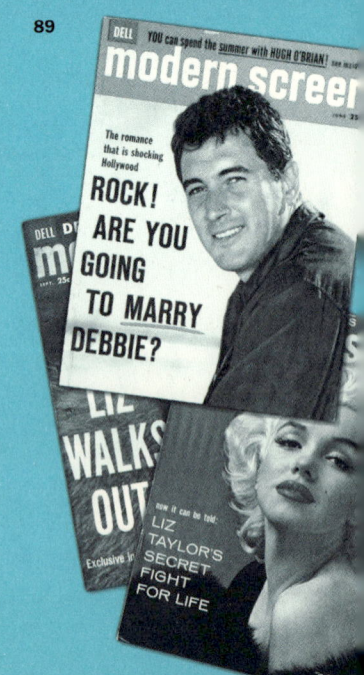

88

89

che un'altra è rilevante non solo sul piano della cronaca o del gossip, ma anche su quello dell'opera.

Evan Rachel Wood è stata la compagna di Marilyn Manson, e parte del pubblico lo sa. Questo dato fa parte del personaggio, non solo delle cronache: il fatto che la Wood sia stata innamorata di un cantante da molti associato al demonio rende il ruolo di regina dei vampiri ancora piú articolato sul piano dell'espressione, vuoi per ragioni intenzionali (il casting fa scelte ponderate), vuoi perché quando guardiamo un film noi abbiamo un'idea su quegli attori.

Hollywood ha contribuito da sempre a costruire questo meccanismo. Gli attori non sono mai stati semplici interpreti di personaggi, il pubblico è sempre stato informato – in maniera piú o meno veritiera – della vita e soprattutto delle storie d'amore degli attori. Anche l'uomo della strada è venuto a conoscenza del fatto che Brad Pitt ha sposato Angelina Jolie lasciando Jennifer Aniston. Del resto quando si racconta un film a qualcuno si dice: «C'è Tom Cruise che fa l'agente della Cia». Nessuno chiama i personaggi per nome, se l'attore è famoso. E in alcuni casi il regista può usare queste cose intenzionalmente.

James Stewart si rifiutava di interpretare personaggi di cui non condivideva la dirittura morale, questi convincimenti erano noti al pubblico e Hitchcock li usava per intensificare la densità dei suoi personaggi. In *Eyes Wide Shut* (1999) Stanley Kubrick volle Nicole Kidman e Tom Cruise perché erano sposati nella vita reale e il pubblico per primo ne era a conoscenza: tutto ciò avrebbe comportato uno sguardo preciso sul film e questo sguardo non era un accessorio, un elemento esterno, era parte integrante del linguaggio narrativo.

Gli approcci puristi all'arte reputerebbero il matrimonio reale tra i due attori irrilevante ai fini della compiutezza del film, ma è esattamente il contrario: non solo non esistono linguaggi puri ma non esistono neppure confini esatti tra le opere. Un lettore di *Madame Bovary* ha una prospettiva sul libro diversa rispetto a un lettore che dello stesso romanzo conosce anche una versione cinematografica o un adattamento teatrale.

Quindi, guardando la bianchissima regina dei vampiri, fanno parte del discorso narrativo: la qualità della fotografia, il fondotinta usato e le relazioni amorose che questa ha intrattenuto nella vita reale.

Un sistema del genere comporta consapevolezze, e anche conseguenze. Negli Stati Uniti il pubblico afferma di trovare poco credibile un attore omosessuale che interpreti il ruolo di un eterosessuale: eppure un attore è un attore e la sua vita privata non dovrebbe interferire con la recitazione, ma questo è vero solo in parte. L'industria dell'intrattenimento ha sempre giocato su questa ambiguità.

L'aspetto piú interessante è però notare come un cambio di prospettiva possa contribuire a nuove fruizioni di un film. Ad esempio la Universal Pictures aveva costruito per Rock Hudson – uno dei piú fortunati attori romantici degli anni Cinquanta – una finta vita privata a uso e consumo delle spettatrici per dare consistenza al personaggio del rubacuori; in seguito il pubblico ha saputo che Hudson era omosessuale, ma questo, anziché smontare i suoi personaggi, ha fornito loro altri significati per nuove generazioni di spettatori, rendendo ulteriormente struggenti i melodrammi in cui Hudson bacia l'amata davanti a un fondale di cartapesta; anzi, il tema di quei melò, e cioè l'amore negato dalla meschinità sociale, ne esce amplificato.

Che si tratti di una fiction, di un libro o di un'installazione di arte contemporanea, l'esperienza estetica è sempre condizionata da quello che sappiamo di quell'opera, di altre opere, della vita dell'artista e cosí via. Anche se nel sentire comune sono ancora molto diffuse le vecchie teorie che vorrebbero farci accostare alle opere con sguardo innocente e puro, nel rapporto con i mass media l'impurità è la norma: i significati e il piacere che ne traiamo sono legati, in maniera piú o meno conscia, alle associazioni che facciamo con film, pubblicità o altre forme d'arte. I linguaggi dei mass media sono sempre in relazione gli uni con gli altri, e partecipano di una discorsività diffusa.

Le arti tradizionali (pittura, letteratura, teatro), nell'Ottocento considerate «alte», si sono faticosamente rassegnate a questi fatti e sono ancora tanti quelli che vorrebbero mantenerle incontaminate.

I concetti di «opera aperta» o di «intertestualità» sono stati una conquista per i linguaggi tradizionali, ma sono da sempre la norma per i linguaggi, diciamo cosí, popolari. Insomma i semiologi hanno spiegato alle classi colte quello che i pubblicitari sapevano già: che i confini delle opere sono fittizi e l'arte è sempre in rapporto di influenza reciproca con tutto ciò che reputiamo altro dall'arte.

Per ragioni simili, anche la critica fa parte dell'opera: raccontare un film a qualcuno è sia un atto sociale sia il sistema migliore per aumentare i significati di quell'opera. Tutte queste negoziazioni, questi discorsi, ora bassi ora alti, formano quello che comunemente si chiama l'«immaginario collettivo», cioè il contesto della comunicazione. La cultura non è un insieme di nozioni o di interpretazioni, ma un processo; e i significati non sono esclusivamente interni alle opere, ma vengono anche prodotti attraverso il consumo e la circolazione. Ne consegue che le immagini non parlano a tutti, ma a specifici gruppi piú o meno grandi. Quindi le domande da farsi di fronte al visual design sono: che cosa ne saprà il pubblico di questo argomento? Dove lo metterà? Cosa ci farà?

Siamo partiti dalla cosmetica per parlare del contesto del design. Il taglio dei capelli o dei baffi, la tonalità della pelle o la scelta di un paio di occhiali fanno parte dei modi in cui pensiamo il nostro volto e quello degli altri: solo quando qualcuno cambia la forma della barba o si pettina in modo diverso, ci rendiamo conto di come quei modi finiscano per coincidere con l'idea stessa che abbiamo di quella persona.

In alcuni casi le scelte sono poi talmente radicali che i confini tra semplice make-up e progettazione diventano indistinguibili: pensando a Greta Garbo, a David Bowie o a Madonna, l'allestimento del volto non è una semplice maschera (necessaria da sempre al palcoscenico), ma è appunto un fatto di design: il trucco non è qualcosa che si poggia sul viso, lo determina.

Facciamo allora un passo avanti e parliamo di quei personaggi che sono essi stessi frutto di design, come accade nei videogiochi e nei cartoni animati.

I primi ad accorgersi che il make-up svolgeva un ruolo fondamentale sul volto dei personaggi furono gli animatori Disney, interessati al realismo in modo impensabile in altri studi. Finché si disegnava Topolino tutto filava liscio, ma nel 1936, vedendo il primo «girato» di *Biancaneve*, si resero conto che la protagonista era eccessivamente pallida, a dire il vero troppo piatta e fredda. Non era possibile scurirle l'incarnato, dovendo essere – per ragioni di sceneggiatura – «bianca come la neve» e soprattutto aristocratica. Qualcuno provò a colorarle le gote con l'aerografo, ma da una parte l'effetto era l'inquietante fissità delle bambole, dall'altra, nella sequenza animata, i circoletti rosati le ronzavano sulle guance come calabroni*. La difficoltà consisteva anche nel fatto che i disegni finiti e colorati erano realizzati su fogli di acetato trasparente, e quindi si trattava di dipingere come sul vetro.

---

* La ragione per cui i cartoni animati «fatti a mano» hanno sempre avuto tinte piatte è perché era l'unico modo per avere delle guide per la coloritura. Oggi l'animazione 3d permette sfumature e ombre grazie a un algoritmo che mantiene coerente il disegno e gli accidenti luminosi.

90

91  ▸ **HER ROYAL ROMANCE AND LIFE STORY**
Mrs. Wallis Simpson

THRILLING SECRETS ABOUT THE BEAUTIFUL AMERICAN
WHO HAS WON THE FAVOR OF THE BRITISH KING!

92 ▸ **TIME**
The Weekly Newsmagazine

93

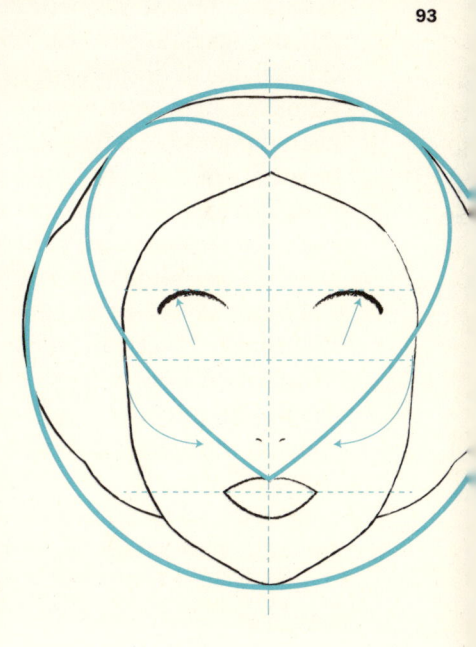

Ne provarono di tutti i colori: pastelli, sfumini, tempere a secco. Finché un giorno una ragazza che lavorava alla coloritura dei disegni si presentò da Walt Disney con un suo disegno di Biancaneve. Disney lo guardò. Era perfetto. Biancaneve aveva le guance appena rosate e lo sfumato era morbidissimo. «Ma come ci sei riuscita?», chiese Disney. E la ragazza rispose: «Col rossetto! Ne ho spalmato appena un po' sull'acetato e poi l'ho sfumato col dito». Possiamo immaginare la risposta di Disney: «Cara ragazza, ma questo processo non è ripetibile. Non è industriale. Come puoi pensare di colorare sempre allo stesso modo milioni di disegni senza uno stencil o una guida?» La risposta della ragazza fu disarmante: «Ma io lo faccio su di me tutte le mattine!»

La competenza acquisita nel truccarsi in modo coerente tutti i giorni fece sí che quella ragazza fosse incaricata di imbellettare ufficialmente un personaggio inventato.

Copia, iterazione e serie sono caratteristiche dell'industria, ma finiscono per influenzare anche i modi in cui viviamo al di fuori del design: pettinarsi in una determinata maniera è l'iterazione di un modello che si è visto da qualche parte: nei film, nelle pubblicità, sulle riviste. La società promuove certe regole e certi prodotti (in Occidente il rossetto è approvato ma il tatuaggio sulla fronte no) e cosí, regolamentando gli standard, si attua un disciplinamento del volto.

Disney aveva scelto come modello iconografico per Biancaneve Wallis Simpson (1896-1986), duchessa di Windsor. All'epoca la Simpson campeggiava sulle copertine dei rotocalchi: era borghese, divorziata, e pur di sposarla il principe di Galles aveva rinunciato al trono di Inghilterra; era quindi perfetta per ispirare la protagonista di una favola in cui la regalità è questione di sentimenti e non di nascita, in cui quel che conta è seguire il proprio cuore, anticipando di cinquant'anni lo stile di Lady Diana «principessa del popolo». Se guardiamo i ritratti della Simpson ormai anziana, troviamo un aspetto inatteso. Come tante signore, continua a pettinarsi e a truccarsi come faceva da giovane; ma adesso è lei a sembrare ispirata a Biancaneve, è lei la parodia, perché la curva del rossetto o un arco di sopracciglio definiscono volti che sono sempre, tutti, un po' inventati.

Facciamo la fila di fronte alla *Gioconda* per ammirare l'originale di una copia che abbiamo già conosciuto altrove. In maniera simile, ogni giorno davanti allo specchio, attuiamo sul nostro volto la copia di un modello che abbiamo imparato a desiderare altrove.

94

95

96

Five-Line Pica.

Canon.

Two-Line Great Primer.

97

facebook

Riccardo Falcinelli
Modifica profilo

Preferiti

- Notizie
- Messaggi
- Eventi
- Foto

Applicazioni

- App Center

Identità

Design e serializzazione riguardano dunque le cose e le persone, e queste si riflettono a vicenda.

Abbiamo visto come la bambola dai capelli rossi sia pensata per una bambina specifica: questo gioco di identità riflesse appartiene anche alle idee e alle istituzioni, non solo alle merci. Abbiamo anche notato come alcuni rami del visual design usino la paura per influenzare comportamenti e acquisti; ma che cos'è la paura?

Rispetto a com'era in passato la morte è oggi un concetto opaco, anche quando ci è vicina appare piú ingiusta che ineluttabile e, essendosi allungata l'aspettativa di vita, gli incubi quotidiani sono divenuti altri: l'inadeguatezza, l'imperfezione fisica, la vecchiaia, la malattia. C'è poi un'altra paura piú angosciosa della morte e molto piú tragica e moderna: la paura di condurre un'esistenza mancata.

Una volta soddisfatte le necessità elementari, qualunque società elabora sistemi simbolici complessi a cui corrispondono altre necessità piú articolate e astratte; si passa cosí dai bisogni ai desideri, e l'insoddisfazione di questi ultimi conduce non piú alla fame o alla morte, ma alla frustrazione. Condizione prontamente sfruttata dal consumo che da una parte sembra avanzare soluzioni di appagamento, dall'altra propone nuovi desideri da soddisfare.

Non si tratta però di un'invenzione dei pubblicitari, anzi questo è il tema portante delle narrazioni dall'Ottocento in poi. I personaggi di Stendhal o di Flaubert sono i primi a raccontare la difficoltà di armonizzare sé stessi con le circostanze sociali, e un dilemma del genere è impensabile al di fuori del mondo moderno. In altre epoche e in altre economie, piú che le identità contavano le pratiche. Nel Medioevo un cavaliere, un re o un contadino hanno anzitutto un *ruolo* nella società, non un'identità. Questo ruolo preciso, simile a un abito con cui ci si presenta agli altri, comporta uno scollamento dell'interiorità dalle pratiche sociali: scollamento che viene in parte identificato con l'anima, tanto che la confessione o il pentimento possono scrollare via da questa il peso delle azioni compiute.

Nell'Ottocento le cose stanno altrimenti e, parallelamente al maturare della società capitalista, si definiscono le caratteristiche sociali della modernità: l'inurbarsi dei ceti contadini come conseguenza dell'industrializzazione; l'alfabetizzazione di massa; la nascita dello Stato centralizzato; l'istituzione di uffici anagrafici e di organi di controllo (scuole, ospedali, prigioni); l'utilizzo della scienza come legittimazione delle convenzioni sociali; la nascita della pubblicità.

Tutte queste istituzioni non hanno piú bisogno di ruoli, ma di identità: cioè di una coincidenza tra ciò che si fa e ciò che si è. La socievolezza o la pigrizia sono per gli uomini del passato segno di virtú o di vizio, ma se ci si pente o si cambia rotta quegli attributi si staccano da noi – come un abito, appunto – e si diventa altro. La borghesia dell'Ottocento parlerà invece di caratteri pigri o socievoli: e queste qualità sono identitarie. Lo stesso accade per la sessualità: nel mondo premoderno il sesso è qualcosa che si *fa,* oggi è anzitutto qualcosa che si *è*.

L'identità si configura come una versione laica, attiva, desiderante dell'interiorità umana. Anche la divisione in classi cambia i suoi parametri: non sono piú solo il censo, la ricchezza, l'educazione a dividere gli uomini, ma il riconoscersi o meno in un gruppo o in un altro. In questo scenario, le possibilità di realizzare sé stessi si prospettano entro le due grandi categorie dell'amore e del lavoro. Ad esempio, piú si sale nelle classi sociali, piú l'esercizio di una professione, non solo remunerativa ma che si è scelta, è segno di esistenza compiuta: il figlio di ricchi che non trova una *sua* strada è considerato il vero paria, uno che ha la peggiore delle identità, quella mancata.

Da una parte la possibilità di sceglierli o modellarsi l'esistenza è una grande occasione, dall'altra questo sistema premia solo i piú volitivi e determinati, e impone mortificazioni ai piú incerti.

Una volta che il sistema sociale ha stabilito le coordinate, il marketing ha vita facile, perché l'identità non è solo un fatto personale ma il fondamento di tutta la comunicazione: ci sono identità locali (nel Medioevo a nessuno sarebbe venuto in mente di rivendicare l'origine di un vino o di un prosciutto); ci sono identità nazionali (il made in Italy, la cucina francese); identità aziendali (Nike, Google); identità globali (Madre Teresa, Steve Jobs); e poi c'è l'immaterialità di Internet dove – come riscatto supremo – si può avere un'identità alternativa: un avatar.

In questo sistema, i social network sono diventati la «messa in pagina» delle identità: su Facebook posso avere un'identità come singolo, come istituzione, come azienda. Lo stesso accade nelle pagine dei blog. Ma quale che sia l'identità, la condizione da rispettare è una sola: gusti, interessi, comportamenti, idee morali e politiche, desideri e simpatie devono essere fenomeni consustanziali alla nostra essenza.

A ciascuna identità il visual design conferisce cosí uno stile, un logo, un colore, un'immagine coordinata, delle narrazioni, delle mitologie e dei sistemi di funzionamento. E il pubblico potrà scegliere a quale identità visiva appartenere, a quale tribú.

Il marxismo classico sosteneva che il capitalismo ha bisogno di merci sempre nuove, e quindi di prodotti già pronti per l'obsolescenza e per un ricambio continuo, incarnato oggi dal furioso e spesso inutile aggiornamento dell'elettronica.

Questo sistema ha anche bisogno di inglobare nuovi gruppi e idee per allargare sempre di piú il mercato. Cosí le multinazionali dell'abbigliamento possono fagocitare le subculture di strada, usando graffiti e street art all'interno dei propri visual; o possono proporre jeans già consumati e vissuti, trasformando un segno di emarginazione in una forma desiderabile: i jeans calati sotto le mutande erano la norma nelle carceri, dove era vietato indossare cinture, e gli stilisti hanno tradotto una tendenza dettata dalla necessità nel simbolo di una ribellione formato ridotto, perfetta per le inquietudini adolescenziali. Lo stesso è accaduto ai tatuaggi (antica pratica marinaresca e carceraria) e al rap normalizzato dall'industria discografica. La disobbedienza è divenuta conformismo.

A questo proposito, Vivienne Westwood – che è stata una figura di culto del gusto punk – ha affermato di aver smesso di «essere contro» quando ha capito che tutto poteva essere inglobato dal potere delle multinazionali, preferendo diventare produttrice di sé stessa, non piú «contro» ma in parallelo alle voci dominanti.

In questo panorama, il rischio è che l'identità smetta di essere qualcosa che si fa o che si è, per diventare qualcosa che si consuma. Il libro che si legge, il tipo di cellulare che si usa, le idee morali o il paio di jeans, si configurano non come semplici modi per essere sé stessi, ma come *target*, cioè, alla lettera, «bersagli», e questo non funziona solo sulle ipotetiche masse incolte: anche riconoscersi come lettori Einaudi o Adelphi, comprare solo detersivi biologici o interessarsi al cinema asiatico, sono costumi che condividono lo stesso meccanismo di fondo. È credibile che l'Homo sapiens, non essendosi evoluto per vivere in massa, tenda a ricercare gruppi piú piccoli a cui appartenere; desiderio che viene oggi stravolto dai numeri imponenti e dal consumismo, in un'ipertrofia delle pulsioni gregarie che sfocia in un dilagante appiattimento.

Una delle polarità forti su cui insiste il marketing è dividere i consumatori per sesso. Le differenze tra maschi e femmine sono però molto meno marcate di quello che la società tende a evidenziare: ovvero mediamente – se di dualismo vogliamo davvero parlare – c'è molta piú differenza tra un individuo lento e uno rapido che tra un maschio e una femmina. A irrobustire queste differenze si chiama poi in causa la scienza: nei giornali aumentano sempre piú quegli articoli che ipotizzano basi genetiche o neuronali per i tratti caratteriali, sessuali o morali.

Ma la domanda da farsi non è: «Cos'è un cervello femminile?», piuttosto: «Chi è interessato a saperlo?» Cioè: quali laboratori fanno ricerche del genere? Con quali soldi? Per quali scopi? Stabilito che il cervello delle donne è piú portato al ragionamento analitico*, se ne potrebbe dedurre che un matrimonio musulmano, che può essere poligamico, avrà troppa analiticità mentre quello tra due uomini ne avrà troppo poca. La scienza è chiamata in causa per confermare in maniera incontrovertibile che le identità non sono accidenti sociali, ma fatti certi determinati da una volontà piú forte di Dio: il Dna. Però, come sanno gli scienziati piú accorti, al di fuori di un paradigma e di una visione del mondo, la scienza non è né vera né falsa.

Forse solo profilattici e assorbenti igienici sono progettati per maschi e per femmine, il resto dei prodotti

---

* La notizia è comparsa piú volte, ma non sembra avere fondamento.

viene semplicemente confezionato in modo tale da rappresentare il gender: uno stesso shampoo diventa per uomini o per donne tramite una leggera variante di profumazione, ma soprattutto attraverso il packaging: nero e smaltato per i maschi (in assonanza con le cromature delle macchine), in tinte pastello per le femmine (secondo consolidati stereotipi di tenerezza).

La furia di intercettare nuove fasce di consumatori può arrivare al parossismo, e persino il cibo può essere sessualizzato: esiste in commercio uno yogurt sul cui vasetto c'è scritto: «Ti senti gonfia?», ma anche i maschi possono mangiarlo senza che questo ne comprometta la virilità.

Uno dei primi casi di sessualizzazione delle merci è stato quello delle sigarette Marlboro. Queste in origine erano vendute come prodotto femminile, tanto che il bocchino era color rosso per mimetizzare le eventuali tracce lasciate dal rossetto; ma, quando furono pubblicati i primi dati sui pericoli del fumo, molte consumatrici – specie se incinte – smisero di fumare o passarono alle sigarette col filtro. La Marlboro, per non fallire, investí capitali ingenti per trasformare un prodotto da femmine in un prodotto per maschi inventando il mito degli uomini rudi e dei cowboy in controluce (una sigaretta è una sigaretta e il sesso è tutto nel visual). Una convenzione può però essere ribaltata ancora: negli anni Ottanta il ministero della Salute californiano lanciò una famosa campagna antifumo in cui un cowboy, fotografato in perfetto stile Marlboro, si rivolgeva all'amico dicendo: «Bob, ho l'enfisema», smantellando in una battuta quarant'anni di ruvida mascolinità.

I meccanismi di genere sono usati anche per parlare in modo diverso ai giovani e agli anziani, segmentando sempre piú la società in gruppi specifici: la grafica delle merendine richiama lo stile dei cartoni animati (di recente è comparsa anche una marca di insalata targata Hello

98

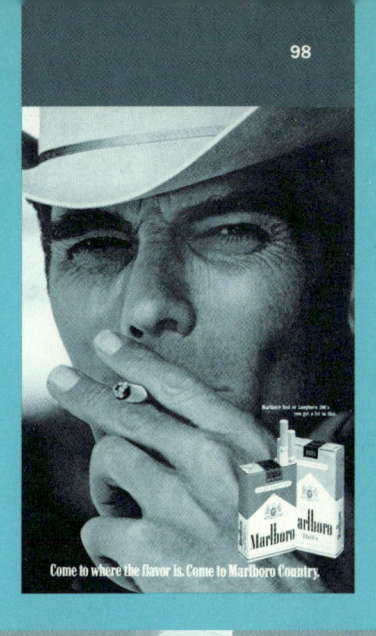

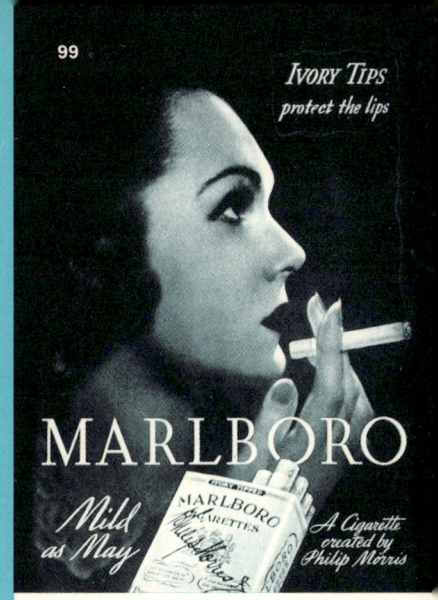

Come to where the flavor is. Come to Marlboro Country.

99

IVORY TIPS protect the lips

MARLBORO

Mild as May

MARLBORO CIGARETTES

A Cigarette created by Philip Morris

100

Bob, I've got emphysema.

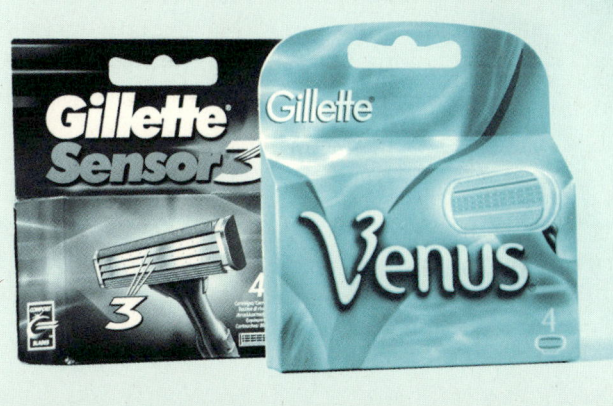

101

Kitty); quella del Borotalco o dell'Olio Sasso parla – tramite la patina liberty – ai piú anziani, evocando epoche in cui il mondo era un posto migliore.

I primi a chiedersi quali fossero gli usi del visual design, e a investigarli in maniera critica, furono gli intellettuali dei Paesi colonizzati, le femministe, gli omosessuali, gli afroamericani, cioè tutti quei gruppi che non si riconoscevano nei discorsi ufficiali. Di fronte ai linguaggi visivi questi si chiesero: «Sí, ok, ma il linguaggio di chi?».

Come esempio basti una storia famosa quanto emblematica. È noto che O. J. Simpson, uno dei piú grandi giocatori della storia del football americano, sta scontando una condanna a trentatre anni per rapina a mano armata e sequestro di persona, oltre a essere stato accusato di aver ucciso la moglie e il suo presunto amante. All'epoca dei fatti venne pubblicata sulla copertina di «Newsweek» e «Time» la faccia di Simpson, un medesimo scatto che lo inquadrava come criminale: è una foto segnaletica, appiattita per via del tipico flash frontale, con la schedatura numerica del commissariato di polizia e in cui lui appare con lo sguardo perso nel vuoto. Ma la foto di «Time» è stranamente piú scura di quella di «Newsweek»: è improbabile che si tratti di un errore di stampa e sono molti a ritenere che la foto sia stata scurita in Photoshop per far apparire Simpson piú «negro». Basta infatti aumentare del quindici per cento il colore di una lastra di quadricromia per trasformare il visual design in uno strumento di razzismo e sopraffazione. La foto non solo afferma che Simpson è colpevole, ma associa la devianza e la violenza con la negritudine.

La storia non è nuova, l'Ottocento positivista ha investito enormi forze nell'individuazione biologica (e visiva) del delinquente; gli studi piú famosi sono quelli di Cesare

Lombroso, che rintracciava, nella forma del volto o nella distanza degli occhi, i segni indubitabili del criminale.

Il marketing non fa che impiegare un modello già inventato dallo Stato e dalla legge.

Si pensi alle macchinette da fototessera disseminate nelle stazioni e fuori degli uffici anagrafici, di solito colorate con tinte vivaci e tappezzate di facce sorridenti che ci guardano. Questi bussolotti sembrano una specie di attrazione da lunapark, dove si entra per giocare, e che eventualmente possono anche servire per farsi una foto. Tale spirito festoso dissimula il fatto che questa tecnologia è stata inventata (e usata la prima volta) dalla polizia per catalogare i criminali. «Fototessera» è solo il nome moderno della vecchia foto segnaletica.

A questo proposito guardiamo la grafica del passaporto o della carta di identità: l'aspetto visivo più forte è il nostro viso inquadrato all'interno di un sistema di segni che ci pongono *dentro* lo Stato. Tutti i volti delle fototessere infatti si somigliano, sono identikit, somme di pochi tratti ritenuti pertinenti al riconoscimento. Il fondo bianco su cui veniamo «scontornati» – cioè letteralmente tirati fuori dal nostro contesto di vita – ci identifica dopo averci spersonalizzati. La stessa definizione di «segni particolari» è concepibile solo all'interno di una presunta normalità priva di tratti salienti, retaggio di un'epoca in cui molti banditi avevano uno squarcio sulla fronte o una cicatrice sul labbro (oggi si sa invece che i banditi sono spesso immacolati, ben rasati e ben vestiti). Guardiamo meglio questi documenti, perché graficamente c'è dell'altro. I fondini della carta sono attraversati da fitti reticolati, da intrecci di onde sinusoidali come sulle banconote: la ragione pratica è rendere difficile la falsificazione, ma, sul piano iconografico, significa che il nostro volto appartiene alle istituzioni, come quello della regina Elisabetta o di Benjamin Franklin, che compaiono sulle banconote; firme e tim-

102

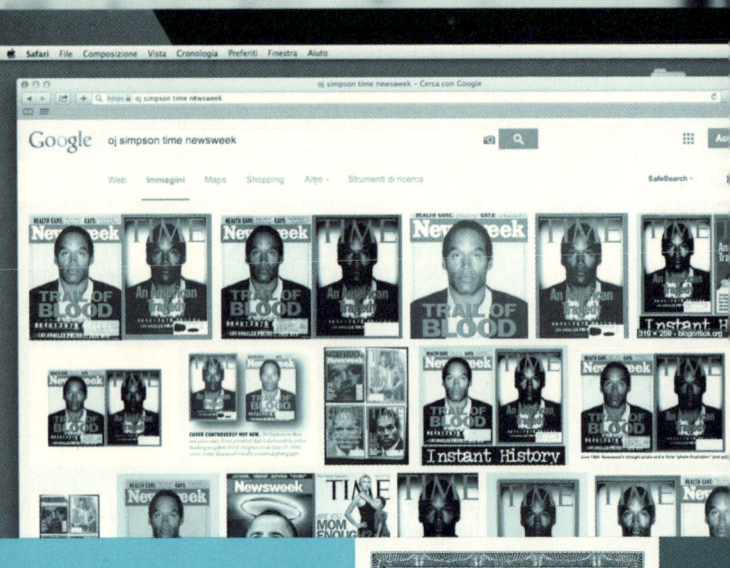

103

EUROPEAN HEALTH INSURANCE CARD

E-111   IT

Name
FALCINELLI
Given names
RICCARDO   25/04/1973
Personal identification number
FLCRCR73D25H501A   SSN-MIN-SALUTE
Identification number of the card
FAC-SIMILE   14/08/2016

104 ▸

REPVBBLICA ITALIANA

COMVNE DI ROMA

CARTA D'IDENTITÀ

N.º AR 8915

DI

FALCINELLI
RICCARDO

105 ▸

ISTITUTO NAZIONALE FASCISTA
DELLA PREVIDENZA SOCIALE

Sede Centrale in Roma - Corso Umberto I, n. 239

INSCRIZIONI A CONDIZIONI SPECIALI

di previdenza del personale addetto
Esattorie e Ricevitorie delle Imposte dirette

CERTIFICATO DI INSCRIZIONE

N. 31576

di Antonacci Manlio

figlio di fu Francesco

nato il 21 luglio 1911

106

bri ribadiscono la nostra identità come *emissione* dello Stato. Le stesse font usate rimandano ai caratteri lapidari che sono, da duemila anni, l'immagine coordinata del potere centrale. A scuola ci insegnano il valore grammaticale di maiuscole e minuscole, ma i testi di banconote e documenti sono tutti in maiuscolo continuo, come le iscrizioni della Roma imperiale.

Nel mondo degli affari l'immagine coordinata è anche chiamata «identità aziendale», ma questo concetto è stato formulato prima dalla politica e dalla burocrazia, e solo in seguito dalle aziende. Pensiamo alle insegne romane, ma pure alla *n* di Napoleone riprodotta in serie su mobili, scudi e carte bollate; oppure pensiamo alle font geometrizzanti usate durante il fascismo. «Identità» significa farsi riconoscere, in tutte le accezioni del termine, e quest'identità ha bisogno del design per prendere forma.

Anche gli oggetti mettono in scena le identità. Gli hard disk portatili hanno spesso un aspetto dichiaratamente tecnologico, sono parallelepipedi perfetti, neri o argentati, che ricordano il monolite di *2001: Odissea nello spazio*, comunicano efficienza e futuro. L'aspetto della Apple, invece, con i suoi bianchi traslucidi e gli spigoli arrotondati, è uno stile di vita, non piú solo un oggetto. L'iMac o l'iPad si integrano perfettamente con il mondo naturale e con il tavolo di antiquariato, perché si pongono come classici; sono le piú obsolescenti tra le merci, eppure si presentano fuori dal tempo: comprandole non si possiede solo un oggetto, si conferma, appunto, la propria essenza culturale.

Che il visual design riguardi la riconoscibilità delle merci si è sempre saputo, il discorso è però incompleto se non si dice che quell'apparenza riguarda anche chi le merci le usa, ovvero che le merci somigliano al loro produttore e pure a chi le comprerà: perché, sul piano delle identità, il design è allo stesso tempo l'immagine di chi parla e di chi «viene parlato».

Questo stesso meccanismo ha finito per caratterizzare anche i discorsi politici e morali: essere di destra o di sinistra si configura, ancor prima che come visione del mondo, come stile di vita. Per ragioni simili, le famose e provocatorie campagne Benetton da una parte sensibilizzavano su temi universali, dall'altra proponevano il multiculturalismo o la tolleranza come qualcosa che si può comprare.

Anche le associazioni umanitarie o non profit usano gli stessi codici: comprando un quaderno di Emergency o un pacco di caffè equo e solidale contribuiamo a una giusta causa, ma allo stesso tempo consumiamo un'idea di giustizia.

Non si tratta di un invito al cinismo, semplicemente non possiamo far finta che gli aspetti piú nobili e disinteressati del nostro io non operino all'interno di un preciso meccanismo sociale ed economico. Chiedere a un bambino qual è il suo colore preferito è già educarlo ad affermare la propria identità, anche di consumatore.

Stato centralizzato, mercato, società di massa concorrono alla definizione di un sistema in cui tutto deve essere catalogato, e in cui individui e cose inanimate possano facilmente essere incasellati: codici a barre e codici fiscali sono le etichette necessarie a questo controllo.

Scegliere un determinato vestito, preferire la birra doppio malto, comprare un Chianti o leggere certi romanzi sono espressioni delle nostre idee e dei nostri gusti, ma un velo sottile separa queste scelte dalle foto segnaletiche, dalle impronte digitali, fino alla piccola tessera del supermercato con cui vengono catalogati i nostri acquisti. Ogni volta che rivendichiamo la nostra identità, da una parte stiamo affermando la libertà di essere noi stessi, dall'altra stiamo negoziando i confini di una possibile privazione.

Forse una via di uscita sta nel sottrarsi alla lotta tra *consumare* ed *essere*, tornando a *fare*.

Insomma, il passaporto e la tessera sanitaria sono tra le forme piú potenti di visual design e, anche se non ci si pensa, c'è qualcuno che li ha progettati. Credevate davvero che i designer scegliessero solo il colore dell'iPod?

107

108

SANCTUARY

WILLIAM FAULKNER

COMPLETE UNABRIDGED

2/-

109

110

111

112

Marchio

Il marchio è la convenzione simbolica per cui a ogni prodotto o istituzione corrisponde un segno grafico, ed è stato ritenuto da molti (specialmente tra i progettisti del dopoguerra) la quintessenza del graphic design, poiché riassume in sé le condizioni fondamentali della comunicazione visiva: identificare, informare, presentare e promuovere.

Società ed enti, ancor prima di produrre beni o servizi, producono discorsi; questi formano un immaginario sulle cose che, con termine inglese, viene chiamato *brand*.

Il termine viene dal francone *brennan* che vuol dire «bruciare». Brand è la cosa che brucia, in riferimento alla pratica antica di marchiare a fuoco il bestiame con un segno grafico che ne rendesse riconoscibile la proprietà. Il brand non è la merce, ma la sua idea psicologica. Una multinazionale può infatti possedere piantagioni, laboratori, fabbriche sparse per il mondo, ma è il brand che le fa apparire come un'entità singola, tramite la compattezza del visual design.

In questi processi il marchio non coincide col brand, bensí ne è un vessillo. Naomi Klein (1970), quando dice «no logo», sta usando una sineddoche, critica la parte per il tutto. E la critica è rivolta al brand, appunto, perché le multinazionali vendono idee astratte come veicolo per l'acquisto delle merci.

Muji, linea giapponese di prodotti per la casa, vende esattamente la mancanza di logo (il nome viene dalla frase *Mujirushi Ryōhin*, che in giapponese significa «buoni prodotti senza marchio») facendo brand del *no brand* e proponendo un understatement radicale e rarefatto che spicca perché proposto nei contesti visivamente caotici del mercato contemporaneo.

Anche le «persone artificiali» possono avere un marchio: manifestazioni, mostre, fiere, eventi, istituzioni si raccontano attraverso colori e caratteri distintivi. Un esempio fra tanti è la Croce Rossa, fondazione tanto antica che nome, marchio e istituzione sono percepiti come un tutt'uno indistricabile.

Nel lessico della grafica il termine «marchio» non indica solo un simbolo, o solo un lettering, bensí la loro unione: come il panda con la scritta Wwf, o come la Nike, in cui il tratto a forma di baffo è unito alla scritta ma può anche essere usato da solo, segno ellittico di consolidato potere visivo.

I marchi fatti di sole lettere, come quello di Chanel o della Coca-Cola, sono invece chiamati loghi, logogrammi o logotipi. Basta infatti che il lettering sia ben connotato per essere memorizzato come marchio. Il corsivo inglese usato dalla presidenza del consiglio dei ministri ha caratteristiche d'autorevolezza diverse dal corsivo gommoso del logo della Barbie: entrambi sono ispirati alla calligrafia, e possiedono terminazioni svolazzanti, eppure hanno ciascuno connotazioni diverse e appropriate.

Il lavoro coordinato del marchio con tutti gli altri elementi grafici, tattili o sonori, costruisce un'identità uniforme e riconoscibile che, imprimendosi nella memoria, convince, spiega e seduce. La seduzione va però intesa in senso non necessariamente subdolo: sedurre non è sempre persuadere, è anche etimologicamente «attrarre a sé», cioè fidelizzare. E questo vale tanto per la merce quanto per l'idea politica.

Nei Paesi nel Nordeuropa, lo Stato investe consapevolmente in comunicazione visiva: valga come esempio

113

114

115

116

117

118

119

120

tra tanti il rigore grafico della metropolitana berlinese, che appare subito agli utenti come equivalente parlante di trasparenza e correttezza da parte dell'istituzione. Non tutto il brand viene per nuocere.

Il design del marchio rende tangibile un'immagine mentale ma, ancor prima della forma, è fondamentale il nome scelto. Il *naming* (come lo chiamano gli specialisti del marketing) è l'arte di calare il brand dentro al cuore di una narrazione. In alcuni casi, il nome può avere tanto successo da diventare la cosa stessa: Aspirina®, Domopak®, Scottex®, Rimmel® o Thermos® nascono come nomi di marche, e finiscono per diventare nomi comuni, tanto che scriverli in minuscolo a molti non sembrerebbe un errore.

I nomi (e le scelte grafiche che dànno consistenza) diventano cosí immagini fantastiche capaci di suggerire mondi, culture, atmosfere e valori. Non conta quanto c'è di reale, ma quanto è possibile evocare nella mente delle persone, tramite associazioni con quello che già sanno. Si sfruttano aspettative e stereotipi, come nel caso di una tecnica di marketing chiamata *foreign branding*, con cui si suggerisce l'appartenenza di un prodotto a un'origine fasulla, senza mentire però in maniera diretta. Caso esemplare è il gelato Häagen-Dazs, creato nel Bronx a New York nel 1961, unendo due parole inesistenti, inventate per sembrare europee (in particolare scandinave) al pubblico americano. Lo stesso è stato fatto per la società di videogiochi Atari, anch'essa americana, il cui nome suona volutamente giapponese. Si assecondano insomma gli stereotipi per cui i nipponici eccellono nell'elettronica, gli italiani nella pasta, gli inglesi nel tè.

Spesso si tratta di riferimenti minuscoli o di semplici sonorità, come nell'utilizzo intensivo della lettera x che, da incognita matematica, è diventata segno di modernità e di futuro: *x-trem*, *x-files*, *x-men*, oltre a essere un segno di spunta, una crocetta, qualcosa che abbiamo cliccato o selezionato, segno di rapidità e di efficacia: come nel caso di FedEx, società di trasporto, che sembra piú spedita dei rivali; o come Scottex e Tampax che, già dal suono, «asciugano» di piú.

Nell'arte del *naming*, l'orecchio conta quanto l'occhio, specie se l'orecchio è straniero: Chanel suona forse piú francese di L'Oréal e in Barilla e Voiello c'è piú italianità che in Garofalo, perché la doppia *l* fa subito «spaghettosità».

All'interno del Duomo di Piacenza (1122-1233) compaiono, in cima alle colonne, raffigurazioni di mestieri diversi, le cosiddette formelle dei Paratici: si tratta delle corporazioni che hanno contribuito alla costruzione dei pilastri della chiesa. È tra le prime attestazioni di quelle che oggi chiamiamo «sponsorizzazioni»: metto i soldi ma tu mi fai mettere la firma, cioè il marchio. Era nata la nuova borghesia mercantile e rivendicava i suoi spazi.

Qualche anno dopo, stavolta a Firenze, la famiglia Ricci sostiene le spese per il restauro di Santa Maria Novella, ma solo a patto che il suo stemma venga esposto con grande rilievo. Piú che dalla marchiatura del bestiame, il marchio moderno inizia da qui: dall'araldica. Uno stemma non dice soltanto «questo è mio», ma rivela anche l'identità del proprietario, secondo condizioni e modi che lui stesso ha stabilito. Ovvero, mentre la marchiatura, i timbri e i sigilli (tutte cose che si imprimono) erano usati per significare proprietà o provenienza (pensate oggi alla marchiatura del formaggio parmigiano), lo stemma è un segno di propaganda. Il famoso logo della Warner Bros. – che è appunto uno scudo come quelli medievali – pare fosse, in origine, il logogramma che la mamma dei fratelli Warner ricamava sulle lenzuola di famiglia. L'araldica infatti non ha riguardato, come si tende a credere, solo i casati nobiliari, ma un po' tutti i ceti; tanto

121

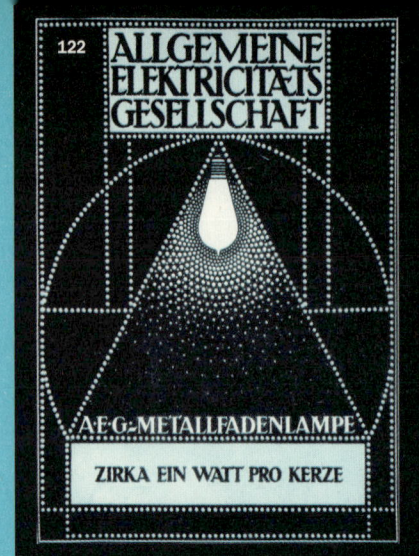

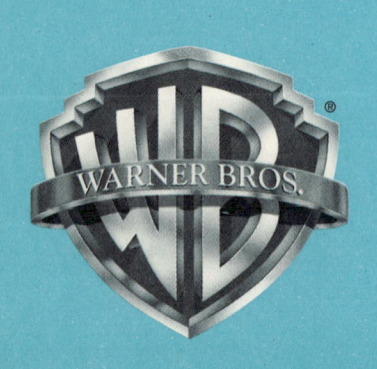

122

123

124

125

126

che, nel Medioevo, anche i contadini con un pezzo di terra potevano avere uno scudo con dei colori personali.

L'araldica come sistema di riconoscimento non è però un'invenzione medievale: nel mondo romano le gare di bighe dividevano la tifoseria in due gruppi, ciascuno con una coppia di colori distintivi, un sistema che ancora oggi è lo standard di tutti gli sport. Qualche secolo dopo, un aspetto importante del modo di vestire bizantino divennero gli abiti con i colori della propria squadra; lo stesso sistema lo ritroviamo nei colori delle contrade del palio di Siena.

La ragione per cui i colori delle squadre sono sempre a coppia è dovuta al fatto che un sistema di tinte singole non è facile da memorizzare. È noto che se vogliamo comprare una giacca blu da abbinare a pantaloni blu dobbiamo portarci i pantaloni in negozio: è impossibile scegliere il blu giusto a memoria. Un colore isolato è infatti psicologicamente mutevole, e può essere scambiato con facilità per un altro colore, mentre di una coppia memorizziamo (e riconosciamo) la relazione tra due elementi. Anche i marchi moderni continuano a funzionare secondo un sistema simile: rosso e blu per Tim, arancio e blu per Wind, rosso e bianco per Vodafone. Pare, ad esempio, che l'accoppiata rosso-bianco inventata nel 1898 per la zuppa Campbell fosse ispirata proprio ai colori di una squadra di football, quella della Cornell University.

Ai colori si possono poi aggiungere ulteriori elementi che ne articolino la struttura, come tessiture o pattern. Notissimi i casi di Ibm e Apple, i cui marchi erano composti all'origine da una tessitura di righe orizzontali (in monocromo per Ibm, arcobaleno per Apple). Nel marchio Ibm, il rigato evoca l'effetto delle immagini visualizzate dai primi monitor, fatte di linee spezzate. Quello di Apple ne è la parodia, colorata, giovanile, meno ingessata. In entrambi i casi le superfici rigate agiscono come una tuta mimetica, camuffando la forma e rendendola, allo stesso tempo, sfuggente e vibrante.

In epoca umanistica nasce una moda, elitaria e intellettuale, che consiste nell'unire in una vignetta un motto con un disegno che riassuma, in pochi centimetri, una visione del mondo. Sono chiamate «imprese» o «emblemi» e il successo è tale che vengono anche raccolte in volume, il piú famoso dei quali è pubblicato dal giurista milanese Andrea Alciato (1492-1550). Si tratta di una sorta di araldica personale, di gusto sofisticato, filosofico, con forti connotazioni morali: una *Weltanschauung* contenuta in uno spazio piccolo e conchiuso, anch'essa frutto della nuova mentalità tipografica, di cui gli ex libris* sono oggi l'ultima propaggine.

Da questo gioco mondano nasceranno le prime marche editoriali, come quella di Aldo Manuzio, in cui il disegno di un delfino e di un'ancora è accostato al motto «Festina lente» (affrettati con lentezza) che oggi chiameremmo slogan. Il famoso emblema è una dichiarazione di intenti: la stampa ha velocizzato la produzione di libri rispetto alle pratiche amanuensi, da qui l'affrettarsi, il muoversi veloci come un delfino; allo stesso tempo, però, Manuzio si considera un intellettuale e sa che la cultura richiede meditazione, lentezza, come quella di una ancora che, solida, scende in profondità. Per la prima volta abbiamo un imprenditore che sceglie un segno preciso per dire chi è e che cosa fa: è il primo marchio moderno.

Anche lo struzzo che compare nel marchio della casa editrice Einaudi è un emblema. Fu tratto dal *Dialogo delle imprese militari e amorose* (1555) di monsignor Paolo Giovio, una raccolta di simboli e motivi allegorici commissionati da signori e capitani che li facevano ricamare sulle bandiere e sulle livree delle proprie compagnie. Il

---

* Si tratta di quell'etichetta che si applica su un libro per indicarne il proprietario, feticcio di bibliofili e collezionisti.

127

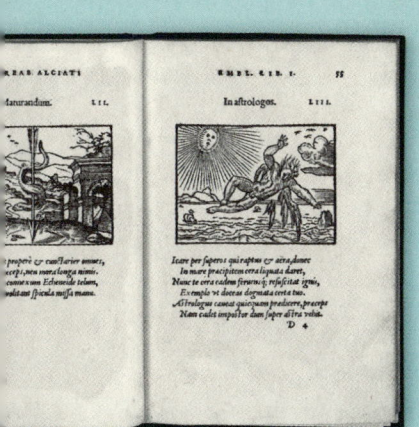

128

129

130

131

132

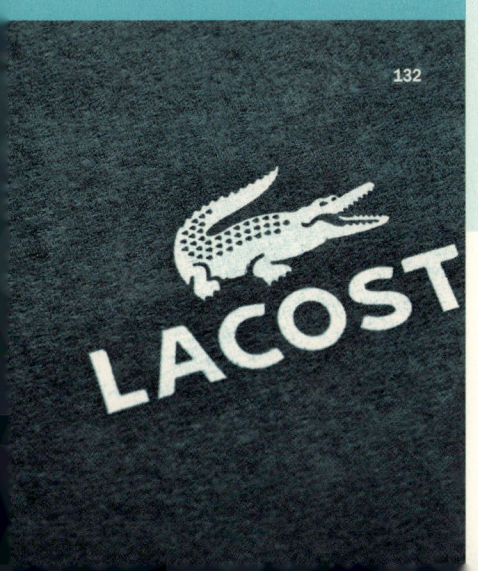

133

motto qui recita: «Spiritus durissima coquit»[*]. Anche Giulio Einaudi (1912-99), novello Manuzio, dichiarava i propri intenti e la propria idea di cultura. È un marchio squisitamente cinquecentesco, colto, letterario, editoriale, ben diverso da quello di Feltrinelli che, inventato da Bob Noorda (1927-2010) negli anni Settanta, è invece un segno moderno, aziendale, adatto a costruire un'immagine coordinata di libri e librerie, di grande eleganza ma non strettamente letterario. La *f* di Feltrinelli potrebbe infatti funzionare benissimo anche per una linea di abbigliamento sportivo, lo struzzo no.

Il marchio Einaudi contiene anche un'altra caratteristica tipica di molti sistemi di identificazione: l'impiego di animali.

Da sempre gli stemmi abbondano di leoni, aquile, serpenti, e questa formula continua oggi in quei marchi che, come Burberry con cavallo e cavaliere, si richiamano a un'idea di distinzione aristocratica, magari declinata in senso sportivo o avventuroso: il cavallo da polo di Ralph Lauren o il coccodrillo di Lacoste. L'animale, associato allo spirito dell'uomo sportivo, diventa segno di colui che non fatica ma si diverte: il polo, il golf, il safari come icone del benessere moderno, retaggio di modelli iconografici formulati nei ruggenti anni Venti, insieme allo stile di cocktail e transatlantici. Il coccodrillo di Lacoste, però, da semplice animale araldico, fa un salto e si trasforma in qualcosa di simpatico, di affabile: è una mascotte[**]. Lo stesso vale per il cagnolino di His Master's Voice, fino al coniglio del Nesquik.

Fu cruciale, nell'Inghilterra degli anni Trenta, la scelta di un pinguino come marchio fatta da Allen Lane (1902-70) per i suoi rivoluzionari libri tascabili, che fis-

[*] Lo spirito digerisce le cose piú dure.

[**] Prende ispirazione dal soprannome di René Lacoste, detto appunto «il Coccodrillo».

seranno uno standard editoriale completamente nuovo. Il pinguino non si propone come animale colto e aristocratico, bensí, come per il coccodrillo di Lacoste, è un accattivante portafortuna. Non è un caso che stilisticamente somigli ai personaggi dei cartoon coevi, fatti di curve morbide e di un uso del bianco e nero netto e contrastato, simile al simbolo del Tao. Questo tono scanzonato porta la cultura in mezzo alla gente: come Topolino e Charlot il pinguino parla allo spirito pratico dell'uomo comune, e ci dice che quei libri, prima di essere una faccenda noiosa e inaccessibile, sono fatti per divertire, per passare il tempo.

I Penguin Books furono infatti i primi libri venduti non in libreria, ma nelle stazioni dei treni, della metropolitana e dai giornalai. Rispetto alla grafica editoriale del tempo, non sono per niente libreschi, anzi: somigliano un po' a dei pacchetti di sigarette. Anche nel layout seguono le logiche dell'entertainment, come il fatto che il nome dell'editore sia posto in alto, riprendendo la formula del cinema in cui il produttore (Mgm o Fox) compare per primo, presentando il film. La scelta della font poi, *Gill Sans*, ha molti punti in comune con il carattere usato qualche anno prima per il design della metropolitana di Londra, come a voler coordinare questi agili libretti con la vivacità moderna della città, portandoli lontano dalla polverosità delle biblioteche, in una specie di meta-brand in cui i libri somigliano ai luoghi in cui sono venduti.

Il marchio, per Manuzio, era una questione di identità, ma anche di diritto industriale. Il disegno dell'ancora con il delfino serve a non venire falsificati, come la filigrana della carta, protomarca già presente a Fabriano fin dal 1200.

Nasce nel XVI secolo l'idea di copyright, che con la marca forma un tutt'uno. Quattro secoli dopo, Louis Vuitton sarà il primo che, di fronte alle massicce imitazioni, deciderà di ricoprire completamente di marchi i suoi bauli, inventando un pattern tra i piú famosi e desiderati.

La ripetizione del marchio, come in una carta da parati, è finita per diventare sinonimo di pelletteria: da Fendi a D&G, fino a marche minori e oscure, tutti hanno imitato l'idea del motivo ripetuto che «fa classe», magari stampato su gomma o plastica. La stessa Vuitton, che ha rappresentato per anni l'alto di gamma, ha infine imitato i suoi piú modesti competitor proponendo borsette e borsellini meno lussuosi e piú andanti, che con un centinaio di euro illudono chi li compra di partecipare, attraverso un ghirigoro, a una ricchezza da cui sono di fatto esclusi. Mentre i ricchi veri, che prima viaggiavano con i bauli Vuitton, hanno finito col disdegnare l'ostentazione griffata, perché quello che diventa di tutti non è piú chic.

A partire dal 1907, Peter Behrens progetta, per la compagnia elettrica tedesca Aeg, quella che viene considerata la prima vera immagine coordinata per una azienda moderna: disegna infatti non solo i prodotti, ma anche le fabbriche in cui vengono lavorati e tutta la comunicazione.

Come Richard Wagner nel teatro, Behrens sembra ambire all'opera totale in cui si progetta dalla vite al manifesto, e tutto, dal logo alla font, è coerente e graficamente coordinato in maniera impeccabile e nuova. Behrens apre la strada al brand design delle grandi agenzie americane: i *Mad men* che realizzeranno l'immagine di PanAm, Coca-Cola o Lucky Strike troveranno nell'Aeg un eccellente modello di riferimento.

Con mentalità tragicamente simile fu progettato anche il marchio piú potente del Novecento: la svastica. Il nazismo aveva infatti pianificato i dettagli della comunicazione visiva proprio come un'azienda progetta il proprio brand.

Racconta Hitler in *Mein Kampf* (1925) che, dopo attente riflessioni, si scelse il rosso per aizzare i partiti di sinistra, per farli venire alle assemblee, magari anche con lo scopo di ostacolarle. Mancava però ancora un segno distintivo. Hitler non usa la parola marchio, ma si rifà al lessico militaresco, e parla di vessillo. Ha chiaro l'impiego pubblicitario. Cerca un segno forte da usare soprattutto per i manifesti. «Fu il mio progetto», dice Hitler, descrivendo come, dopo vari tentativi, sia giunto alle perfette proporzioni tra cerchio bianco e croce uncinata e rivendicando, così, meriti di design.

Il potere magari non comprende le finezze dell'arte, ma capisce bene l'efficacia dei marchi: Mao Tse-tung disegnava personalmente le testate dei quotidiani cinesi, fiero della sua mano di calligrafo.

134

135

136

137

138

139

Display

Per sedurre bisogna mostrarsi. E per mostrarsi servono spazi adeguati, fisici e psicologici. A questi scopi il visual design ha impiegato due palcoscenici principali: la pubblicità e i supermercati.

Un ruolo chiave lo svolsero, nella seconda metà dell'Ottocento, le grandi città. È infatti nei centri urbani che nacquero i primi grandi magazzini, come le parigine Galeries Lafayette.

Rispetto al mercato tradizionale, dove si compra e si tratta, qui acquistare è il mezzo per partecipare a uno spettacolo. Per la prima volta si proposero spazi enormi in cui passare il tempo, trasformando lo shopping in un tipo di intrattenimento simile a una pièce teatrale o a una rivista illustrata. È lo spirito che ancora oggi anima tutti i supermercati: andare all'Ikea, da Leroy Merlin, da Eataly o alla Feltrinelli è anche un modo per passare un pomeriggio, in cui l'acquisto è un pretesto. I salotti di Ikea sembrano la scenografia di una sit-com, e come su un set cinematografico prendiamo parte a una rappresentazione.

Alcuni supermercati hanno addirittura sublimato l'intrattenimento diventando icone culturali, e qui piú che al cinema siamo al museo: i londinesi Liberty, Harrods, Fortnum & Mason vendono gadget e souvenir del negozio, in un gioco di specchi in cui si vende l'esperienza stessa dell'acquisto. Strategia imitata dai musei veri e propri, che propongono, tramite bookshop sconfinati, la cultura come vacanza: quale mostra si è vista alla Tate Gallery è secondario, quel che conta è esserci stati e basta una tracolla a raccontarlo.

Anche la spesa quotidiana è improntata alla messa in scena: in ogni supermercato, a cominciare da quello di quartiere, i prodotti arredano, mostrano, raccontano; perché il supermercato è anzitutto un modello espositivo. Che sia un alimentari o una libreria, poco conta, si tratta di varianti di un medesimo concetto, quello di un display percorribile.

Anche le istituzioni si stanno adeguando: sempre piú spesso le banche, gli uffici postali e gli aeroporti somigliano a centri commerciali, quegli spazi che il filosofo Marc Augé ha battezzato «non luoghi», per distinguerli dagli spazi in cui accade davvero la nostra vita.

L'imballaggio dei prodotti è il vero campo di gioco di questa rappresentazione. Il packaging contiene e comunica.

Tra i primi prodotti a essere confezionati ci fu il sapone; questo veniva venduto a peso, come oggi il prosciutto, finché l'americano Benjamin Babbitt (1809-89) ebbe l'idea di venderne pezzi uguali già tagliati e avvolti con una carta stampata: era nata la saponetta, era nato il packaging.

Babbitt capisce, prima di altri, che gli acquirenti sono anzitutto un tipo di pubblico, cosí organizza tour delle sue fabbriche e regala campioni omaggio delle saponette: due novità assolute. E fu appunto il sapone il campo in cui si sperimentarono nuove strategie pubblicitarie e nuove forme di investimento: come il caso della piccola società dei fratelli Lever, saponieri, all'origine di una delle piú grandi multinazionali odierne, la Unilever. Il valore pulente di questa nuova merce è carico di ideologia. «Cleanliness is the scale of civilization», recita un annuncio d'epoca: il pulito rende migliori gli uomini e la società, come farne a meno?

New Clothes for Coca-Cola

BOTTLED Coca-Cola has been fitted out with bran new clothes by the Coca-Cola Co. The accompanying cut shows a new bottle which will be used by the plants throughout the country to give special distinctiveness to the beverage.

Fred Schmidt, of the Louisville Coca-Cola Co., put out Coca-Cola in its new dress at the ball game on April 12th, and the fans were so well pleased that a committee waited on Mr. Schmidt and promised to refrain from using the bottles to express disapproval of the umpires' decisions.

The distinctive bottle is one of the methods by which Coca-Cola is advertised and the radical change in style of the new container will naturally attract renewed attention to the beverage. It pays to advertise and the Coca-Cola interests never miss an opportunity to put this rule into operation.

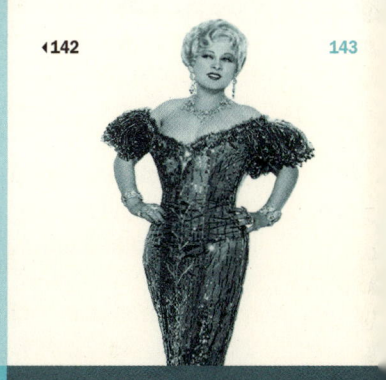

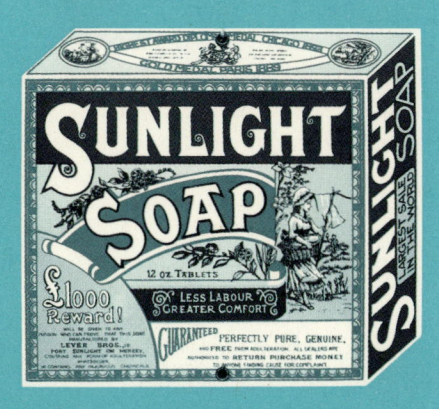

L'idea all'origine del packaging fu quella di proporre la merce come fosse un dono, idea in parte influenzata dal gusto *japon* in voga all'epoca e piú in generale dall'uso della carta fatto in Oriente.

Parallelamente, con un processo nuovo chiamato cromolitografia, si era cominciato a stampare sulla latta: fu l'esplosione di barattoli e scatole, come quelle di tè e biscotti, che ancora oggi vengono commercializzate e che comunicano subito un senso di qualità squisitamente ottocentesca.

Nel giro di poco, il packaging finisce per coincidere col prodotto stesso. Le forme diventano la cosa: il Tetra Pak verticale è l'idea di liquido (latte o succo); la scatoletta bassa e larga è «tonno»; mentre quando è piú alta significa «legumi». Uscire da queste consuetudini finisce per sembrare strano: berreste vino dalla tanica della varechina?

Di tutti i contenitori, alcuni sono diventati icone culturali, come il flacone di Chanel n°5 e la bottiglietta della Coca-Cola. Riguardo a quest'ultima – nota da sempre come la «gran dama» per via della forma sinuosa vagamente femminile – la leggenda vuole che Earl R. Dean (1890-1972), il giovane designer che la inventò, si fosse ispirato al corpo dell'attrice Mae West e alla forma di un baccello di cacao. Con questa idea vinse il concorso indetto dalla Coca-Cola, in cui si chiedeva una bottiglia riconoscibile al buio solo con il tatto o anche ridotta in pezzi se si fosse rotta. Difficile immaginare una richiesta piú precisa, prova che il grande design nasce quando il committente sa davvero cosa vuole.

Il packaging non riguarda però solo i prodotti in scatola. Piú in generale è il modo in cui le cose si presentano ai nostri occhi: il grado zero del packaging è il piccolo adesivo su banane e pompelmi; mentre il grado piú alto e astratto è quando il packaging sembra assente, come nel caso della carne. Al supermercato, se si fa attenzione all'illuminazione sul soffitto nel reparto bovino, si può notare che, a differenza di quelle del resto del locale, le lampade sono verdi. Si tratta di luci che emettono tutte le radiazioni tranne quelle verdi, facendo sembrare la carne piú rossa. È packaging fatto con l'illuminotecnica.

I luoghi del supermercato sono infatti progettati secondo una trama precisa: il reparto dolciumi deve raccontare cose diverse da quello della carne. Le verdure sono sempre all'ingresso, gli ovetti di cioccolato sempre alle casse, secondo una rigorosa sceneggiatura: prima il dovere (verdura) poi il piacere (cioccolata). Se l'ovetto fosse all'ingresso, infatti, l'eventuale desiderio o capriccio del bambino verrebbe zittito dai genitori in nome di altre urgenze (cioè fare la spesa, comprare le cose importanti). Alla cassa, il dovere è stato svolto e, sfiancati, in fila per pagare, si concede ai bambini l'oggetto del desiderio.

Quando passeggiamo tra i bancali, senza pensarci troppo attuiamo delle categorizzazioni simili a quelle che ci fanno distinguere un film western da una commedia brillante: ognuno ha i suoi gusti, i suoi generi preferiti. I colori smaltati della cioccolata; le tinte beige ed écru dei prodotti biologici; il Technicolor del reparto profumeria dove le varianti cromatiche degli shampoo sfidano un negozio di belle arti.

Tra tutti questi registri un posto di rilievo spetta al tono imperituro, e per questo fascinoso, del Borotalco, 146 dell'Olio Sasso, dell'Idrolitina o dei liquori come il Cynar 149 o lo Strega, su cui campeggiano medaglie dorate, emble- 148 mi di tempi remoti. Non si tratta di vintage (che di fatto è un'imitazione moderna del passato) ma di un tono intramontabile ottenuto tramite mimetismo: ad esempio l'acqua di rose Roberts con la sua boccetta di plastica 147 blu non era in vendita un secolo fa cosí come la conosciamo oggi. Eppure, camuffando con la plastica l'apparenza del vetro da vecchia farmacia, passa per un originale e la crediamo lí da sempre. Per chi sa guardare, ci

146

147

148

149

sono piú permutazioni iconografiche in un supermercato di quante se ne possano studiare in una chiesa barocca.

Il packaging dà forma alle merci ma pure alla loro promozione: è già pubblicità. Tra molti designer, specie delle nuove generazioni, è diffusa l'idea che fare i pubblicitari sia una forma di prostituzione, mentre fare il design *puro*, magari per le istituzioni culturali, sia cosa piú nobile. Questo perché la pubblicità viene identificata tout court col male al servizio dei poteri forti.

Mentre negli anni Ottanta fare il grafico per una grande agenzia pubblicitaria era reputato il massimo della carriera, oggi è considerato *à la page* dedicarsi all'autoproduzione. Nel pensiero comune è infatti ancora diffusa l'idea della pubblicità come réclame, un annuncio dichiaratamente commerciale che vuole indurci a comprare.

A dire il vero la pubblicità non può piú essere identificata con la réclame, trattandosi sempre piú di un fenomeno complesso, fatto di pratiche di comunicazione spesso differenti tra loro. È noto che Amazon ci consiglia nuovi libri in base a un algoritmo che incrocia i dati dei nostri acquisti precedenti: se, da una parte, questo ci porta ad acquisti non preventivati (la critica classica alla réclame è di indurre bisogni non necessari), allo stesso tempo ci fa scovare libri specifici e di nicchia di cui non eravamo a conoscenza e che non avremmo trovato in libreria.

Assistiamo cosí all'esplosione di una delle premesse della rivoluzione industriale. Quella di massa è una società che sviluppa interessi specializzati a cui corrispondono bisogni precisi: c'è a chi interessa la caccia al cinghiale e a chi piace la pasticceria vegana. La pubblicità deve quindi farsi sempre piú mirata, non solo relativamente al contenuto, ma anche ai canali di diffusione.

Di certo le aberrazioni a cui le multinazionali ci sottopongono quotidianamente hanno screditato i mestieri creativi legati alla grande produzione, e la crisi del benessere occidentale ha svelato l'inconsistenza del precedente ottimismo. Gli anni Ottanta sono oggi identificati con un'idea semplificata e brutale di pubblicità; non è un caso che, dopo trent'anni, il noto slogan per l'amaro Ramazzotti («Milano da bere») sia diventato sinonimo di soldi facili e feroci. Se oggi un giovane designer davvero intelligente e colto non ambisce a lavorare per una multinazionale, come dargli torto? Allo stesso tempo, però, bisogna sgomberare il campo dai radicalismi ingenui che identificano la pubblicità col male assoluto.

L'errore di fondo è stabilire un'equazione diretta tra capitalismo e pubblicità, tralasciando l'elemento che si è affacciato ormai piú volte in questo libro: la massa. Se c'è massa, se la società è strutturata su larga scala, se i nostri rapporti sono planetari e non piú limitati alla comunità locale, allora c'è pubblicità. Ossia c'è l'esigenza di comunicare ciò che si fa, di persuadere, di convincere, di raccontare, di informare. Gruppi profondamente critici nei confronti della brutalità del sistema non potrebbero rinunciarvi: Emergency o Greenpeace senza pubblicità non potrebbero sopravvivere, perché nella società di massa ciò che non è pubblico è come non esistesse.

Quando si dice mass media si tende a pensare alla televisione o ai giornali. Questo è fuorviante: i mass media sono tutti i sistemi che mettono in comunicazione le masse, anche Facebook quindi, l'ufficio postale, il telefono, e pure il videogioco quando è condotto in remoto da piú persone.

I mass media sono sempre (e a uno stesso tempo) organi di produzione e di diffusione: la pubblicità è uno di questi. E poiché la diffusione è a sua volta una forma di produzione (stavolta di contenuti) si può concepire di «diffondere la diffusione» ovvero fare pubblicità alla pubblicità.

Ad esempio la grafica interna di un libro è indubbiamente design, ma quando se ne parla sui giornali (del design, non del libro) si sta facendo comunicazione della comunicazione; per ragioni simili, molte campagne pubblicitarie apertamente provocatorie nascono come metacomunicazione, già pensate perché i media ne parlino facendole oggetto di altra comunicazione, in un interminabile circolo ermeneutico e promozionale.

Nessun oggetto è oggi semplicemente pubblicitario o esclusivamente espressivo: il design è cose diverse in momenti diversi. L'opera completa di Wittgenstein è pubblicità esposta in libreria o recensita sulle pagine culturali; diventa merce quando la compriamo; è arredamento nella nostra libreria; diventa infine valore culturale quando l'abbiamo letta.

Esemplificativo di questi ragionamenti è il film della Pixar *Toy Story* (1995), che ha una struttura narrativa impeccabile, una messa in scena struggente e non c'è dubbio abbia cambiato radicalmente il linguaggio del cinema; allo stesso tempo però è anche un meccanismo perfetto per vendere giocattoli. Quella della Pixar è un'arte che nasce e opera in una società complessa e piena di conflitti, un'arte che rende conto al marketing e alla pubblicità, eppure questo non leva nulla né alla maestria del racconto né alla sua poeticità.

Solo i candidi cultori della pittura antica possono credere che l'arte sia al riparo dalle insidie e che la pubblicità sia al sicuro dentro a un recinto.

qui c'è
un'opera d'arte

qui c'è
un romanzo

qui, qui?

Codici

I codici sono quelle convenzioni che ci permettono di comunicare limitando i fraintendimenti. Sono norme consolidate, consuetudini mentali, prassi produttive e regole del gusto. Nel visual design, sono codici l'uso dei caratteri e la grandezza dei margini di un foglio; le scelte iconografiche e l'impiego dei colori; la disposizione dei pezzi in una tabella o in una pubblicità.

Se ci preme comunicare, non tutto è possibile. Siamo dentro a un sistema culturale, dobbiamo tenerne conto.

Eppure, proprio perché ci viviamo immersi, finiamo per dimenticarci della natura storica di certe forme, credendole cose naturali. Per capire i codici allora non basta usarli, ma serve chiedersi cosa li ha prodotti, risalendo alle loro storie. Tra tutte le convenzioni occidentali, la distinzione tra testi e immagini è tra le piú radicate, ed è foriera di malintesi. Sarà quindi bene cominciare da qui.

La cultura greca, a partire da Aristotele, ha considerato figure e scritture come ambiti non comunicanti: le figure sono segni che intrattengono rapporti privilegiati con le cose reali, la scrittura è la trascrizione del linguaggio verbale. La pittura è, dunque, il ricalco del visibile, mentre la scrittura è sentita come il ricalco della parola detta: la prima mostra, la seconda dice.

Eppure il verbale è spesso visivo (come nella lettura di una pagina scritta) e il non-visivo è spesso anche non-verbale (come nella musica).

Questa separazione – convenzionale e per molti aspetti arbitraria – si è strutturata sempre piú nel corso dei secoli, rafforzata anche dai sistemi con cui si sono prodotte scritture e figure.

Il disegno sintetico (come quando si scarabocchia) ha infatti una realizzazione simile alla scrittura nei tempi e nei modi, e nel mondo cinese, dove è stato centrale un uso rapido del pennello, scrivere e disegnare sono considerate attività contigue. In Occidente, invece, l'esecuzione della pittura è diventata nei secoli sempre piú lenta: un dipinto cinquecentesco (fatto di decine di velature di colore) poteva richiedere anche anni per essere terminato. Cosí dal Rinascimento questa pittura meticolosa comincia a essere apprezzata come forma in sé, si loda il «come è fatta», spesso svincolato dagli aspetti comunicativi. Parallelamente la scrittura, che già per sua natura tende alla semplificazione, agevolata dalla rivoluzione tipografica, si velocizza, miniaturizzandosi: i segni diventano piú piccoli e semplici, e la riga di testo ne contiene sempre di piú.

Gradualmente, la pittura caccia il testo dal suo territorio, processo che avrà il suo compimento con il realismo ottocentesco e con lo zampino della fotografia: la camera oscura estremizza infatti l'idea del dipinto come finestra aperta sul visibile, e tutti gli elementi considerati spuri perché non ottici (parole, notazioni[*], diagrammi, che invece abbondavano nella pittura medievale) vengono fatti fuori.

Allo stesso tempo, sempre nell'Ottocento, i libri «scritti» eliminano le figure, relegando le illustrazioni alla minorità delle pubblicazioni per l'infanzia.

---

[*] Chiamiamo «notazioni» il complesso di segni (lettere dell'alfabeto, numeri o altri simboli convenzionali) che non trascrivono direttamente la lingua storico-naturale ma sono impiegati per rappresentare elementi, relazioni, caratteri o operazioni in contesti specifici di significazione, come i segni matematici, i diagrammi o le note musicali.

Cosí alla fine rimangono come forme mature i quadri da cavalletto e i romanzi, che la cultura idealistica spaccerà come le uniche forme esteticamente pure. Sembra però chiaro che queste forme, piú che pure, sono *purificate*, risultato di origini piú articolate ed eterogenee.

Nel Novecento, se da una parte alcune avanguardie, in primis il futurismo, cercheranno nuove commistioni, sedotte dalle rivoluzioni della grafica pubblicitaria, altre correnti ambiranno alla pittura purissima, come gli astrattisti o gli informali. La dicotomia testo-immagine, dunque, non è una questione metafisica, ma un confine storico, frutto di precise concezioni filosofiche e tecnologiche.

Ancora oggi, fin dalla scuola primaria, le parole e le figure sono tenute separate da rigide distinzioni. Mentre leggere e scrivere sono cose che vanno insegnate, disegnare è ritenuta un'attività ricreativa. I bambini vengono corretti se commettono errori di grammatica o se espongono in maniera non chiara i loro pensieri. Questo non accade con i disegni, per i quali ricevono generici complimenti piú o meno entusiastici: i disegni non sono trattati come comunicazione, ma come espressione del sé. Non c'è quindi nulla da correggere secondo gli insegnanti.

Questo modello è discutibile: non solo il disegno è comunicazione (e molte cose possono essere insegnate e corrette), ma, relegandolo al dominio del talento e del genio, si privano i meno predisposti di uno strumento utile al ragionamento e alla visualizzazione del pensiero. Immaginiamo la situazione ribaltata: poiché un bambino non manifesta subito un talento per la scrittura, l'educatore, non vedendo in lui un potenziale Goethe, si rifiuta di insegnargli a scrivere.

Si dà cosí per scontato identificare la scrittura con il linguaggio verbale e quindi coi pensieri, quando in fondo tutti i segni sono in qualche modo in rapporto col linguaggio (anche quando guardiamo un quadro astratto ci parliamo dentro la nostra mente).

Nei fatti, è impossibile definire una *pura* figura distinguendola da una *pura* scrittura. La matematica impiega segni tipografici che sembrano figure (come la radice quadrata) e che invece sono simboli. L'omino sulla porta dei gabinetti pubblici è una figura o un simbolo? Ovvero: somiglia a un uomo o «sta per» un uomo? E quindi: dove finisce una figura e inizia una scrittura?

Nel lessico comune chiamiamo immagini quei segni che ci paiono realistici (come le fotografie); cioè un insieme di artefatti che corrispondono, secondo certi aspetti, alle cose del mondo. Appartengono però alla categoria delle immagini anche concetti che non sono propriamente figure, come le immagini mentali. Ci sono poi gli schemi, i diagrammi, le mappe, le matrici, che sembrano figure ma sono anzitutto disposizioni del ragionamento, e che spazializzano il pensiero senza somigliare alla realtà visibile. Le immagini sono molte cose e i loro confini sono difficilmente definibili.

È idea comune che la principale caratteristica delle immagini sia quella di comunicare in maniera piú immediata di altri sistemi (in primis la scrittura), in virtú proprio della somiglianza con la realtà. Alcune immagini intrattengono infatti col visibile ottico (che è però solo un aspetto della realtà) dei rapporti di somiglianza che chiamiamo «realistici». Una vecchia questione semiotica si chiedeva se la somiglianza fosse una convenzione o un dato di fatto. Ovvero: un disegno somiglia alle cose del mondo perché siamo abituati a decifrarlo in quel modo (e quindi per convenzione), o perché possiede effettivamente degli aspetti in comune con la realtà?

Per entrambe le ragioni. La somiglianza è, contemporaneamente, un fatto convenzionale e naturale. Anzi, sarebbe meglio dire biologico. Il nostro cervello è specia-

154

155

FERRAMENTA
F.LLI MASSAIA S.A.S
VIA DE MASI 10
00154 ROMA
P.IVA 0618977106
TEL.06/61220826

	EURO
REPARTO 01	4,80
TOTALE €	4,80
CONTANTI	4,80

OP#1   PZ#1
N. 0005   26/10/10 10:29

MF R6 7201264

156

CONTI CORRENTI POSTALI - Ricevuta di Accredito

€ sul C/C n. 239004

TD 896   CODICE IBAN **************

INTESTATO A:
ACEA S.P.A. VENDITA ENERGIA

20139213007781054

Numero 1300778140
Data Emissione 07/05/2013
Data scadenza 31/05/2013
Periodo II BIMESTRE 2013
Eseguito da RICCARDO FALCINELLI
Cod. Fis: FLCRCR73D25H501A
CIRCONVALLAZIONE OST
00153 ROMA RM
POD IT002E5235739A

BOLLO DELL'UFF. POSTALE
codice cliente

IMPORTANTE: NON SCRIVERE NELLA ZON-
importo in euro

<20139213007714054>   00000094+83>

106 — Bastia-Mondovì-Cuneo

(28 settembre 1975)

[Orario ferroviario]

● Treno:
3130. Coincidente a **Mondovì** del tr. **2169** da **Torino**.
3132. Coincidente del tr. **3068** da **Limone**.

◆ Treno: **3138.** Coincidente a **Mondovì** del tr. **2157** da **Torino**.
3138. Si effettua nei giorni festivi e da Mondovì a Cuneo anche nel giorno prefestivo.

157

lizzato nell'individuare i contrasti luminosi e tratta allo stesso modo sia i contorni delle cose *vere* che quelli delle loro raffigurazioni. Una volta proiettati sulla retina, gli oggetti o le loro fotografie diventano immagini piatte e sono elaborati dal cervello in maniera simile. Questa è la base biologica della somiglianza.

È però necessario che altre parti del cervello (che si occupano dei significati) siano d'accordo nell'attribuire a quella percezione lo statuto di immagine realistica, in base a confronti con conoscenze pregresse. E questa è la base convenzionale della somiglianza.

Il realismo dei disegni e delle foto è dunque un tipo specifico di convenzione, dove il tratto di contorno fa da surrogato grafico alle discontinuità luminose del mondo percepito.

Tra gli antichi miti che riguardano le figure si racconta di pittori cosí abili da ingannare gli uccelli, che finivano per beccare dell'uva dipinta. L'idea di immagine maturata in Occidente comporta questo doppio statuto di cosa identica e diversa: chiamiamo immagini solo quelle della cui artificialità siamo consapevoli. Diciamo che un certo segno somiglia alla realtà proprio perché ammettiamo che quel segno non è la realtà. Il fascino di questa illusione conferisce alla somiglianza un apparente privilegio, ma chi pensa che un'immagine dica piú delle parole pensa male: per *dire* bisogna sempre e comunque accordarsi sul codice usato.

La scrittura ha in verità una qualità particolare, almeno in Occidente: l'alfabeto possiede la peculiarità di instaurare corrispondenze tra segni e suoni, e questo fatto (che altre scritture ignorano o conoscono solo in parte) ha di certo contribuito a separare il regno delle parole da quello delle figure.

Nel senso comune, la scrittura è quel qualcosa che somiglia al parlato. Eppure usiamo il termine «parola» per riferirci non solo a quella pronunciata ma pure a quella scritta o pensata, sebbene una traccia di inchiostro su carta sia di fatto una cosa diversissima da un suono.

Aristotele affermava che la scrittura traduce in segni i moti dell'animo; Ferdinand de Saussure, il fondatore della linguistica del Novecento, confermerà che la sua ragion d'essere è tradurre in segni i suoni del parlato. La scrittura, però, anche quella alfabetica, è piena di segni che con il parlare non hanno nulla a che vedere, a cominciare dal sistema di punteggiatura: virgole, punti, punti e virgola non hanno quasi nessun rapporto col modo in cui un testo va pronunciato, bensí indicano la struttura logica di come è costruito. Ascoltando un brano letto da un attore, ci si accorge subito che le pause piú lunghe sono spesso tra le parole, e non tra i periodi.

C'è poi tutta una serie di segni che hanno ragioni solo interne al testo scritto: neretti, corsivi, rientri di riga, note, segni d'esponente e virgolette, sono strumenti di orientamento che non intrattengono nessun rapporto con l'oralità. Che dire poi della scrittura via Sms che integra l'alfabeto con «geroglifici», simboli e pittogrammi?

Il modo in cui la scrittura viene assemblata ribadisce questo malinteso: il fatto che i testi in scrittura alfabetica siano composti da lettere conseguenti, e disposte quasi sempre su linee continue, evoca l'analogia, per alcuni aspetti lecita, con un filo che si svolge. Questo modello (che è poi quello in uso nel romanzo) tende a farci dimenticare che si tratta di un uso specifico dello spazio, tanto che lo reputiamo lo spazio della scrittura tout court.

Eppure i modelli di spazializzazione della scrittura sono molteplici, e ne usiamo diversi tutti i giorni.

È divertente notare come, quando si legge, ci si senta un po' in colpa a saltare le righe, ma questo è possibile solo perché reputiamo la linearità una condizione fondamentale della scrittura: nessuno si sente in colpa

158

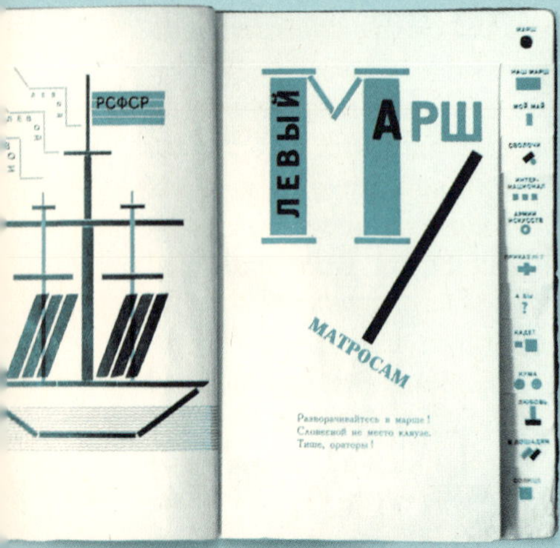

159

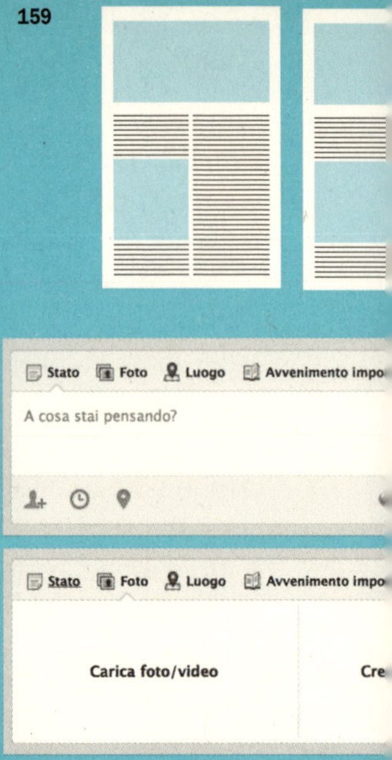

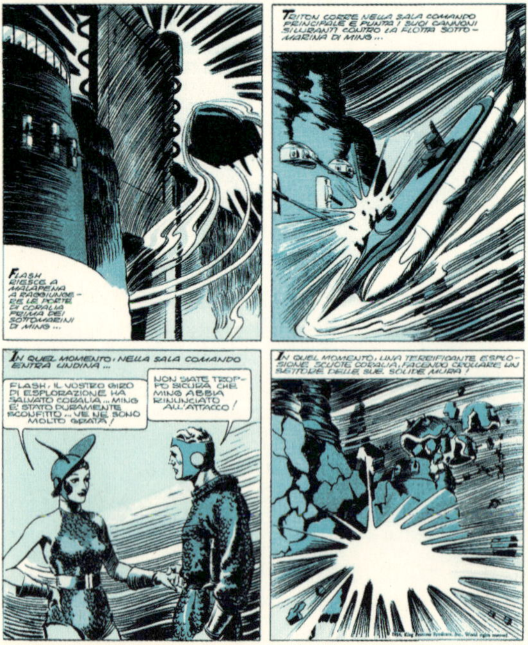

160

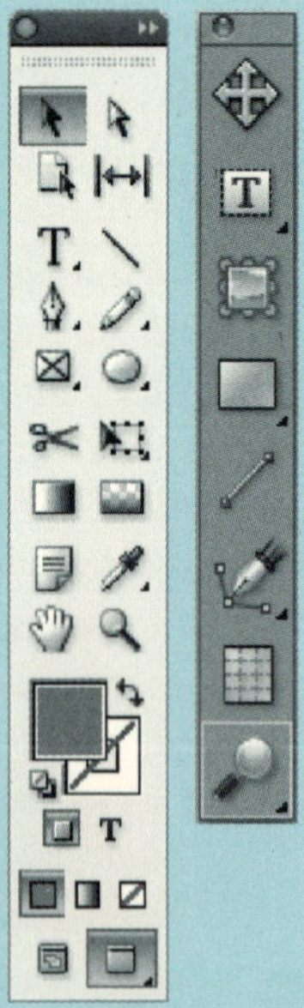

161

saltellando da un testo a un altro di un sito web, perché la pagina web è sentita come un sistema non lineare, da navigare e non da leggere.

Nella maggior parte delle scritture con cui abbiamo a che fare, la posizione dei segni ha un preciso significato: in tutte le tabelle, gli indici, le mappe, i diagrammi, a cominciare dall'orario dei treni o dagli scontrini del supermercato, la posizione sulla carta veicola informazioni precise. Un certo segno significa cose diverse se si trova in una colonna o in un'altra. Riviste e giornali, a differenza dei romanzi, presentano il testo per moduli disposti secondo strutture non lineari, fatte di blocchi affiancati, di colonne e didascalie; gli ipertesti poi lo scompongono non solo spazialmente ma pure in profondità, creando livelli di lettura a cui accediamo in tempi diversi.

Quando leggiamo un fumetto sappiamo, senza concettualizzare, che segni materialmente simili stanno per cose diverse: il volto di Batman e le parole dentro al baloon sono fatti della stessa materia (inchiostro su carta, magari tracciati entrambi con lo stesso pennino), ma trattiamo le lettere come trascrizione del pensiero e la figura come personaggio. C'è nel fumetto una questione tecnica: tutto deve essere ridotto al tratto.

È tratto il lettering scritto a mano; sono tratti i contorni delle forme, delle cose, dei personaggi; sono tratti anche le entità immateriali come le ombre o le sfumature (tratteggio); sono tratti le scie che indicano il movimento, gli effetti radianti, le onde e il fumo che si leva dalle sigarette; è un tratto la cornice della vignetta; sono tratti il contorno del baloon e le grandi lettere che formano le onomatopee; sono tratti le notazioni (cuoricini, stelle, lampi intorno alla testa dei personaggi). Lo spessore del tratto poi significa cose precise: nelle figure le linee piú spesse indicano vicinanza e nitidezza, mentre nel lettering indicano l'enfasi del discorso.

Il fumetto dimostra come la differenza tra scritture e figure non riguarda l'essenza dei segni in sé, ma è solo una questione d'uso: alcuni segni vengono trattati come cose da leggere, altri da decifrare, altri da contemplare e cosí via. Per capire se un segno è una scrittura o una figura bisogna dunque sapere quale codice si sta usando.

Ad esempio, un certo tipo di cornice ci dice: «Questa è un'opera d'arte», e un certo tipo di gabbia di testo ci dice: «Questo è un romanzo». Le tavole del libro *Per la voce* (1923) di Vladimir Majakovskij sono costruite con pezzi presi dalla cassa del tipografo, eppure noi ci vediamo figure e non parole (figure fatte con pezzi di parole) perché non siamo in grado di leggere il russo e perché lo stile dell'impaginato, libero e non lineare, ci invita a guardarle come figure.

Guardiamo, leggiamo, decifriamo simultaneamente, e di certo facciamo anche molto di piú, tanto che potremmo trovare un verbo per ogni azione che coinvolge la visione: analizzare, scomporre, relazionare, confrontare.

Non stiamo mai solo leggendo o solo guardando, tutta la comunicazione visiva è ibrida e, come nei fumetti, abbiamo quotidianamente a che fare con sistemi «impuri» in cui vengono mischiate figure, scritture e notazioni senza confini rigidi. Uno spartito musicale, una formula matematica, una carta geografica, un'illustrazione scientifica, sono figure o scritture? Per non parlare dei rebus, dove tutte le categorie vengono ribaltate: qui le figure sono usate per rimandare a fonemi e non per rappresentare la realtà, ovvero non significano ciò che raffigurano.

I software attuali confermano queste pratiche: all'interno dei programmi di impaginazione abbiamo uno strumento per comporre testi e uno per le figure; in entrambi i casi si tratta di box che vengono attivati e riempiti con materiali diversi.

Anche su Facebook ci vengono richieste procedure differenti se vogliamo caricare un'immagine o se scriviamo un testo; per il computer i testi sono forme vettoriali[*] in cui i segni si susseguono linearmente, le immagini sono invece un insieme di pixel. Ma i software non fanno altro che assecondare tassonomie millenarie, adeguandosi a pregresse idee culturali. Del resto il modello progettuale su cui si basano questi programmi ricalca le pratiche stabilite dai grafici e dai fotolitisti a inizio Novecento. Dai tempi del tipofoto di Moholy-Nagy, testi e immagini sono separati dal modo in cui sono prodotti e assemblati: da una parte i cliché fotografici, dall'altra la composizione dei testi. Distinzione fondata fin dall'origine della stampa, dove i testi venivano realizzati con gli agili caratteri in piombo, le immagini con laboriose xilografie.

Le immagini non dicono piú delle parole, né i testi possono render conto di tutto il comunicabile. Testi e immagini fanno e dicono cose diverse, ciascuno svolge il suo compito: le immagini mostrano, ma al di fuori di una precisa codificazione non possono negare: un disegno può raffigurare un albero, ma non può dire: «Non c'è neanche un albero»[**].

Per ragioni simili, nel packaging di un cibo surgelato, la foto può dirci che il pesce è succulento, ma non può dire che è conveniente: abbiamo bisogno di un testo che ne dichiari il prezzo.

---

[*] «Vettoriale» è un'immagine descritta mediante parametri matematici che definiscono punti, linee, curve e poligoni; *raster* sono invece quelle immagini descritte come una griglia di pixel.

[**] Per esempio un albero omesso in mezzo a una fila significherebbe «manca un albero», un singolo albero cancellato o sbarrato potrebbe essere un «divieto di alberi».

ROMAN

Adobe Trajan Pro

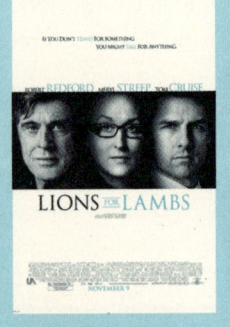

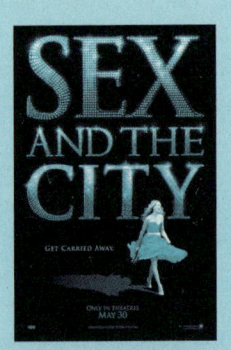

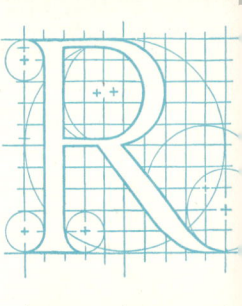

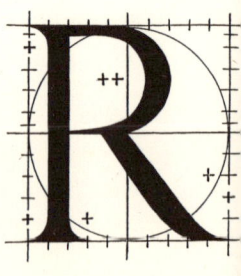

Caratteri

Tra le rivoluzioni favorite dall'avvento del personal computer c'è la trasformazione della composizione dei testi da attività specialistica e costosa a pratica quotidiana. Oggi le font sono strumenti casalinghi. Tutti hanno accesso al menu dove compaiono in ordine alfabetico decine di caratteri; pochi, però, tra i non addetti ai lavori, sanno cosa distingue *Times* da *Arial*, a prescindere da alcune macroscopiche qualità.

La scelta dei caratteri diventa cosí una scelta di stili, semplicemente guidata dal gusto o dal caso. Anche Ricky Martin ha fatto sapere che la sua font preferita è il *Palatino*, allo stesso modo con cui si rivela il proprio colore o piatto prediletto nelle allegre interviste dei rotocalchi. Del resto le istruzioni del computer non si premurano di dire quale carattere si leggerà meglio, quale è preferibile per quali usi. È un po' come avere a disposizione un enorme guardaroba ma senza sapere se in pizzeria è meglio andarci in jeans oppure in frac.

Le lettere che campeggiano nell'immagine 162 provengono dalla base delle colonna di Traiano a Roma e sono incise in uno stile in uso nel secondo secolo dopo Cristo, noto come «capitalis romana». Somigliano a tante altre incisioni che si trovano in giro per l'Italia o per l'Europa. Pochi sono in grado di leggere questi testi, e il fatto non genera stupore, trattandosi di iscrizioni latine di quasi venti secoli fa. Tutti sono invece in grado di computare le lettere, cioè di riconoscerle e pronunciarle, e questo dovrebbe davvero stupirci, ma non lo fa.

Se prendiamo un qualunque quotidiano uscito stamattina, noteremo che le lettere maiuscole con cui sono composti i testi sono grossomodo le maiuscole traianee: le riconosciamo perché per duemila anni non abbiamo mai smesso di leggerle, o quasi. Eppure se sono cambiati la lingua, i costumi e le mode, se non indossiamo piú la toga né guidiamo le bighe, come è possibile che la forma delle lettere non sia cambiata?

Come accennavamo qualche capitolo fa, sotto l'Impero romano questa scrittura era una specie di brand, lo stile ufficiale del potere. È plausibile che fosse tenuto sotto controllo da accurati sistemi di ispezione, come se ci fosse un implicito manuale d'utilizzo per far sí che le lettere fossero le stesse a Treviri, Siracusa o Alessandria d'Egitto. Al crollo dell'Impero, il latino si trasformò nelle varie lingue nazionali e lo stesso accadde alla forma della scrittura. Sennonché, tale era stato il prestigio di quelle lettere, che ogni qual volta un potere politico voleva ammantarsi di autorevolezza, ora evocava gli antichi Romani, ora ne riutilizzava il design.

Basti un esempio fra tanti: nell'VIII secolo nella Francia merovingia (le cui scritture quotidiane sono per noi illeggibili) troviamo, nella cripta di Jouarre, il sarcofago di santa Teodechilde, fondatrice dell'abbazia, su cui sono incise conchiglie di gusto antico e caratteri ampi e tondeggianti, sotto la cui patina gallica riconosciamo l'omaggio alle proporzioni imperiali.

Le scritture del Medioevo sono per noi indecifrabili a meno che non abbiamo qualche rudimento di paleografia, eppure le incisioni ufficiali dei secoli bui ci appaiono spesso chiare, familiari, computabili. Guardarono alla capitalis romana poteri diversi: Carlo Magno e Federico II, i colti umanisti e i papi del Rinascimento, fino a Mussolini: le iscrizioni del foro italico riprendono il carattere traianeo a cui sono state tolte le grazie per renderlo piú robusto e moderno.

Le grazie sono quegli allungamenti ortogonali che si presentano alla fine delle aste e sono il tratto distintivo delle scritture imperiali, frutto della prassi con cui le lettere venivano realizzate: prima si tracciavano delle linee per mantenersi dritti come su un quaderno, poi si dipingevano le lettere a mano libera con un pennello, infine i tratti venivano incisi dagli scalpellini. Le grazie derivano dal segno lasciato dal pennello quando si solleva dal supporto.

Non c'erano misure o stencil, né c'erano leggi geometriche, come credettero gli studiosi rinascimentali. Dürer, che ci ha lasciato un suo alfabeto romano, e tanti altri come lui erano convinti che quelle lettere nascessero da calcoli e proporzioni precise, da sezioni di cerchio e simmetrie nascoste. Per secoli studiosi, calligrafi e artisti tornarono a misurare e rilevare le lettere traianee, cercavano la regola e in questo senso erano, pur nel torto, moderni. Per noi è infatti normale costruire una regola ogni qual volta abbiamo a che fare con dei multipli: tanti bicchieri uguali, tante copie uguali, tante lettere *r* uguali. Ma questo è quanto di piú distante ci possa essere dalla mentalità antica, dove la progettazione è svolta in ambito artigianale e non industriale.

L'iscrizione traianea prevede piú segni per ogni lettera: essendo una scrittura realizzata a mano, non c'è una *r* uguale a un'altra. In piú era pensata per essere letta all'aperto, in uno spazio esposto al pubblico, e subire le naturali mutazioni legate ai cambi di luce. Nei revival successivi si è trattato spesso di trasformare quelle lettere in caratteri da stampare su carta o da visualizzare sul monitor e questo ne ha cambiato funzioni e morfologia. Quando, nel 1989, Carol Twombly, brillante *type designer*, ha progettato una versione digitale del *Traiano*, ha dovuto tener conto di questi aspetti, risolvendo anzitutto problemi di metodo. Si è trattato di industrializzare una scrittura inci-

166

167

168

169

THEODHECHELD

170 imbuta preceptis in lege
ac nocte meditabatur. Et qui
ritalē sponsi siu thalamū cord
animo suspiraunt. omnis cōpo

171 bat ille ihesus: q quom p̄mū auses uocaret̄ moises figurā
ihesum uocari: ut dux miliniȩ delectus esset aduersus am
nabant filios israhel: et aduersariū debellaret p nois figu

essē sensum semitas queritur. tanq̄ illi ad cogita
quadrigis opus eēt. Democritus quasi in puteo q
ut fundus sit nullus: ueritatem iacere demersam

maePbg

Adobe Garamond Premier Pro

172

173 parauerit ui sua: saepe
cratere, quem ipsi uidimu.

sa trasformandola in una font, cioè in un software per cui a un tasto sul computer si associa un solo segno.

Dopo duemila anni la forma delle lettere traiane continua a esercitare il suo fascino: il *Trajan* è tra i caratteri piú usati per le titolazioni in editoria e nel cinema, e leggenda vuole che sia un carattere molto amato da Arnold Schwarzenegger, anche se nelle locandine dei suoi film sono stati preferiti spesso caratteri lineari e contemporanei.

Fintanto che la scrittura fu fatta a mano, i cambiamenti delle forme furono all'ordine del giorno, e le mutazioni ininterrotte. Ciascuno sa che la propria grafia si modifica negli anni, diventando sempre piú sintetica, spesso simile a un filo continuo in cui non si stacca mai la penna dal foglio. La nascita delle lettere minuscole fu il risultato di un processo simile, ma su vasta scala: il maiuscolo continuo, con cui scrivevano i Romani, venne semplificandosi, assecondando posture e gestualità degli scriventi, nonché esigenze di velocità.

Già prima dell'anno Mille la coerenza grafica del maiuscolo romano si era sparpagliata in decine di grafie diverse, una per ogni regione d'Europa, secondo un fenomeno analogo al segmentarsi del latino nei vari volgari nazionali: la minuscola carolina, l'onciale, la beneventana, la merovingia sono alcune tra le piú famose. Se molte ci paiono indecifrabili, proprio la carolina della fine dell'VIII secolo – cioè la scrittura della corte di Carlo Magno – è meravigliosamente chiara anche ai nostri occhi. La ragione stavolta non riguarda il potere politico ma quello culturale, e per spiegarne i motivi dobbiamo fare un salto in avanti e uno indietro.

L'avvento della stampa cristallizza le forme della scrittura, conservandole come insetti nell'ambra: un libro a stampa di fine Quattrocento è, quanto a layout, pressoché identico a un e-book.

Il primo libro a stampa, la Bibbia di Gutenberg, fu composto nel gotico in voga dalle parti di Magonza, ma il primo Paese dove la stampa si diffuse fu l'Italia, a opera di due allievi di Gutenberg che stabilirono la propria stamperia a Subiaco nel 1464. Sweynheym e Pannartz – cosí si chiamavano – si resero subito conto che, se volevano esser letti, dovevano usare caratteri a cui erano avvezzi gli occhi italiani, e in quegli anni la classe colta scriveva e leggeva una minuscola detta «umanistica» che somigliava in maniera forte alla carolina del IX secolo, cioè di ben cinque secoli prima. Possibile che in cinquecento anni la scrittura non si fosse modificata? E soprattutto perché la classe colta italiana usava una grafia francese?

Nella Storia della letteratura è convenzione far iniziare l'umanesimo con un evento chiave: la scoperta da parte di Petrarca delle lettere di Cicerone ad Attico. Quella che Petrarca ebbe fra le mani era appunto una copia carolingia, e lui, che scriveva nella grafia spigolosa in uso nella Toscana trecentesca, si mise di impegno per modificare la propria mano imitando quel modello. Tra gli storici c'è chi sostiene che Petrarca credette la sua copia un originale dei tempi di Cicerone, e che volle quindi imparare a scrivere come gli antichi; altri sostengono invece che Petrarca fosse troppo colto per sbagliarsi, ma che fu comunque sedotto da quelle forme minute e regolari. Come che sia, tale era l'autorevolezza culturale del grande poeta che molti lo seguirono e, nel giro di meno di cent'anni, la classe degli umanisti (gli aristocratici latifondisti, non i mercanti colti) si era convertita alla carolina, secondo un revival che oggi definiremmo vintage.

Questa è la scrittura che Sweynheym e Pannartz trovarono al loro arrivo in Italia, ed è divertente notare come, mentre i loro primi libri usano un carattere che prova a essere carolino ma è ancora goticheggiante, dopo qualche anno le forme si ammorbidiscono: si sono naturalizzati al gusto umanistico.

A questi caratteri si ispirarono i tipografi a seguire. I caratteri di Manuzio ne sono un perfezionamento tecnico e stabiliscono uno standard a livello europeo. Claude Garamond (1499-1561), tra i piú famosi incisori di caratteri cinquecenteschi, a sua volta guarderà ai tipi di Manuzio. I suoi caratteri però non venivano chiamati «garamond», che è una nomenclatura moderna: tutti i tipi che, in maniera diversa, si ispiravano all'ideale umanistico, erano chiamati «romani». Si trattava esclusivamente di caratteri da testo con cui comporre libri e qualche volantino, progettati quindi per dimensioni entro il mezzo centimetro, quello che oggi chiameremmo corpo dieci o dodici punti. Le esigenze pubblicitarie di corpi grandi per titolazioni non si erano ancora palesate.

Nei secoli a seguire i caratteri continueranno a ispirarsi al modello romano, introducendo pian piano variazioni e modifiche. Tra queste la piú significativa sul piano del design è l'allontanamento progressivo dall'imitazione delle grafie manuali.

Se i tipi manuziani cercavano di riprodurre l'effetto della penna sulla carta, tre secoli dopo, i romani dell'inglese John Baskerville (1706-75) se ne saranno completamente affrancati. Se guardiamo una lettera *a* minuscola manuziana vediamo che il tratto alto ha il cappio tronco, imitando l'effetto che la penna traccia quando viene poggiata sulla carta. Lo stesso vale per lo spessore della lettera: la modulazione del tratto, ora spesso ora sottile, è la conseguenza di come la penna scivola sulla carta e della sua inclinazione.

La *a* di Baskerville, invece, crea nella parte alta una goccia; questa è una forma, diciamo cosí, autonoma, cioè non si può ottenere con la penna, né la imita. È un tratto di contorno, una sagoma. Anche il contrasto marcato dei tratti, ora molto spessi ora molto sottili, è ottenuto disegnando il profilo della lettera, senza ispirarsi ai risultati della calligrafia.

Da questa mentalità si arriverà ai caratteri ottocenteschi, dove il contrasto sarà marcatissimo con grazie sottili e affilate: quelli di Giambattista Bodoni (1740-1813), di Firmin Didot (1764-1836) e dei loro epigoni, sono caratteri che aprono la strada al progetto fatto con riga e squadra (pur essendo incisi a mano libera).

Mentre i caratteri tradizionali mantenevano l'andamento morbido dell'amanuense – lo spessore è modulato e inclinato perché quando si scrive a mano si sta di sbieco –, i nuovi caratteri, detti «moderni» nel gergo tipografico, sembrano disegnati da architetti: tante linee verticali e orizzontali. Questi caratteri, reputati eleganti e rarefatti, diventarono il tratto distintivo dei libri di profilo alto, finendo per significare l'*upper-class* del lettering come nella testata di «Vogue», dove le grazie sono affilatissime e filiformi, secondo un'idea di classe distante e spigolosa, come gli zigomi delle donne chic.

Nell'Ottocento stampare caratteri dai tratti cosí delicati era possibile solo tramite processi lenti e laboriosi, ma il mondo stava diventando sempre piú veloce.

Un'altra rivoluzione tipografica aveva infatti luogo: la nascita dei quotidiani di massa. Le rotative necessitavano di lettere robuste, in grado di sopportare la veloce brutalità dei motori a vapore. Se guardiamo un giornale dell'epoca, la pagina è compatta e nera, carica di inchiostro. Era il frutto di un lavoro che diventava sempre piú rapido e meccanizzato. Se nel 1814 in Inghilterra si stampavano centoventicinque fogli in un'ora, già nel 1851 si era arrivati a produrne diciottomila, nulla a che vedere quindi col torchio lento e delicato di Bodoni, né potevano andar bene i tratti filiformi di Didot, che venivano pressati con lentezza su fogli umidi e setosi. I caratteri da giornale furono quindi progettati con in mente altre

Qabge

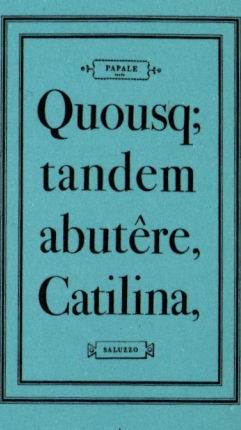

ITC New Baskerville

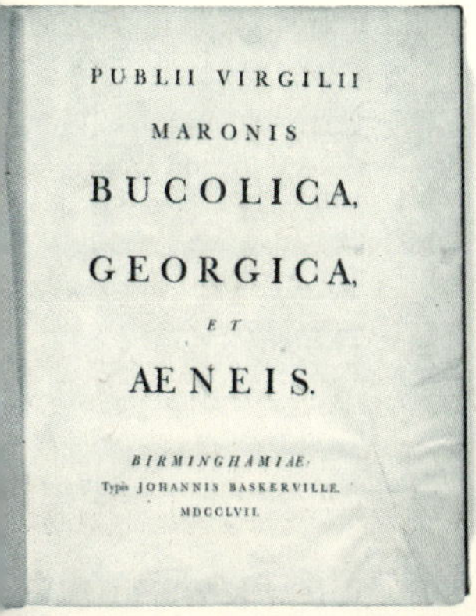

PUBLII VIRGILII
MARONIS
BUCOLICA,
GEORGICA,
ET
AENEIS.

BIRMINGHAMIAE
Typis JOHANNIS BASKERVILLE
MDCCLVII.

NAR

Bauer Bodoni Titling

PAPALE

Quousq;
tandem
abutêre,
Catilina,

SALUZZO

O

Linotype Didot Headline

Mga

◀179

beagR

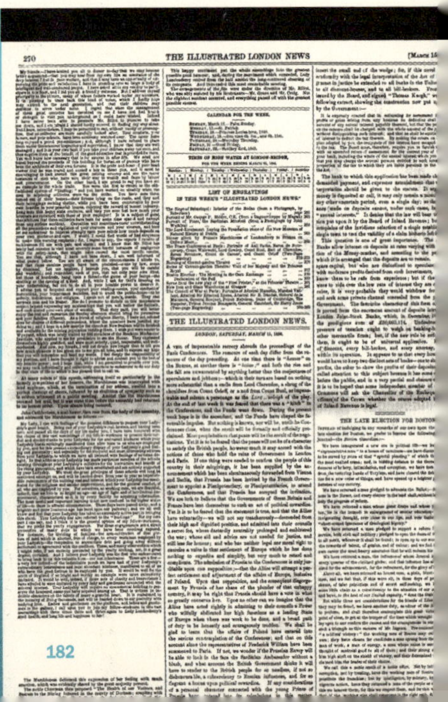

Times New Roman

180

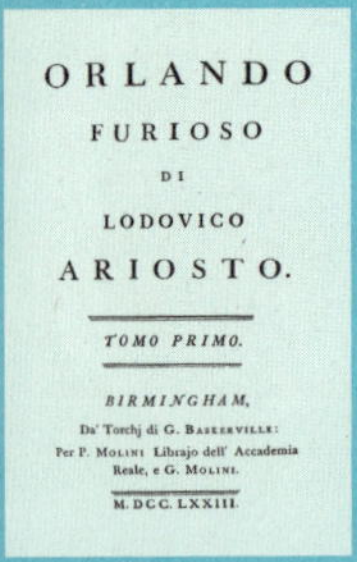

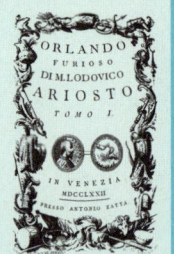

181

182

solidità, tanto che oggi al nostro sguardo digitale appaiono come fossero sempre dei neretti.

Verso la fine degli anni Venti del Novecento, i dirigenti del quotidiano «Times» di Londra commissionarono a Stanley Morison (1889-1967), consulente tipografico della Monotype (produttrice di macchine da composizione), un nuovo carattere per il loro giornale. Morison cercò una sintesi di quanto accaduto fino ad allora: un carattere che avesse la resistenza ingegneristica adatta alle rotative, l'eleganza delle grazie dei caratteri da libro, rispettando allo stesso tempo le esigenze compositive di un giornale che richiede corpi piccoli e colonne strette.

Il modello di partenza fu *Plantin*, un carattere prodotto dalla Monotype su modelli «garamondeschi», ma guardando anche un po' a Baskerville e ai caratteri dell'Ottocento, tanto che la base cinquecentesca è in buona parte stravolta: gli spessori sono piú robusti regolari, e soprattutto c'è un accorciamento dei tratti ascendenti e discendenti che rendono il nucleo delle lettere piú visibile a parità di corpo. Si lavorò lungamente sul disegno e venne messa a punto anche una lega metallica piú resistente. Era nato il *Times*, che fissò uno standard per lo stile di tutti i quotidiani a venire.

Per mantenere alto il prestigio della testata, il «Times» non ha mai smesso di ridisegnare il suo carattere; l'ultimo re-design, chiamato *Times Classic*, è del 2002. Le versioni dismesse diventano cosí di pubblico dominio. Tra queste, una fu offerta di default su tutti i Pc, diventando il carattere piú usato degli ultimi vent'anni[•]: il *Times New Roman*, letteralmente «il nuovo romano del Times», dove «romano» significa appunto la secolare discendenza dal maiuscolo traianeo. Quindi, come in quelle filastrocche a incastro: il *Times New Roman* guardò un po' al *Plantin* e

---

[•] Prima dei Pc, il *Times* era già stato diffuso sull'ultima generazione di macchine da scrivere Ibm, quelle a testina rotante.

183

184

GRANDE SPETTACOLO DI GALA

Per questa sera
**AVRANNO LUOGO I SOLITI SALTI
ED ESERCIZI SORPRENDENTI**
ESEGUITI DA TUTTI GLI ARTISTI
e da tutti i cavalli d'ambo i sessi della compagnia
e più
sarà presentato per la prima volta
il famoso
CIUCHINO PINOCCHIO
detto
LA STELLA DELLA DANZA

Il teatro sarà illuminato a giorno.

185

Clarendon   Playbill   Bodoni Poster

186

187

un po' al *Baskerville*, che guardò a Garamond, che guardò a Manuzio, che guardò alle scritture umanistiche, che guardarono a Petrarca, che guardò al Cicerone carolingio. Cosí che, quando leggete un quotidiano, avete sotto gli occhi l'unione delle maiuscole imperiali e delle minuscole caroline.

Mentre le scritture quotidiane dei mercanti e dei notai medievali hanno subito mutamenti e distruzioni, la scrittura del potere centrale non è mai tramontata.

Nella prima metà del XIX secolo la Rivoluzione industriale cambiò la società e anche i caratteri tipografici. Ogni merce ebbe bisogno dei suoi testi, non si trattava piú di progettare frontespizi di libri, ma anche packaging, scatole di saponi e di alimenti, manifesti e pubblicità.

In principio si usarono le forme dei caratteri in uso adattandole alle nuove esigenze, ed è uno dei motivi per cui la grafica dei prodotti ottocenteschi ci appare libresca: ad esempio, il layout del tè Twinings è condotto sulla falsariga di un frontespizio editoriale. Oltre ai prodotti c'era anche bisogno della loro comunicazione, occorrevano quindi caratteri imponenti sia come dimensione sia come peso visivo. Divenne comune costruire caratteri di legno (una lettera di piombo alta dieci centimetri sarebbe stata ingestibile) e si esasperarono molti aspetti della loro forma.

Da una parte vennero ingigantite le grazie, rendendole spesse quanto le aste, creando un effetto meccanico o industriale. Questi caratteri, molto alla moda, vennero battezzati «egiziani» in omaggio alla recente spedizione napoleonica in Egitto. In altri casi le grazie divennero anche piú grandi delle aste stesse, come dei piedistalli: caratteri siffatti furono impiegati spesso nelle insegne di negozi e locali, come quelle di bar e saloon americani; ed è per questa ragione che ci fanno subito un effetto western, tanto che li ritroviamo cent'anni dopo nei titoli dei film di Sergio Leone.

Ci furono poi casi in cui le grazie rimasero esili e ricciolute, mentre crebbero ipertroficamente le aste, come nei cosiddetti «superbodoni». Una variante molto decorata di questi caratteri venne impiegata intensivamente per pubblicizzare concerti e spettacoli, e ancora oggi ci fa «effetto circo», come nel famoso lettering alla *Dumbo*. Nei manifesti dell'epoca, tutte queste varianti sono combinate tra loro: caratteri grandi, piccoli, larghi e stretti, asciutti e decorati, in un eclettismo stilistico che tappezzava all'epoca le grandi città. Si stampava con quello che si aveva a disposizione e ogni tipografo mischiava i caratteri ora di piombo ora di legno che aveva sotto mano.

Il fatto che la pubblicità, specie di eventi, fiere e spettacoli, fosse fatta di tanti caratteri diversi è testimoniato da un finto poster che compare nel romanzo *Pinocchio* (1881) di Carlo Collodi, quando il burattino, ormai asino, è costretto a esibirsi in un circo. Collodi, con gustosa operazione metalinguistica, chiede allo stampatore del libro di inserire non una semplice illustrazione, ma un finto poster, usando i caratteri diversi a disposizione in tipografia.

In altri casi ancora le grazie vennero completamente abolite, e nacque una famiglia destinata a un crescente successo, quella dei «lineari». Questi caratteri, che in principio furono sentiti come un revival del mondo antico preimperiale e quindi parte della complessa moda neoclassicistica, diventarono in breve – per ragioni piú ideologiche che sostanziali – i moderni per antonomasia. Contribuirono vari eventi: la mancanza di grazie fu interpretata, soprattutto dalle avanguardie moderniste, come una semplificazione, e quindi salutata come prodromo di un mondo nuovo e progressista. Scuole di stampo razionalista, ad esempio il Bauhaus, sostennero la riduzione progressiva della complessità delle lettere, puntando a un alfabeto fatto per accostamento di pezzi semplici.

La maggior parte dei risultati fu però costituita da esperimenti modesti sul piano della leggibilità reale; l'unico frutto maturo di questa mentalità fu il *Futura*, progettato da Paul Renner (1878-1956). È questo un carattere che sviluppa alcune idee costruttiviste germogliate appunto in seno al Bauhaus, semplificando le forme e riducendole a pochi elementi in combinazione tra loro (cerchi, archi di cerchio, rette), a cui si aggiunge qualche correzione ottica per eludere l'eccessiva rigidità. Rispetto ai caratteri tradizionali ancora basati sulla tradizione calligrafica, qui le lettere sono progettate con riga e compasso: il risultato, seppur affascinante, pone qualche dubbio riguardo alla lettura di testi lunghi, perché l'eccessiva regolarità nella forma delle lettere è di fatto un ostacolo sul piano percettivo. In nome dello spirito modernista, il fascismo scelse spesso come carattere istituzionale il *Futura* o sue emulazioni costruendo un'immagine univoca del Paese; ad esempio le copertine della piú importante collana editoriale dell'epoca, La Medusa Mondadori, vennero composte col *Semplicità* prodotto dalla fonderia Nebiolo, carattere in aperto debito col *Futura* di Renner.

I caratteri lineari sviluppati negli Stati Uniti furono invece meno vincolati da imperativi ideologici e, confrontandosi con istanze concrete del mercato e della comunicazione, risolsero in maniera spesso brillante problemi morfologici. A distanza di cento anni alcuni di questi rimangono invenzioni eleganti e prive di rigidezze, come il *News Gothic* disegnato da Morris Fuller Benton (1872-1948), archetipo di tutti i lineari americani.

Il carattere senza grazie piú raffinato nacque però in Inghilterra, a opera di Eric Gill (1882-1940), scultore e incisore su pietra. Si tratta del *Gill Sans*, da *sans serif*, «senza grazie», che è diventato sinonimo della cultura britannica anche per le molte assonanze col carattere del sistema di trasporti londinese disegnato da Edward Johnston (1872-1944), finissimo calligrafo, con cui Gill aveva in precedenza lavorato. Il *Gill Sans* ha nel rapporto con Johnston i suoi precedenti soprattutto concettuali. Se, a un'occhiata frettolosa, può ricordare le geometrie del *Futura*, siamo di fronte al suo esatto opposto: il *Gill Sans* non è progettato con gli strumenti dell'architetto e ha le sue radici nella calligrafia e nei caratteri umanistici. Il tratto è modulato, ora piú spesso ora piú sottile, e si riconosce, nell'andamento di molte lettere, lo scheletro dei romani cinquecenteschi: l'occhiello basso e stretto della *a* minuscola; il cappio della *g* minuscola, che, come lo stesso Gill notava, somiglia a un paio di occhiali; la gamba lunga e sinuosa della *r* maiuscola, debitrice della pennellata della capitalis romana e decisamente irrealizzabile con riga e compasso. Il *Gill Sans* nasce dunque come carattere moderno ma ha radici nella tradizione libraria, potremmo quasi definirlo un garamond nell'epoca dei senza grazie.

Un'altra istanza di semplificazione fu portata avanti al Bauhaus: quella per l'abolizione delle lettere maiuscole, idea anch'essa caricata di forte ideologia. Bisognava abolire le gerarchie anche nell'alfabeto.

Il tutto-minuscolo divenne subito sinonimo di grafica d'avanguardia, di linguaggio evoluto, e fu spesso associato a idee progressiste e fresche, imponendo un gusto in atto ancora oggi: il logo di Facebook è scritto tutto minuscolo, in omaggio anche ai codici digitali, al contrario di Chanel che invece è tutto maiuscolo, a significare il classico e l'autorevole.

Non è casuale che la battaglia per il minuscolo fosse condotta in un Paese, la Germania, dove tutti i sostantivi andavano scritti in maiuscolo, dove si pubblicava in caratteri gotici, e che quindi sentiva piú di altri le esigenze di semplificazione. In Italia, la testata del quotidiano «il manifesto» fu pensata in tutto-minuscolo anche per differenziarsi dal passatismo del «Corriere della Sera»; il quotidiano «la Repubblica» scelse il minuscolo nello stile, ma senza tradire la grammatica, inserendo una unica *r* maiuscola.

Esemplare del furore razionalista fu il successo, negli anni Sessanta, di un carattere tra i piú noti e diffusi, l'*Helvetica*. Si trattava del restyling di un carattere ot-

sRgaeQf

Futura

188

189 COMPLETE UNABRIDGED

190

191

I GRANDI NARRATORI D'OGNI PAESE
ERNEST HEMINGWAY
IL VECCHIO
E IL MARE

ARNOLDO MONDADORI EDITORE

Semplicità

192

Roland Barthes
La camera chiara
Nota sulla fotografia

Piccola Biblioteca Einaudi

News Gothic

BETHNA

sRgaeQf

Gill Sans

193

tocentesco che fu invece subito considerato lo stracontemporaneo, tanto che, nel mondo del design, molti lo reputarono un elemento imprescindibile. È stato il carattere piú usato, ma soprattutto amato, da intere generazioni di designer, spesso in maniera elegante, piú spesso a sproposito; le sue forme chiuse e regolari creano infatti un ritmo fascinoso nei corpi grandi per titoli e loghi, ma tendono a impastarsi facilmente in corpi piccoli, nei componimenti lunghi e in contesti di scarsa visibilità.

Un progetto in *Helvetica* fa subito design, come per molti brand la cui immagine è stata pensata tra gli anni Sessanta e Settanta. Grafici famosi e apprezzati hanno dichiarato che *Bodoni* e *Helvetica* sono gli unici caratteri davvero necessari, rivelando di confidare piú nel proprio gusto che nelle questioni percettive o storiche.

Durante i cinquecento anni che ci separano da Gutenberg, i caratteri gotici non hanno mai smesso di essere usati, seppur confinati nei Paesi del Nordeuropa. Anche tra i gotici ci furono varianti e stili: schwabacher, fraktur, rundgotisch sono i nomi di alcuni tra i piú famosi.

Un dizionario tedesco-italiano dei primi del Novecento ci mostra i lemmi tedeschi in gotico con la traduzione in italiano fatta con un carattere romano, e viceversa; segno che lo stile delle lettere era sentito come profondamente aderente alle identità nazionali.

Se qualcuno crede che il gotico fosse un carattere poco leggibile, sappia però che fino a meno di cent'anni fa vi si pubblicavano interi romanzi, e i lettori pare non si lamentassero. Accadde però che, all'indomani dell'invasione della Polonia da parte dei nazisti, i responsabili delle politiche culturali del Reich capissero che sarebbe stato difficile sottomettere e conquistare Paesi abituati ai caratteri romani, per non parlare delle difficoltà logistiche di convertire al gotico l'intera Europa. Fu allora che qualcuno all'interno del Reich ebbe l'idea di pubblicare

194 ▶

Helvetica:
the face
all print
°men are
talking
about (are/you)

Haerg2

abcdefghi
jklmnopqr
stuvwxyz

Helvetica Neue

il manifesto

la Repubblica

CORRIERE DELLA SERA

199 ▶

200

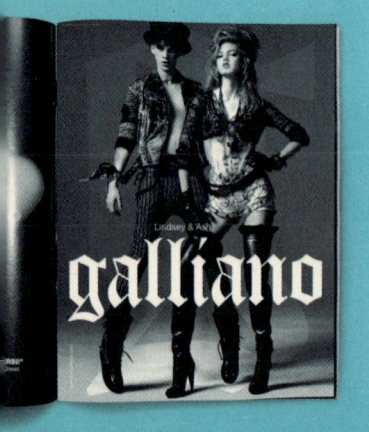

201

202

203

204

un apocrifo in cui si sosteneva che il gotico era un carattere giudeo: nel giro di pochi mesi tutte le tipografie furono convertite ai caratteri romani, e si vietò di leggere e scrivere in gotico, cancellando con un colpo di spugna cinquecento anni di cultura nazionale. Il carattere gotico piú usato in quegli anni era lo *Schwabacher*, cosí, per giustificare l'apocrifo, ci si attaccò al fatto che un noto banchiere ebreo si chiamava Schwabach. Se il fine giustifica i mezzi, piú spesso i mezzi svelano il vero fine: i nazisti non si fecero scrupoli a cancellare un pezzo autenticamente germanico della propria cultura al fine di assicurarsi un controllo piú forte sui Paesi assoggettati.

Dopo la guerra, nessuno lesse piú in gotico. Oggi è considerato una scrittura morta, relegata ai revival filonazisti, spesso usata nei tatuaggi, nel gusto decadente di stilisti come Galliano, nei vari lettering che fanno Medioevo (dai cartoni animati ai videogiochi) e nel lettering di molte marche di birra dove continua a comunicare un senso di tradizione nordeuropea, libero dalle ombre del Novecento.

Il gotico è rimasto in uso anche in molte testate dei quotidiani negli Stati Uniti e in Europa, ma qui le motivazioni non sono ideologiche quanto tecniche: si tratta di testate disegnate nell'Ottocento, quando la disponibilità di caratteri da titolazione in piombo era scarsa. La scelta del gotico era quindi dettata dalla sua nerezza, che lo rendeva piú visibile. Il gotico, insomma, era sentito come un carattere *display*• o neretto, e il tono medievaleggiante era avvertito in maniera attenuata rispetto a oggi.

Le storie dei caratteri ci raccontano dunque che, nelle forme, la purezza è quasi sempre ideologica, il meticciato è la norma. Ma questo è vero non solo in tipografia.

• Si chiamano cosí i caratteri pensati per le titolazioni.

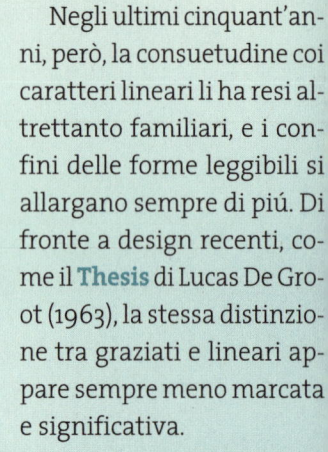

Negli ultimi cinquant'anni, però, la consuetudine coi caratteri lineari li ha resi altrettanto familiari, e i confini delle forme leggibili si allargano sempre di piú. Di fronte a design recenti, come il **Thesis** di Lucas De Groot (1963), la stessa distinzione tra graziati e lineari appare sempre meno marcata e significativa.

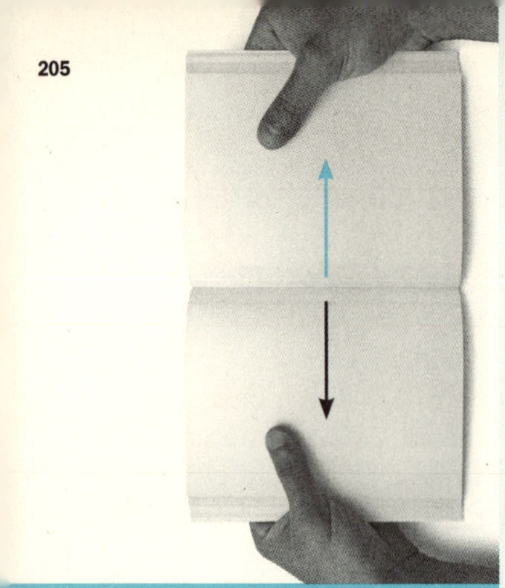

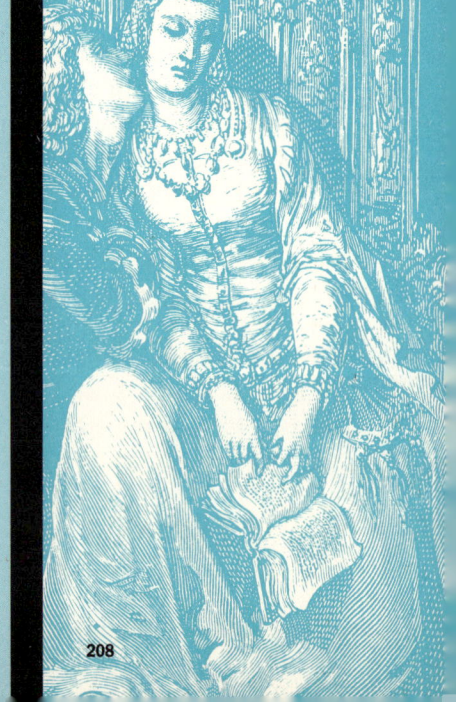

;ign deve armarsi di
critici e di consape-
orfologica e storica.
ome il **Verdana** o il
ogettati da Matthew
937) per essere alta

design deve armarsi di
itici e di consapevolez-
;ica e storica. Caratteri
ana o il **Georgia**, pro-
thew Carter (1937) per
ere altamente leggibili

Lettura

Esiste un carattere piú leggibile di un altro? In generale si può dire che leggiamo meglio quello che leggiamo di piú, quindi, in Italia, dove l'ottanta per cento dell'editoria usa varianti dei garamond, questa famiglia risulta sempre molto apprezzata.

Molti caratteri con le grazie, al di là del successo storico, contribuiscono in parte alla lettura di testi lunghi; anzitutto per le maggiori irregolarità rispetto ai lineari, poi perché le grazie, rafforzando il legame ottico tra lettera e lettera, sembrerebbero aumentare il percetto della parola come oggetto, un po' come nelle scritture legate che si insegnano a scuola.

Negli ultimi cinquant'anni, però, la consuetudine coi caratteri lineari li ha resi altrettanto familiari, e i confini delle forme leggibili si allargano sempre di piú. Di fronte a design recenti, come il *Thesis* di Lucas De Groot (1963), la stessa distinzione tra graziati e lineari appare sempre meno marcata e significativa.

L'avvento di nuove tecnologie e l'offerta di decine di font diverse stanno ampliando enormemente il campo del leggibile, facendo scomparire l'ipotetico primato di un carattere migliore di un altro: siamo lettori sempre piú versatili, a nostro agio su carta e su monitor.

A maggior ragione, il design deve armarsi di strumenti critici e di consapevolezza morfologica e storica. Caratteri come il *Verdana* o il *Georgia*, progettati da Matthew Carter (1937) per essere altamente leggibili a monitor anche nei corpi piccoli, sono spesso impiegati in progetti cartacei dove la loro efficacia è sprecata; è chiaro che sarebbe stato meglio scegliere altri caratteri nati appunto per la carta, perché le ragioni delle forme non sono mai meramente stilistiche ma, come in questo caso, strutturali e ingegneristiche.

Al di là dei caratteri storici, le classificazioni delle font su basi morfologiche risultano oggi piuttosto inerti. Il carattere è solo una parte del problema e, sul piano della leggibilità, la sua scelta è spesso secondaria. Ben piú rilevante è come un testo viene impaginato: lo spazio tra le lettere, tra le parole e tra le righe gioca infatti un ruolo significativo nella lettura, spesso piú della font usata. Non bisognerebbe infatti essere interessati solo alla parte nera del testo, cioè alle sagome delle lettere come entità autonome; l'altezza delle aste o la forma di un occhiello* contano solo in relazione ai rapporti che instaurano con l'interlinea, con la lunghezza della riga, col bianco della pagina, con le qualità del supporto usato e con l'illuminazione.

Una stessa font, stampata ora con una stampante laser su carta da fotocopie, ora in tipografia su carta da edizioni, produce risultati diversi come grado di nero, come contrasto, come chiarezza. Differenze non solo estetiche ma che incidono piú o meno coscientemente sulla lettura.

Ogni carattere richiede la propria impaginazione per ragioni formali, storiche e funzionali. Queste consolidate tradizioni (tipografiche e ortografiche) si basano sulle capacità del nostro sistema percettivo: il rientro alla prima riga evidenzia il capoverso ed evita che la pagina ci venga addosso come un muro impenetrabile e mono-

---

* Le aste sono i tratti piú larghi delle lettere. L'occhiello è l'area bianca all'interno della lettera, detta anche contropunzone.

tono; regola che sfrutta la capacità visiva di individuare variazioni e regolarità.

Per la stessa ragione, i neretti, i corsivi e le gerarchie tra i corpi agiscono sui meccanismi che riconoscono contrasti e contorni. Il neretto è anzitutto un'area a maggior densità di scuro, il cui risultato è un effetto di risalto, per via della minore riflettanza rispetto al resto del blocco di testo.

Il corsivo è invece una forma di risalto piú attenuata, non agisce sul contrasto di chiarezza ma su quello di orientamento, avendo infatti un asse inclinato di circa dodici gradi rispetto al tondo. Anche la lunghezza delle righe risponde a esigenze circostanziate: quando guardiamo, l'occhio ci permette di inquadrare un arco di circa dieci gradi; ma, quando leggiamo, questo si stringe su un arco di soli due gradi; leggere è dunque un modo specializzato di guardare. La riga non dovrebbe quindi superare le ottanta battute, altrimenti saremmo costretti a muovere la testa, oltre al fatto che righe troppo lunghe rendono problematica la reperibilità della riga successiva.

Basi percettive, vincoli tecnici e convenzioni culturali hanno cosí dato forma, per aggiustamenti successivi, ai modi in cui ci appare un testo scritto.

Nel *Polifilo*[**] – pubblicato da Aldo Manuzio nel 1499 e considerato uno dei piú bei libri mai stampati – compaiono una serie di codici che diamo ormai per scontati: il rientro prima riga; le testatine in cima al foglio; l'illustrazione distesa su due pagine. In un'epoca come la nostra, in cui si vanno ridefinendo molte consuetudini di lettura e di visione, diventa cruciale investigare i modi in cui nascono queste convenzioni: cosa fa di un segno uno standard?

[**] È questo il nome colloquiale con cui è conosciuta l'*Hypnerotomachia Poliphili*, la guerra di amore in sogno di Polifilo.

Gli elementi che costruiscono la pagina non sono appunto capricci, ma frutto di storie precise. Ad esempio lo spazio fra le parole è qualcosa che il mondo antico non conosceva, e cosí vale per gli indici e i numeri di pagina.

I margini bianchi intorno al testo erano amplissimi nel Medioevo, per concedere spazio ora alle decorazioni ora a note e glosse. Rimasero ampi nei primi libri a stampa in omaggio a quella tradizione, tanto che un libro con margini stretti non sarà pensabile fino all'avvento del tascabile di massa in cui si dovrà economizzare sulla carta. Senza l'esperienza del libro mass-market, non si capirebbe perché un software come Microsoft Word proponga di default un paio di centimetri di margine per un foglio A4, mentre la tradizione del foglio dattiloscritto ne prevedeva di piú ampi.

Lo studio di queste convenzioni, l'analisi dei loro perché, è fondamentale per capire quali scelte fare di volta in volta nella progettazione visiva.

Ad esempio il numero di pagina in un romanzo è piuttosto inutile, pochi sono quelli che si ricordano di essersi fermati a pagina ventitre, di solito si mettono orecchie o segnalibri. Il numero di pagina è utile quando abbiamo un testo molto strutturato, con ricchi indici analitici. Eppure, se leviamo il numero di pagina a un romanzo, la pagina appare strana, sembra non avere né capo né coda, il testo ci viene addosso e ci trasmette un senso di smarrimento: il numero di pagina nei romanzi sta lí da una parte come strumento di orientamento, come puntello per la lettura, dall'altra anche per ragioni psicologiche, perché ci aspettiamo che una pagina di narrativa sia fatta in un certo modo.

Nei supporti digitali – che prevedono altri sistemi di orientamento – la mancanza del numero di pagina ci pare invece meno strana (i siti web non hanno numerazione). Eppure questo è un nodo che l'e-book ancora non ha risolto: rispetto al libro tradizionale, dentro un romanzo

209

210

211

212

digitale molti si sentono sperduti, come in una foresta e privi di bussola.

Prima della pagina esisteva il rotolo, sistema di lettura a nastro che, in parte, il digitale sembra riproporre; il termine *scrolling,* con cui ci si riferisce allo scorrimento di un testo, significa appunto «srotolare».

Un'ipotesi affascinante sostiene che, tra le ragioni che portarono al successo del codex, ossia il libro con le pagine rilegate e sfogliabili, ebbe un ruolo centrale il cristianesimo, religione che faceva del libro, cioè la Bibbia, uno strumento non di lettura continua ma di consultazione. Le pagine sfogliabili permettevano di saltare da un punto all'altro in maniera agile, mentre col rotolo passare dalla *Genesi* al *Cantico dei cantici* sarebbe stato piú laborioso.

Le forme nascono da esigenze tecniche e culturali, dagli usi che ne facciamo. C'è quindi da chiedersi perché leggiamo in certi modi. Stare in piedi o seduti o appesi al corrimano di un autobus comporta modi di lettura diversi, che finiscono per imporre una certa forma al design. Ancor prima di chiederci se sul web sia meglio il rientro di prima riga o la spaziatura di paragrafo, varrà allora la pena domandarsi che cosa chiediamo piú in generale alla lettura. I testi digitali di che margini hanno bisogno? Un romanzo letto su Kindle o su Kobo di quale margine si gioverà? Basterà la cornice fisica del *device* a fargli da margine? E piú in generale: a cosa serve un margine? Per inquadrare la pagina? O per metterci le dita senza coprire il testo?

Sul destino del libro è difficile fare pronostici; le logiche progressive dell'elettronica lo vorrebbero già bello e morto, ma non tutti i lettori, specie quelli forti, sono d'accordo. Anche perché il libro di carta funziona senza corrente elettrica e questo fatto lo mantiene un'invenzione imperfettibile, come la ruota o il chiodo. Con le tecnologie attuali la lettura a schermo sembra ottima per le operazioni di consultazione, come in un dizionario, ma meno efficiente per lo studio di testi lunghi. Insomma non si tratta di una battaglia tra carta e digitale. È anzi credibile che leggeremo sempre piú su supporti molteplici.

213

214

215

216

217

218

219

Layout

Layout vuol dire «disposizione» o «struttura», e si riferisce al modo in cui gli elementi sono collocati nello spazio. È il termine inglese adottato dal design per nominare quella che in pittura si chiama composizione.

Per spiegare cos'è un layout, partiremo da un'azione che col design sembrerebbe avere poco a che fare: apparecchiare la tavola. La disposizione di piatti, posate e bicchieri segue sempre una logica discorsiva, ovvero la posizione (e il modo) in cui vengono messi i pezzi comunica cose precise: dalla colloquialità del pranzo informale fino all'estrema sofisticatezza di una cena ufficiale.

Lo schema che vedete nella figura 214 è lo standard per una cena tra amici, conosciamo il codice, sappiamo una certa posata a cosa serva e in quale momento della cena vada usata. Ma se, ospiti a casa d'altri, al nostro arrivo la tavola si presentasse come in figura 215, avvertiremmo subito un senso di trasandatezza e confusione. Se poi trovassimo già la pasta nel piatto (un codice valido solo in famiglia), ci sembrerebbe che qualcuno abbia già mangiato a quella tavola. Se la pasta fosse buttata lí in modo asimmetrico, penseremmo che sia già stata assaggiata. Non conta se il cibo è pulito, appena sfornato, quello che vediamo è tutt'altro.

La tavola comunica anche il livello sociale della cena, e la varietà di forchette inventate negli anni è stata anche un mezzo per distinguere la classe che ne conosceva gli usi da quella che li ignorava. Tuttavia nelle prassi quotidiane una tavola ben apparecchiata non è solo un gingillo da maniaci dell'etichetta, serve a suscitare nei commensali la sensazione di invito al pranzo, un senso di igiene, genuinità, piacevolezza. Se apparecchio come in figura 218 è probabile si tratti di una festa per bambini. Ecco, il layout è questo: la composizione che ci dice cosa sta per accadere e con quale appropriatezza.

Questa storia ci insegna anche che, quando guardiamo qualcosa, non possiamo non interpretare. La capacità di attribuire significati, perlopiú senza concettualizzare, è il frutto di predisposizioni biologiche e consuetudini radicate: la tavola ordinata si basa sulla nostra propensione a essere respinti da cibi marcescenti e potenzialmente dannosi per l'organismo. Il layout ci guida a guardare le cose nel modo giusto, cioè secondo le intenzioni di chi sta parlando. Se la nostra cena è genuina e succulenta, non lasciamo che il disordine racconti tutt'altro.

Ogni artefatto visivo chiede i suoi modi e i suoi tempi di lettura: nelle tabelle e nei diagrammi conta come si incrociano i dati; in una pagina web, come si accede a livelli successivi o simultanei di informazione; in una poesia contano i rapporti fra le strofe e le rime.

Le figure invece, quelle mimetiche e quelle astratte, sembrano non avere regole precise: un dipinto, un'illustrazione, una fotografia, in apparenza possono essere lette da ciascuno come preferisce.

Ci sono in realtà una manciata di modi e di assunti che mettiamo in atto di fronte alle figure e, come al solito, sono un miscuglio di predisposizioni cerebrali e di convenzioni culturali. Si usa parlare di «sintassi visiva» per riferirsi all'impressione che nelle figure ci sia un ordine simile a quello della scrittura. La principale differenza con la scrittura lineare, però, consiste nel fatto che di fronte alle composizioni figurative l'occhio non legge ma esplora.

Gli studi sui movimenti oculari hanno evidenziato che l'occhio si muove ripetutamente sulla scena, insistendo su alcuni punti che giudica piú rilevanti. Questi percorsi esplorativi cambiano a seconda della cultura dell'osservatore e a seconda del compito richiesto, quindi persone con esperienze diverse, di fronte a una stessa immagine, guardano a cose diverse.

Guardare è anzitutto prestare attenzione, e ciascuno è attento ad alcune cose per le quali è piú sensibile. Di fronte al dipinto di una natura morta, uno storico dell'arte compirà movimenti oculari di un certo tipo, un cuoco di un altro, un bambino di un altro ancora. Esploriamo la scena in maniera diversa a seconda del momento della vita, delle nostre competenze, della nostra cultura, della nostra età e dello stato emotivo in cui ci troviamo.

In Occidente la forma di una superficie, ancor prima che vi sia raffigurato qualcosa, ha già un significato: se è orizzontale è subito un paesaggio; se è verticale è un ritratto. Il paesaggio è qualcosa che esploriamo, il ritratto è qualcuno che ci si pone davanti. Si tratta di una sorta di grado zero del layout: la cornice stabilisce lo spazio d'azione.

Lo sguardo moderno è stato modellato in maniera forte dai supporti e da quello che consentono: monitor e tablet, schermi Tv e cinematografici, nonché libri e album sono rettangoli di un tipo o di un altro. Il formato della pellicola 35 mm (una proporzione tre a due) fu scelto in quanto rispecchia grosso modo quanto possiamo vedere tenendo gli occhi fermi davanti a noi. Usando un termine del lessico fotografico chiamiamo questi tagli «inquadrature», riferendoci al modo in cui scegliamo una porzione del visibile elevandola al rango di figura. Ogni layout inizia con l'inquadratura.

Per capire come leggiamo le composizioni visive, dobbiamo chiederci però come interpretiamo piú in

220

Percezione: Basso | Alto | Centro

Significati: Terra | Cielo | Orizzonte

221

Quadro visivo

Gravità

222

28°

223

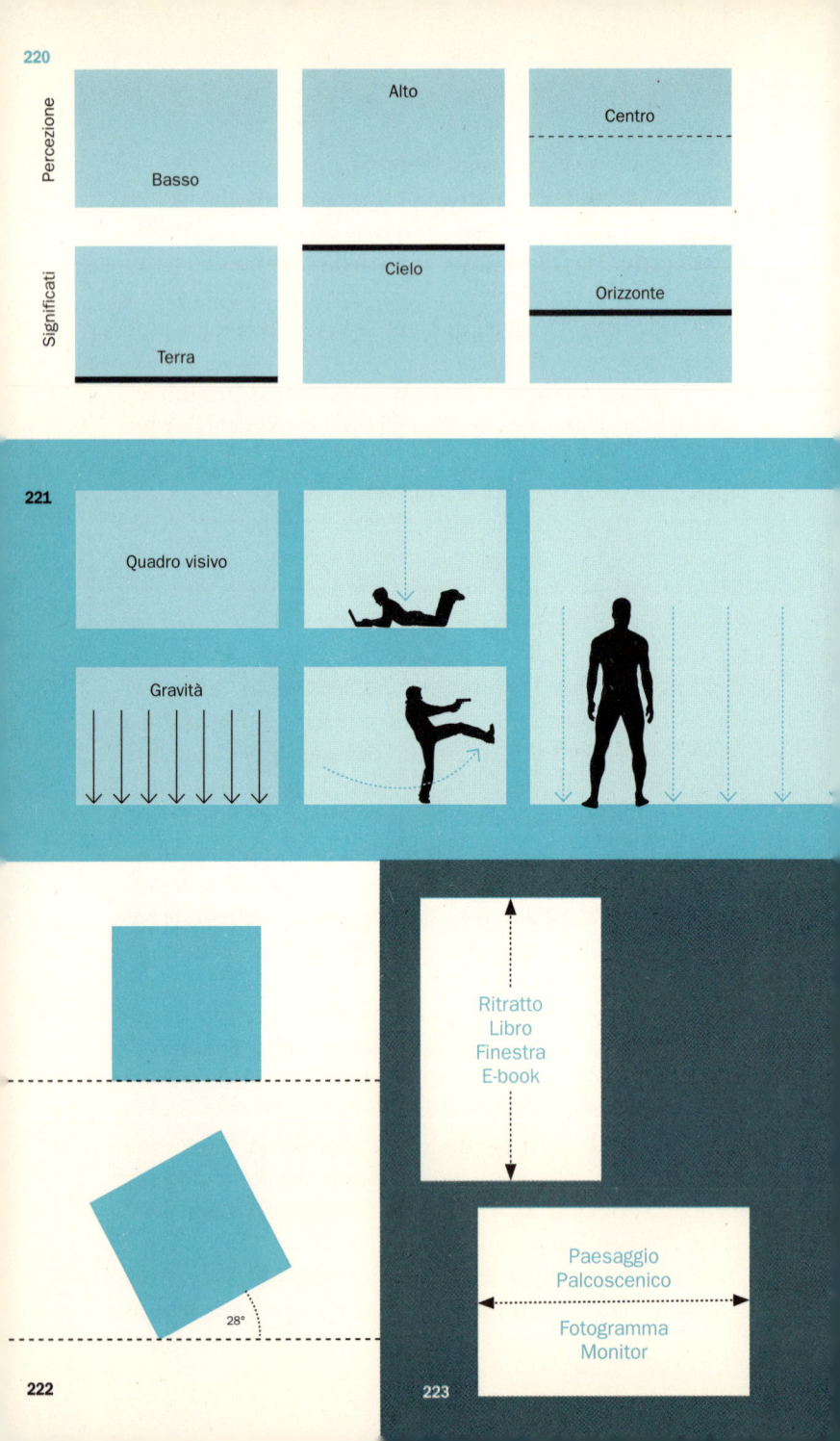

Ritratto
Libro
Finestra
E-book

Paesaggio
Palcoscenico

Fotogramma
Monitor

generale lo spazio in cui viviamo. Il dato piú importante è la forza di gravità: mentre in orizzontale possiamo spostarci potenzialmente ovunque, la verticalità ci pone dei limiti.

Studi recenti hanno evidenziato che, tra tutti gli orientamenti possibili, per il cervello sarebbero piú facili da individuare la verticalità e l'orizzontalità, grazie a cellule sensibili al riconoscimento delle linee dritte e della loro inclinazione. Individuare regolarità è qualcosa per cui siamo predisposti.

La gravità è anche responsabile di molte simmetrie corporee, come il fatto che tutti i mammiferi hanno occhi affiancati, e non disposti uno sopra e uno sotto; ciò fa sí che il nostro scrutare si eserciti soprattutto orizzontalmente. Possiamo guardarci intorno, a destra e a sinistra, per un arco di quasi centottanta gradi; mentre per guardare in verticale dobbiamo inclinare la testa. Per queste ragioni, le larghezze ci appaiono piú brevi delle altezze: un ponte lungo dieci metri ci pare piú corto di una torre alta dieci metri.

La gravità comporta poi l'esperienza dell'equilibrio, gestito dall'apparato vestibolare, quel sofisticato sistema contenuto dentro al nostro orecchio che ci informa in ogni momento della nostra posizione nell'ambiente.

A questo spazio dato si affiancano i movimenti della luce. Il sole di mezzogiorno, con le sue ombre dritte, è il segno della verticalità assoluta: la posizione del numero dodici nel quadrante dell'orologio ne è la traduzione isomorfa. Cosí i fatti fisici diventano subito fatti semiotici: l'orizzontale significa il concreto e il percorribile; il verticale è l'astratto e l'ascensionale. L'orizzontale è qualcosa che esiste: la terra con le cose. Il verticale è qualcosa che accade: la pioggia e la luce. L'orizzontalità stabilisce rapporti paritari tra le cose, la verticalità stabilisce gerarchie. Da cui l'intensivo uso metaforico che il linguaggio fa dei termini «alto» e «basso».

A questo si somma poi la prolungata infanzia dell'uomo, la lentezza dello sviluppo fisico che per lungo tempo ci pone in relazione con individui piú alti di noi, i «grandi», che confermano l'altezza come valore in sé, riconoscendo definitivamente all'alto-basso un ruolo di categoria universale. Da questo concetto si arriva a stabilire che le divinità abitano l'Olimpo o il paradiso, e che l'inferno e i diavoli stanno in basso.

Un'altra spiccata attitudine è quella per la simmetria. L'uomo è simmetrico e questa qualità comunica agli altri salute e robustezza. Riconoscere la simmetria significa anche riuscire a vedere la metà di una cosa intera, secondo un meccanismo legato a capacità matematiche innate: vedere il pari, il doppio, il due, ha a che fare con la predisposizione per il numero e per la geometria, e rimanda alle capacità di maneggiare mentalmente gli oggetti, e di operare rotazioni, riflessioni e traslazioni. Tagliare una torta in due parti è qualcosa che facciamo con assoluta precisione, dividerla in tredici fette uguali è impossibile senza una serie di calcoli mentali. Dividere un segmento in due o in tre è qualcosa che facciamo al volo, per dividerlo in sette dobbiamo ragionare.

Questi meccanismi mentali non si sono ovviamente evoluti per guardare i layout, ma per usare il mondo. Ecco perché il cervello, di fronte alle figure, non può che trattarle come le cose vere. L'intento dichiarato di molte immagini è infatti quello di somigliare in qualche modo (anche minimo o traslato) alle cose della realtà.

Siamo pratici delle leggi fisiche che riguardano il mondo: sappiamo come gli oggetti pesano, poggiano o cadono, cosí un pallino nella parte bassa del foglio ci pare piú pesante e stabile di uno messo in alto. Conosciamo l'umidità dell'acqua e la ruvidezza della pietra, la morbidezza di un tessuto e la temperatura di una superficie, cosí se queste cose le vediamo raffigurate imponiamo loro

224

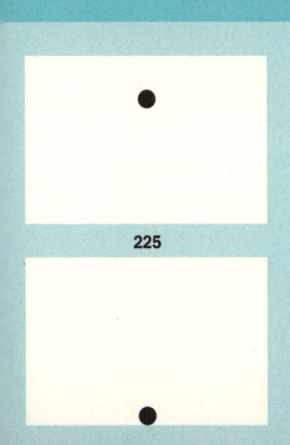

225

226

227 ▶

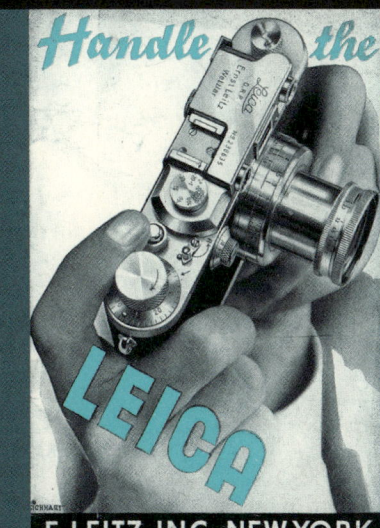

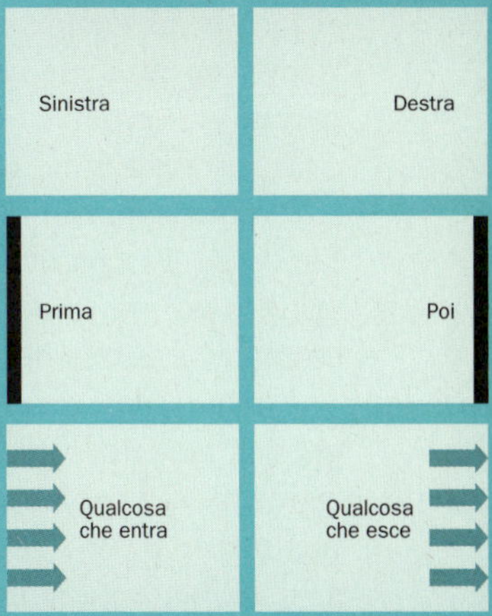

Sinistra	Destra
Prima	Poi
Qualcosa che entra	Qualcosa che esce

228

la concretezza delle esperienze fatte, anche se sappiamo che sono solo macchie su un supporto.

Finiamo insomma con imporre le qualità fenomeniche del mondo anche alle figure che non vogliono raffigurare nulla. Nei motivi decorativi di tappeti, pavimenti e tessuti, nella pittura astratta e nelle composizioni geometriche, tendiamo a vedervi il pesante e il leggero, ciò che poggia e ciò che si muove, ciò che tira e ciò che spinge. Nel famoso *Colpisci i bianchi con il cuneo rosso* di El Lissitzky (1890-1941), leggiamo lo spazio avendo avuto esperienza di oggetti appuntiti e di quello che possono provocare. Cosí una campitura di colore in un dipinto astratto ci pare piú pesante se posta nella parte bassa; e uno strappo o una cucitura sulla tela possono sembrarci «dolorosi».

Se siamo predisposti per l'ortogonalità, siamo sensibili anche alla sua sovversione. Un quadrato poggiato su un lato ci trasmette un senso di quiete. Se lo ruotiamo su uno spigolo, ecco un'immagine dinamica e instabile. Sotto una percezione cosí semplice sono appunto in atto meccanismi diversi: la sensibilità biologica per l'ortogonalità, la capacità di attribuire significati, l'esperienza di oggetti che poggiano o che cadono. Psicologicamente ci figuriamo sempre una base, un basso, un orizzonte, e siamo sensibili alle inclinazioni e alle pendenze proprio perché compromettono questa stabilità.

Il costruttivismo russo introdusse nelle composizioni fortissimi tagli obliqui, sia nella grafica che nelle foto: quelle di Aleksandr Rodčenko (1891-1956) presentano sempre un punto di vista inatteso (specie per l'epoca), complici anche le nuove tecnologie.

L'uso della Leica (1928) – la macchinetta portatile appena lanciata – aveva infatti svincolato la foto dalle rigidezze del cavalletto, perché poteva essere sistemata facilmente e con agilità nelle piú diverse posizioni. Oggi il cellulare ha amplificato questo approccio, trasformando l'effetto mosso da errore in realtà di linguaggio.

Di fronte ai layout, la convenzione piú forte è il verso di lettura, che per gli occidentali va da sinistra verso destra. Su questa abitudine si basa una formula classica della pubblicità quando si vuole mostrare l'efficacia di un prodotto: a sinistra ci viene presentato un dato di fatto (una maglietta sporca), a destra un dato nuovo (una maglietta pulita), dividendo lo spazio in due parti e attribuendo a quanto accade a destra un valore positivo (l'uso di un particolare detersivo). Tali utilizzi evidenziano il fatto che il layout non è qualcosa che accade solo nello spazio, ma anche nel tempo: ciò che sta alla sinistra del campo significa il prima, ciò che sta a destra, il dopo. Fino a introdurre nello spazio la percezione della causalità: ciò che sta a sinistra ha causato ciò che compare a destra.

Nei manoscritti medievali capita che un disegno sfori nella pagina che gli sta a fianco, ma si tratta di un'eccezione, anche perché i fogli venivano disegnati e scritti singolarmente e solo alla fine *percepiti* insieme. Furono le nuove procedure del libro a stampa che imposero di ragionare sempre su due pagine accoppiate.

A questo proposito vale la pena di tornare a guardare le due «pagine a fronte» tratte dal *Polifilo* di Manuzio. Qui, per la prima volta, vediamo un'illustrazione distendersi su due fogli affiancati, disposizione che oggi rappresenta lo standard in centinaia di libri e in quasi tutti gli annunci pubblicitari sulle riviste. Spalmando la figura su due pagine, Manuzio valorizza il movimento del corteo che si sposta nello spazio, assecondando il ritmo strutturale del libro e intensificando il verso di lettura. Disposta su un solo foglio sarebbe stata un'illustrazione piú statica.

Lo stesso accade oggi nelle pubblicità delle automobili, in cui la doppia pagina amplifica la direzione e la dinamica del veicolo. In questi casi conta molto l'utilizzo del vuoto: quando la macchina occupa per esteso le

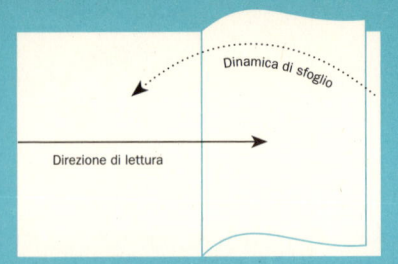

Dinamica di sfoglio

Direzione di lettura

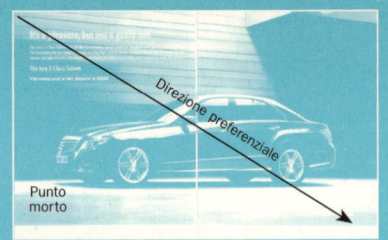

Direzione preferenziale

Punto morto

229

230   231

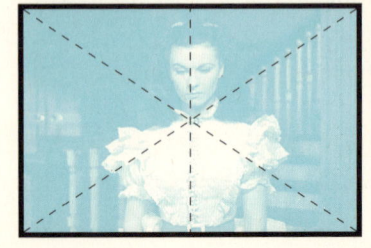

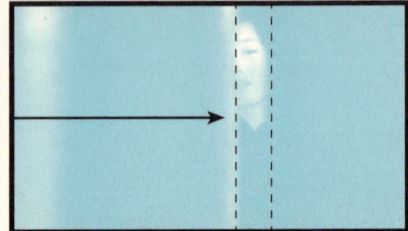

due pagine tende a stare ferma e a imporsi come solida e autorevole. Quando invece si lascia del vuoto a destra la percepiamo in grado di spostarsi in avanti, laddove se si lascia del vuoto a sinistra sappiamo che è già partita.

L'abitudine a leggere da sinistra verso destra comporta conseguenze semantiche anche fuori dai libri: nel cinema spesso se qualcuno *va*, si sposta verso destra, se qualcuno *torna*, si sposta verso sinistra (Paperino o i puffi quando vanno o tornano da qualche parte, rispettano spesso queste direzioni). Il famoso dipinto di Bruegel *La parabola dei ciechi* (1568) si basa appunto sulla tendenza a leggere le composizioni secondo questa direzione, e difatti, se guardiamo il dipinto ribaltato, il senso di caduta dei ciechi viene attenuato. Un altro esempio di spazio direzionato è il famoso manifesto di Cassandre (1901-68) per il vino Dubonnet, dove il verso di lettura ha anche un ruolo temporale.

Prima della rivoluzione gutenberghiana, questa convenzione figurativa era appunto meno marcata; la pittura medievale, rivolta a una società non alfabetizzata, non usava lo spazio direzionato in maniera cosí forte.

Negli ultimi centocinquant'anni e specie dopo la scolarizzazione di massa, il verso di lettura è diventato un assunto tanto forte quanto la gravità, e infatti i pubblicitari insistono affinché le cose piú importanti siano poste nell'angolo sinistro in alto e in quello destro in basso; mentre lo spicchio che avanza è considerato un «punto morto». Si determina cosí un codice ripetuto all'infinito, che distingue nei layout zone attive e zone passive.

La nostra disposizione psicologica a esplorare da sinistra verso destra può avere anche conseguenze piú sofisticate. Guardiamo la copertina della Penguin Books in figura 213: si tratta di un'edizione del 2000 di *A Clockwork Orange* (Arancia meccanica) di Anthony Burgess. Un bicchiere di latte, limpido ed essenziale, si erge al centro della copertina, ha un'aria inquietante, cupa. Per chi già conosce la storia, quel latte è corretto con le anfetamine. Non è quindi un semplice bicchiere, ma il simbolo della violenza contenuta nel libro. Un latte che, piú che fresco, è raggelato.

Anche sulla confezione di molte merendine compare spesso un bicchiere di latte simile come tipologia, ma questo ci dà un senso di genuinità, di freschezza. Di certo conta il contesto in cui lo vediamo, conta il rapporto che questo intrattiene con i testi che lo circondano e con i colori della grafica, ma c'è anche qualche altra cosa: mentre il bicchiere di *A Clockwork Orange* è illuminato da sinistra e ha quindi l'ombra a destra, quello delle merendine è generalmente illuminato in maniera diffusa, da destra, e le ombre sono attenuate. Cosí senza rendercene conto, guardando il bicchiere sul libro, lo leggiamo come qualcosa che va verso il buio e questo trasmette un senso di maggiore inquietudine.

Eppure anche questo modello di lettura, cioè da sinistra in alto a destra in basso, sta subendo mutazioni: da una parte c'è l'influenza di Internet col suo andamento saltellante; dall'altra stanno crescendo le contaminazioni orientali. In Cina la pittura tradizionale di paesaggio prevedeva che il verso di lettura andasse dal basso verso l'alto con movimenti a zig-zag; bisognava risalire con lo sguardo la composizione, come se si percorressero i viottoli che vi sono raffigurati, arrampicandosi su per la montagna; la contemplazione del dipinto diventava cosí anche una forma di meditazione.

È invece noto che in Giappone i libri si sfogliano da destra a sinistra ed è questo il verso con cui viene pubblicata la maggior parte dei manga anche quando vengono tradotti in Europa e negli Stati Uniti. Sta cosí aumentando la nostra familiarità con composizioni «specchiate», rendendoci «figurativamente bilingue». Non solo un manga si legge dall'ultima pagina verso la prima (rispetto a quanto siamo abituati), ma la singola vignetta va letta formalmente da destra a sinistra: quindi il pugno di Superman è piú forte se la vittima sta a destra, quello di Dragon Ball se sta a sinistra.

Sempre piú spesso ci troviamo di fronte a sistemi misti, come le pagine web, dove elementi diversi vanno guardati secondo modi e direzioni loro propri: un conto è leggere una voce di Wikipedia e seguirne i link, un altro è consultare un menu a tendina. Questo è vero anche con i media tradizionali. Ogni layout propone una forma e un suo uso: le fotografie si guardano in certi modi, le «Pagine Gialle» in altri, *Anna Karenina* e «La settimana enigmistica» in altri ancora. Sfogliare, leggere, esplorare, consultare sono azioni che fluiscono le une nelle altre.

Proprio i siti web ci mostrano che non c'è un modo giusto di esplorare il design, e anche per questo sono difficilmente pensabili delle regole rigide di usabilità o di interpretazione.

Un limite della semiotica classica e delle scuole strutturaliste è stato quello di ritenere che le immagini avessero *un* significato (uno solo e preciso), che esistesse cioè un codice da decifrare. Di contro, le correnti postmoderne e quelle poststrutturaliste arrivarono addirittura a sostenere che qualsiasi significato fosse lecito. Guardare è stabilire relazioni, e quindi significati; e queste relazioni sono allo stesso tempo libere e guidate da quanto già sappiamo. I codici non sono dunque regole da decifrare, bensí abitudini.

Anche il taglio di un'immagine è questione di layout, spesso in relazione con precise aspettative. Nei telegiornali gli anchorman sono sempre inquadrati leggermente dal basso, sembrano frontali ma non lo sono, e questo minimo artificio contribuisce a conferirgli autorevolezza. All'opposto, nei talk show popolari, come quelli di Maria De Filippi, o nelle soap opera, abbiamo primi piani ravvicinatissimi, perché i partecipanti non abbiano nessuna distanza dal pubblico, ma siano già intimi amici degli spettatori. I linguaggi si influenzano a vicenda e oggi le copertine della narrativa rosa usano intensivamente primi piani di volti simili a quelli delle soap opera come cifra di una confidenza tra autori e lettori.

Primo piano e *campolungo* sono appunto, nel linguaggio del cinema e della Tv, tipi di layout.

Casi come quelli citati sono esemplari di come le immagini funzionino basandosi su quanto già sappiamo; siamo infatti educati a un senso delle distanze tra gli individui frutto di precise norme sociali: la vicinanza di qualcuno che amiamo è diversa da quella che poniamo tra noi e un funzionario di stato. Come tutti i codici culturali, anche questi cambiano col tempo e con il mutare dei costumi sociali.

230, 231   I due fotogrammi 230 e 231 sono tratti da due film famosi *Via col vento* (1939) di Victor Fleming e *2046* (2004) di Wong Kar-wai. In entrambi i casi vi è raffigurata la protagonista del film, ma è enorme la differenza nel layout: Rossella O'Hara occupa lo spazio in maniera simmetrica, solida, vi sta al centro come una Madonna in un'icona sacra; Su Li-zhen invece è mozzata, asimmetrica, con pezzi cancellati da disturbi visivi. Rossella ci sta davanti come in proscenio, il modello è classico; di Su, invece, vediamo solo un frammento, come la guardassimo dal finestrino di una metropolitana in movimento. Il primo è uno sguardo da spettatore teatrale, il secondo lo sguardo distratto e confuso di un cittadino metropolitano.

Rispetto al mondo contemporaneo, un uomo del passato aveva meno esperienza di immagini e rappresentazioni. Oggi, camminando per una città, siamo sempre circondati da cose visive e dal sovrapporsi di segni e figurazioni. E spesso anche da ostacoli che ci impediscono di vedere la scena tutta in una volta: quando guardiamo un poster pubblicitario in mezzo alla strada, pali e lampioni ci impediscono una visione di insieme, mentre veicoli diversi ci passano davanti.

Via col vento è costruito ignorando la televisione; *2046* è oltre il televisivo, e non può prescindere dall'imprecisione dell'inquadratura fatta col cellulare.

In mano ai grandi autori il layout non si limita a comporre, ma è già racconto: Rossella O'Hara abita lo spazio in maniera volitiva, si mette al centro della vita, padrona di scelte e destini. Su Li-zhen è un brandello di sé stessa, immagine cosmica dell'impossibilità contemporanea di vedere il mondo in un unico sguardo, di vedersi interi.

232

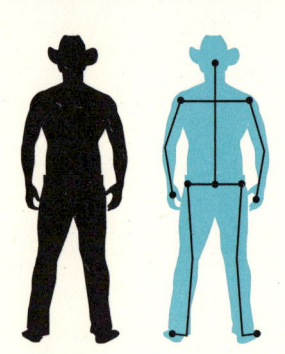

233

234

235

236

Iconografia

Il Medioevo aveva schemi rigorosi su come dovessero essere raffigurati santi e Madonne; l'inclinazione del volto, la posizione di un braccio, un oggetto tenuto in mano o un attributo del vestito veicolavano subito valori precisi. Lo studio di queste varianti è chiamato iconografia.

Il mondo contemporaneo non è però da meno, anche se, con tono denigratorio, preferiamo chiamarli stereotipi. Quale che sia il nome, queste ricorrenze visive sono, per il visual design, un meraviglioso deposito di scorte.

Il funzionamento non è poi cosí diverso da quello dei santi medievali: la femme fatale che, poggiando sui tacchi, scarica il peso su una sola gamba è un'iconografia precisa e diversa da quella del cowboy che cammina con le gambe larghe e solidamente puntate a terra.

Spesso si tratta di traduzioni figurative di codici comportamentali dettati dall'etichetta: per esempio, in un dipinto del Settecento inglese, si vede Ann Ford accavallare le gambe; all'epoca questo gesto veniva giudicato disdicevole per una donna, e nel ritratto in questione sta a significare uno spregiudicato anticonformismo. Duecento anni dopo, Lady Diana si fece ritrarre in un dipinto ufficiale con le gambe accavallate, stavolta però comunicando, piú che ribellione, un senso di semplicità colloquiale: la principessa che siede comodamente, come le persone comuni.

Le immagini, oltre a raccontare qualcosa, ci chiedono di essere trattate in un certo modo, si riferiscono proprio a noi: ne è un esempio il dito puntato presente in tanti poster del tempo di guerra, tra cui il famoso «I want you». Iconografia che ritroviamo oggi nelle televendite, in cui il banditore ci indica, intimandoci: «Cosa aspetti? Compra questo materasso».

Le iconografie non sono però esclusivamente figure, spesso sono modi di inquadrare le cose. Ad esempio la Madonna col Bambino in braccio è un'iconografia diversa a seconda di quanto piega la testa verso il figlio: ora affettuosa e materna, ora ieratica e condottiera.

Se in pittura il problema consisteva nel come comporre le figure, con la fotografia nasce il problema di come tagliarle. Per la pittura la composizione era una scelta meramente disegnativa, che riguardava cioè come si voleva riempire lo spazio della tela o del foglio; per la fotografia e per il cinema l'inquadratura è una condizione inevitabile: non si può non inquadrare.

La fotografia introduce anche una serie di altri elementi: la temperatura del colore, le dominanti cromatiche, il tipo di luce, la tessitura e la grana. Tutti elementi che la pittura conosceva come scelte stilistiche, non come parametri modulabili. Se dipingendo devo stabilire a monte la qualità della luce che investirà le figure o la nitidezza di una superficie, con le tecnologie fotografiche posso decidere quanto aumentare o diminuire uno di questi valori in corso d'opera, giocando con le aperture del diaframma o con la postproduzione.

Il termine «iconografia» si riferisce al contenuto della raffigurazione, mentre il termine «tipologia» fa riferimento al modo in cui un determinato contenuto è presentato, e alla sua funzione. La Madonna con Bambino in braccio è un'iconografia; se la figura è presentata intera o tagliata all'altezza della vita è una scelta tipologica, cioè di tipo di immagine (ritratto intero o mezzo busto).

237 ▸

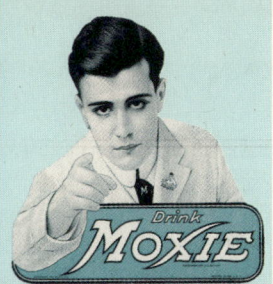

238 ▸

239

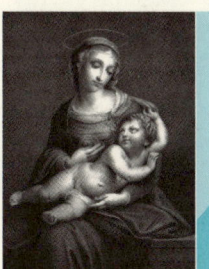

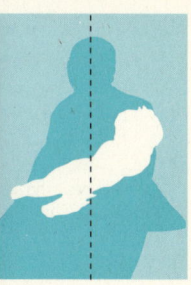

I WANT YOU
FOR U.S. ARMY
NEAREST RECRUITING STATION

240

241

242

Mentre l'iconografia racconta, la tipologia svolge un ruolo strutturale; ad esempio, a fronte di uno stesso soggetto, distingue una pala d'altare da un quadro da camera da letto.

Queste scelte vengono moltiplicate nel Novecento anche in virtú degli svariati tipi di supporti e di immagini disponibili: una stessa figura può essere guardata sulla pagina di un libro e su uno schermo, provocando esperienze diverse e rendendo ancora piú articolato il rapporto tra iconografie e tipologie. Da una parte i contenuti in senso stretto (cosa si raffigura) dall'altra i modi (come si raffigura).

Il cowboy in piedi a gambe larghe è un'iconografia; l'inquadratura in piano americano o il primissimo piano del volto con la sigaretta sono una tipologia iconografica*.

Esempi di tipologie sono il primo piano di un viso che ci guarda negli occhi; o l'effetto al rallentatore che comunica sforzo ed epicità, come nella proverbiale sequenza di *Momenti di gloria* (1981) di Hugh Hudson. Un volto che ci guarda non è una semplice figura, è un modo di relazionarsi col pubblico. Una volta stabilito questo contatto, possiamo anche metterci soggetti diversi: ragazzi annoiati come nelle foto di moda; bambini tristi come nella narrativa contemporanea; animali «sorridenti» come sulle scatolette di cibo per gatti.

Anche l'uso del corpo è anzitutto una clausola formale: nelle foto di moda, un sorriso significa affabilità; un volto serio è segno di eleganza, come a dire che chi è davvero elegante si concede poco agli altri, rapito dal suo stesso distacco.

Il modo di usare la luce è già iconografia: l'effetto *flou* che «fa romantico»; la luce dal basso che fa subito

---

* Usando il lessico della semiotica visiva possiamo dire che l'iconografia riguarda il piano figurativo (cosa è rappresentato) e il layout riguarda il piano plastico (come). Mutuando invece un termine dal linguaggio della critica d'arte chiamiamo «tipologia» la scelta tra primo piano, colore, luce, eccetera che interpreta il «come» secondo una prospettiva funzionale.

horror (Dracula e Frankenstein sono sempre illuminati cosí); la luce che filtra dalle tapparelle creando un pattern sul muro che è subito melanconia noir o erotica, o tutte e due; il flash che fa cronaca e le ombre di taglio che fanno thriller.

Ancor prima del soggetto inquadrato, è la luce che determina il contenuto: un bravo direttore della fotografia può illuminare un rubinetto in modo romantico e un cacciavite in modo pauroso.

A fronte di uno stile riconoscibile, però, ogni forma di narrazione ha le sue scorte di stereotipi e attrezzi di scena: il noir abbonda di coltelli, pistole e telefoni, oggettivazioni di inquietudini profonde: il coltello può tagliare, il telefono può squillare, entrambi all'improvviso, e nel dramma c'è sempre un oggetto metaforico. E poi c'è il sangue: schizzato, colato, versato, a pozza o in rivoli, repertorio che viene reimpiegato nella cronaca nera trattando i fatti come fiction. Le iconografie possono anche essere una mera questione stilistica: una banale fototessera separata in due colori fa subito Andy Warhol.

Un discorso sui *topoi* visivi non può di certo ignorare l'uso del colore. Alla base delle nostre valutazioni cromatiche ci sono elementi universali: le tinte tendono ad essere piú vivaci quando c'è molta luce, col bel tempo, in primavera; tendono invece a spegnersi quando il cielo è nuvoloso. La risposta psicologica alla luce e al buio riguarda la nostra biologia. Al di là di questo, però, il colore è una faccenda esclusivamente culturale.

Un colore puro sembrerebbe essere non una cosa in sé ma quello per cui abbiamo un nome proprio. E si tratta spesso di un colore piú concettuale che veduto, come quando diciamo che l'erba è verde ma vi percepiamo decine di verdi, gialli e marroni. Al di là di radicate convenzioni tutte occidentali (bianco come purezza, nero come lutto, rosso come amore), il colore non ha una semantica

243

244

245

rigida ed evoca innanzitutto ricordi e analogie. Ci chiediamo dove l'abbiamo già visto, e spesso nominiamo un colore richiamandone un altro: di un tessuto diciamo che è color carne, ma della pelle diciamo che è rosa. In un'epoca di design globale, poi, bisogna diffidare degli universali: in Cina ci si sposa in rosso e i funerali si fanno vestiti di bianco, colore delle ossa.

Nel design i colori, piú che percezioni, sono qualità che attribuiamo alle cose: essere rosso è prima di tutto un modo di stare al mondo, un modo importante di occupare lo spazio. Le tinte neutre o écru vengono impiegate nei prodotti biologici o che hanno rapporti con la natura. Il grigio, specie quello metallizzato, richiama la tecnica e la tecnologia. L'oro è impiegato diffusamente per dare un tocco prezioso, soprattutto nel packaging di profumeria e sulle scatole di cioccolatini. Il rosso è sessuale nei cosmetici, festoso negli abiti di capodanno. Test condotti dalle industrie alimentari hanno dimostrato che piú un succo di frutta è rosso piú viene percepito dolce, secondo un potente meccanismo sinestetico. Anche se le possibilità sembrano molte, abbiamo sempre delle aspettative e ci sembrerebbe strano comprare del detersivo in un barattolo marrone. I confini di quello che il marketing reputa fattibile si allargano però sempre di piú: da qualche anno esistono detersivi per i capi scuri venduti dentro flaconi neri. Una proposta impensabile solo vent'anni fa quando la forza pulente del sapone era associata esclusivamente al bianco.

Fin qui abbiamo elencato convenzioni di natura formale, altre si basano invece strettamente sul contenuto, sul *che cosa* è rappresentato. Come nel caso della «fame nel mondo». Questo, che sembrerebbe un semplice fatto, viene ai nostri occhi con tutto un armamentario visuale suo proprio: sporcizia, siccità, polvere, mosche che si posano su bambini denutriti dalle pance gonfie e dagli occhi languidi e lucidi. I mass media maneggiano con accuratezza la rappresentazione del dolore. Anche questo è un pezzo del «gusto Novecento»: l'Olocausto, il Vietnam, l'Aids, l'allunaggio e il fungo atomico sono eventi che conosciamo secondo cifre iconografiche consolidate. E forse le immagini della distruzione delle torri gemelle somigliano cosí tanto a una scena di *Indipendence Day* perché il terrorismo ha imparato bene – tramite i linguaggi globalizzati della fiction – come parlare al pubblico americano.

All'origine di queste forme di crudo realismo c'è il fotogiornalismo di reportage che, dagli anni Venti, grazie a riviste come «Life», «National Geographic», «Epoca» o «Picture Post», comincia a diffondere la fotografia non come fatto artistico ma come *documento*, con la pretesa di una registrazione neutra delle cose. Un fenomeno, questo, votato alla costruzione di una retorica del realismo, in opposizione a quella cinematografica improntata alla narrazione di fantasia.

Quello che accomuna i diversi reportage è soprattutto un tono morale: ciò che si vede nelle foto *è davvero accaduto* e noi non possiamo rimanere indifferenti. Fondamentale per la definizione di questo modello fu l'esperienza, voluta da Roosevelt nel 1937, dell'americana Farm Security Administration, un centro di committenza fotografica per documentare la vita dell'America rurale e povera.

Nella *Finestra sul cortile* (1954), Alfred Hitchcock mette in scena una satira feroce nei confronti del fotogiornalismo *engagé*: James Stewart è un fotoreporter costretto sulla sedia a rotelle da un infortunio, vorrebbe partire e tornare a documentare la realtà vera; la sua ricca fidanzata, Grace Kelly, frequenta con disinvoltura gli ambienti mondani, conosce i redattori di «Harper's Bazaar» e vorrebbe tenerlo in città a realizzare servizi di moda: entrambi si ritrovano solo ad assistere (documen-

246

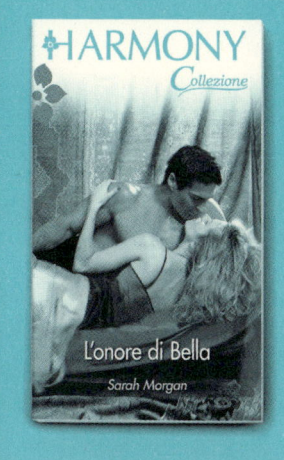

247

248

249

tare?) un misero delitto di condominio. Né *l'engagé* né il *glamour* salveranno il mondo, sembra dirci Hitchcock, ma il cinema può raccontarlo.

Le iconografie che riguardano la raffigurazione di uomini e donne sono spesso tutt'uno col fenomeno del divismo: le modelle sulle scatole degli shampoo ci guardano sorridenti, manifestando il successo di chi è in armonia con le circostanze sociali, secondo tipi consolidati dello star system. Il divismo però precede Hollywood: a inventarlo furono personaggi come Lord Byron, col loro comportamento anticonvenzionale e maledetto, cui contribuí l'illustrazione romantica. È infatti la stampa dell'Ottocento a generare le nuove categorie sociali, parlandone.

L'amore romantico viene al mondo con le sue iconografie; tra queste, se ne consolidò una in particolare: il bacio tra un uomo e una donna. Per quanto possa sembrarci un gesto comune, prima dell'Ottocento non ha precedenti, se non parzialmente nelle raffigurazioni pornografiche. Il modello piú famoso è di certo quello di Francesco Hayez (1859), in cui la donna piega indietro la nuca in segno di arrendevolezza. Questo stilema, mutuato dalle estasi mistiche (ma già erotiche) come quella della Beata Ludovica Albertoni (1674) di Bernini, farà scuola: è la posa della fiction amorosa, di *Via col vento* e dei Baci Perugina. La testa femminile è reclinata secondo un consolidato topos romantico (il maschio è piú alto di statura e piú consapevole, la donna è abbandonata, irrazionale, perduta nell'amore), capostipite di infinite varianti «rosa» fino ai libri Harmony.

Anche per i maschi ci sono iconografie intramontabili: nell'arte greca classica, una formula ricorrente era quella in cui l'eroe ha una gamba tesa e l'altra piegata, col quadricipite ingrossato, segno eloquente di sforzo e potenza fisica; formula che ritroviamo, dopo duemila anni, come standard muscolare degli eroi Marvel e Dc Comics.

Alcuni modelli classici non sono mai tramontati e hanno trovato nei linguaggi contemporanei nuovi modi e finalità. Ad esempio il layout tipico delle nature morte è molto usato in pubblicità: le foto di gioielli, di orologi e di profumi mettono in scena l'opulenza e il possesso come nei dipinti dei barocchi, ma a differenza di questi non hanno intenti moraleggianti: la boccetta di colonia non ci ricorda che dobbiamo morire, la *vanitas* si è dissolta in vanità.

Una struttura simile viene impiegata anche nell'iconografia dei detersivi e delle varechine. Come abbiamo già visto, il sapone industriale si presenta fin dal suo debutto come forma di civilizzazione, lo sporco è sempre un difetto o una mancanza. Modello, questo, esasperato dalla comunicazione di dentifrici e di medicinali, in cui l'iconografia di virus e batteri (un tempo relegata ai libri di biologia) diventa familiare, secondo toni militareschi in cui il medicinale combatte una guerra all'intruso. Da qui le infinite iconografie di bocche spalancate, di stomaci infiammati, di pillole digerite, di parti intime arrossate, di gonfiori, bruciori, flatulenze, quasi sempre realizzate in 3d al computer per essere meno disgustose. L'iconografia farmaceutica è tutta basata sull'assunto che il corpo umano sia una macchina, dove esiste un rimedio per ogni manutenzione, e dove il raffreddore non è un fatto della vita, ma una scocciatura da eliminare.

Ci sono poi iconografie che nascono all'interno di precisi linguaggi artistici e che diventano modelli imitati all'infinito: la doccia di *Psycho*; la sigaretta in bocca a James Dean; la gonna sollevata di Marilyn Monroe, o le ciglia finte di *Arancia meccanica*. Nel linguaggio corrente, questi vengono chiamati «miti», confondendo l'immagine col suo ruolo. Seppure molto famosi si tratta di immaginari d'élite. La fame nel mondo è invece un'icona generica, tanto che non la si considera neppure un fatto figurativo ed è quindi piú insidiosa proprio perché invisibile.

250
251
252
253
254

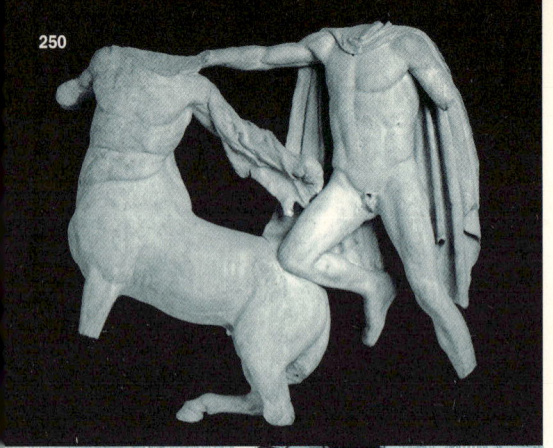

Ci sono infine scelte iconografiche squisitamente «da designer»: tutto quell'armamentario di cerchi, quadrati, frecce, cunei puntati, uniti ai caratteri bastoni e a un largo uso del bianco (memore del gusto modernista). Niente però come le idiosincrasie grafiche diventa, col tempo, datato. Anche l'uso di box, di elenchi puntati, di menu a tendina, di icone cliccabili, che a noi pare solo una necessità strutturale, sarà visto, tra cinquant'anni, come un'iconografia precisa: lo stile internettiano della prima ora, specie nelle sue varianti *glossy*, stondate e gelatinose.

Creare un'immagine non è mai bastato a renderla parlante: i significati nascono dal contesto sociale, dal luogo in cui quell'immagine è posizionata, dal suo valore economico, dalle negoziazioni culturali tra emittenti e fruitori, in poche parole: dall'uso che se ne fa.

Un volto di donna significa cose diverse se lo guardiamo incastonato nella cornice dorata di un museo, se stampato sulla confezione di una tintura per capelli o sulla copertina di una rivista. Quello che distingue una Madonna da una modella è anzitutto il contesto in cui vediamo usare quell'immagine. Le sue precise qualità (pittura a olio, fotografia, tipo di inquadratura, abbigliamento) non sono irrilevanti, ma vengono dopo sul piano dei significati: l'uso e il contesto le precedono e ne indirizzano la lettura.

Si prenda ad esempio la copertina di *The Great Gatsby* di Fitzgerald uscita nei Penguin Modern Classics (2001): vi compare una foto di George Hoyningen-Huene (1900-68) pressoché intera. Vediamo un uomo e una donna che guardano l'orizzonte, seduti su quello che pare un pontile, dandoci le spalle. Dritti, tonici, eleganti come si confaceva alla classe agiata, quantomeno nelle rappresentazioni dell'epoca. I due corpi si sovrappongono, diventano tutt'uno, come una chimera dal doppio busto. I tessuti aderiscono ai corpi, sono il segno della villeggiatura, del mare, del tempo libero; ma in un'epoca in cui le vacanze riguardano pochi fortunati, si tratta pure di una villeggiatura dell'anima, di un ozio imprescindibile quanto fatale. I capelli sono impeccabilmente alla moda: il gusto di un'epoca precisa che è poi diventato quello di un'eleganza senza tempo, come i modelli di Giorgio Armani che, ottant'anni dopo, continuano a sfoggiare capelli impomatati e tagli sofisticati e impertinenti. I due guardano verso l'orizzonte, ma è un orizzonte senza un vero punto di fuga, è una lontananza senza fine e senza scopo.

Perché vediamo queste cose? In parte per quello che già sappiamo sul romanzo, in parte perché la forma libro e il nome Fitzgerald ci guidano in certe direzioni: *The Great Gatsby* recita il lettering subito lí vicino e indirizza l'immagine a raccontarci con forza icastica il benessere struggente, il peso malinconico dell'eleganza (quella vera), il consumarsi di spiriti fragili in anni lontani e ruggenti. Ma quando la foto fu pubblicata la prima volta, solo una piccola parte di questi significati erano all'opera: si trattava semplicemente di un servizio fotografico per promuovere costumi da bagno.

La disponibilità fluida di immagini tramite schermi di vario tipo, monitor, cellulari, tablet, sta cambiando i confini delle figure e i loro contenuti, moltiplicando le fruizioni e facendo esplodere i parametri dell'iconologia tradizionale. Ad esempio, ci sono in rete centinaia di scatti in cui le persone piú diverse si ritraggono mentre attraversano Abbey Road a Londra come nella nota copertina dei Beatles (1969). Una foto diventa un'iconografia a fronte di un utilizzo intensivo; eppure non si tratta di un uso strettamente figurativo: ci si fotografa a Abbey Road come si tira la monetina dentro la Fontana di Trevi, è anzitutto una pratica turistica. L'uso delle immagini ha educato il mondo a precisi codici, la cui iterazione rassicura che il mondo è fatto proprio cosí.

Allo stesso modo pochi resistono, in visita a Cuba o alla tomba di Marx, a farsi fotografare col pugno alzato, a prescindere dal loro credo politico.

I motori virtuali per l'indicizzazione e la ricerca delle immagini si stanno adeguando ai tempi, e in parte li determinano, sia quelli professionali (Getty Images, Corbis, Alamy, iStockphoto, Alinari) sia quelli di uso piú popolare (Flickr, Google).

La logica degli attributi dei santi (leone, ramo di palma, ruota dentata) non basta piú: oggi le immagini vengono catalogate tramite parole chiave ad ampio spettro, le cosiddette *tag*. Classificandole per iconografia, per colore, per taglio, per numero di figure, per età dei soggetti, per stile fotografico (*low key*, contrasto, seppia), per tono (vintage, retrò), per dimensioni (fisiche e digitali), per autore.

Crocevia infiniti, significati sovrapposti, molti piú di quanto i produttori e consumatori di immagini siano forse in grado di maneggiare. Cosí, per ipertrofia iconografica, i significati si perdono, si trasformano, diventano altro. Quanti devoti cristiani sanno che il classico Cristo magro e barbuto ci è stato imposto da due secoli (VII e VIII) di papi greci che preferivano una faccia siriaca? Quanti bambini di fronte ai cartoni animati sanno che il principe che si china per risvegliare la bella addormentata è la trasposizione romantica e borghese dell'annunciazione cristiana?

Del resto anche questo è il potere delle immagini: diventare neutre, invisibili, scontate, ovvero diventare antonomasie.

255

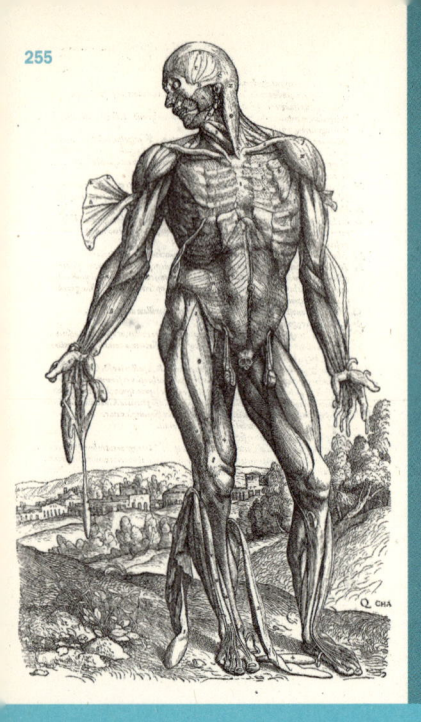

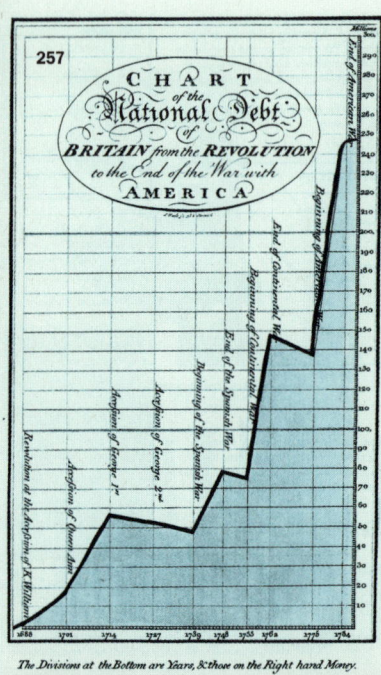

256

257

258

259

Esattezza

Secondo gli stereotipi comuni, la grafica si occupa, in maniera artistica e creativa, di pubblicità e di siti web, al fine di rendere le cose piú belle e attraenti. Se ne identifica cosí il compito anzitutto nel campo della persuasione. Da sempre però – e ben prima della società pubblicitaria – il visual design svolge altri compiti, se non piú nobili, spesso piú utili: si occupa cioè di spiegare.

È questo l'ambito in cui si dà forma alle informazioni; in cui si spiegano i concetti visualizzandoli. Cosí prendono consistenza mappe, diagrammi e matrici; si rappresentano quantità, misure, distanze e direzioni; si dà corpo alle idee della scienza e forma maneggiabile alla geometria e alla matematica; o anche, piú semplicemente, a un bollettino di conto corrente. Dal modello della dichiarazione dei redditi alla mappa della metropolitana, le informazioni grafiche sono ovunque.

Tra le definizioni piú eleganti mai formulate sulla grafica, ce n'è una di El Lissitzky secondo cui la forma visiva dovrebbe corrispondere alle «tensioni di trazione e pressione del contenuto». Non si tratta di abbellire o di decorare (aggiungendo l'estetico al sostanziale), ma di dar forma coerente ai discorsi, di mettere il pensiero nello spazio, rendendolo visibile. Il fine a cui si tende è la comunicazione chiara, senza ambiguità. È questo, per il visual design, il dominio dell'esattezza.

Fin dall'antichità, accanto alla scrittura fatta di parole in fila, si sono date disposizioni piú articolate e dinamiche, in cui lo spazio veniva occupato per visualizzare il ragionamento. Nei libri medievali, abbondano diagrammi e schemi di incredibile fascino; invenzioni che fanno impallidire l'infografica piú spregiudicata: alberi, cartigli, rosoni, ruote e infiniti altri elementi sono usati per dar vita e forma alle idee. Tradizione, questa, che troverà con la stampa nuova linfa e nuove strade: mirabili al proposito gli schemi che illustrano i libri di Giordano Bruno (1548-1600), non semplici abbellimenti, ma elementi inscindibili dal pensiero scritto. Questi traggono ispirazione dai diagrammi di Raimondo Lullo (1233-1316) precedenti di due secoli, aggiornandoli in forma tipografica.

I libri del Rinascimento sono un florilegio di sistemi grafici per informare e spiegare; è infatti in quegli anni che comincia a delinearsi l'idea di scienza in senso moderno e con lei la nascita dell'illustrazione scientifica: libri di medicina, tavole anatomiche, libri di prospettiva e di geometria, tavole astronomiche e astrologiche, e anche un manuale chiamato *Champ fleury* (1529), che possiamo considerare il primo trattato di grafica.

La stampa aiuta a formalizzare le idee, le rappresentazioni grafiche a verificarle: sono questi i presupposti che porteranno all'ideazione di modelli visivi (e mentali) come il piano cartesiano o le proiezioni ortogonali, con cui a tutt'oggi si progettano spazi e oggetti. Anche la matematica viene influenzata dalla tipografia, che ne stabilizzerà codici e simbologia. Si pongono cosí le basi per graficizzare il pensiero analitico, consapevoli che trascrivere visivamente i ragionamenti aiuta a gestirli meglio.

L'analiticità non è una cosa e una soltanto, e per mostrare si può ricorrere a codici di vario tipo: ad esempio, in architettura posso raffigurare un edificio in prospettiva o in pianta, a seconda di quali tratti reputerò pertinenti al discorso. Secondo una bella metafora, formulata da Ernst Gombrich (1909-2001), posso usare lo *specchio*, che mostra le cose come appaiono all'occhio, o posso usare la *mappa*, che mostra le cose come sono pensate. Foto, dipinti, illustrazioni realistiche sono specchi; carte geografiche, diagrammi e matrici sono mappe. Alle volte alcuni disegni sono un po' tutte e due, come le meravigliose illustrazioni anatomiche di Andrea Vesalio (1514-64), i cui i corpi scorticati spiegano i legami tra ossa e muscoli, senza rinunciare alla messa in scena pittorica.

Altre volte i due sistemi operano in parallelo, come quando a una foto di gruppo si affianca un diagramma che ci dice chi sono i soggetti raffigurati; oppure nelle riviste di cucito dove uno stesso vestito è mostrato in fotografia, per illustrarne l'effetto quando è indossato, e accanto troviamo il cartamodello, che lo spiega in maniera analitica, nelle dimensioni reali. Le combinazioni sono potenzialmente infinite.

Non bisogna però credere che i confini tra sedurre e informare siano troppo rigidi: anche nella pubblicità c'è informazione, e anche in un trattato di biologia ci sono delle caratteristiche stilistiche che lo rendono riconoscibile secondo codici di qualità o prestigio. Se per sedurre, infatti, bisogna mettere in scena una bellezza persuasiva, le informazioni, per essere affidabili, devono mettere in scena l'autorevolezza.

Appartengono al reame dell'esattezza tutti i sistemi di segnaletica che ci orientano negli spazi urbani, nelle strade e nelle autostrade, nei musei o negli aeroporti.

Con termine inglese è chiamato *wayfinding* quell'insieme di prassi comunicative che letteralmente aiutano a trovare la strada.

Sul piano dell'informazione, la segnaletica della metropolitana è una cosa ben diversa da un libro di matematica, entrambi sono però accomunati da un medesimo desiderio di precisione. Possono esser belli da guardare, ma il loro primo obiettivo è la chiarezza.

L'esattezza visiva non è però priva di insidie, e sembrerebbe piú un obiettivo a cui tendere che una meta sempre raggiunta. Anche perché, piú in generale, l'oggettività (a cui la chiarezza aspira) è un concetto scivoloso: il design, come tutti i discorsi, è un'interpretazione di dati, la scelta dei quali è già una mediazione, è già un modo di sentire le cose.

Se alla stazione ferroviaria il cartellone degli orari fosse composto con caratteri graziati e riccioluti, al di là della leggibilità ci sembrerebbe decisamente inappropriato, segno che la scelta di font lineari non è priva di retorica. Ad esempio tra i caratteri usati nella segnaletica delle ferrovie italiane compare il *Futura*, scelto in nome di un efficiente minimalismo. Tuttavia, a causa dell'eccessiva geometrizzazione – tipica dei caratteri razionalisti – la *a* e la *o* minuscole si confondono tra loro, e l'uso dell'extrabold bianco su sfondo scuro «spara», abbagliando la lettura.

È chiaro che qui, piú che a esigenze di efficienza, si risponde al bisogno di comunicare l'idea di efficienza, tramite forme visibilmente razionali. Per ragioni simili, la metropolitana di New York e di Milano usa l'*Helvetica*[•], scelto all'epoca come sinonimo di asciuttezza contemporanea. Le forme dell'*Helvetica* sono però chiuse, e neppure queste aiutano la leggibilità, specie in un contesto caotico. Forse un carattere rinascimentale si sarebbe letto meglio, ma una metropolitana fatta in garamond sarebbe sembrata meno moderna e piú simile a un museo.

La segnaletica o il cartellone informativo, non sono dunque oggettivi e neutri; non rispondono a crudi criteri

---

[•] Entrambi i progetti sono stati supervisionati da Massimo Vignelli.

260

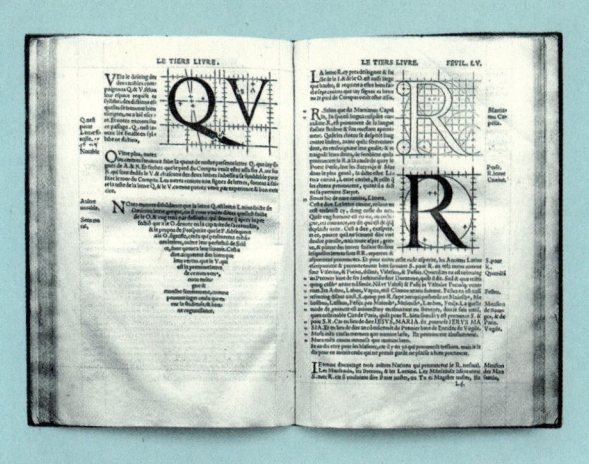

261

262

263

di esattezza, possiedono precisi aspetti retorici. Si sceglie l'*Helvetica* non perché è «il semplice», ma perché lo significa. Cosí come il *Futura* non è il carattere piú adatto alla segnaletica della stazione, ma ne rende eloquente la modernità agli occhi del pubblico.

Per quanto concerne l'illustrazione scientifica, da una parte il design ha mostrato nel dettaglio cose che vediamo e tocchiamo; dall'altra ha dato consistenza all'invisibile e all'intangibile. Le immagini familiari del Dna o dei globuli rossi partono da concetti esistenti, ma le forme con cui le conosciamo sono invenzioni visive.

Ancora una volta, la questione non è priva di ambiguità. L'illustrazione scientifica si impegna a visualizzare i fatti e, proponendosi come un'evidenza, ci dice che le cose stanno cosí e cosí. La domanda che si pone la scienza è corretta: che forma dare alle cose che non si vedono per spiegarle meglio? Sennonché, ogni evidenza è tale da un determinato punto di vista, e ogni cultura elabora una propria ideologia dell'esattezza e delle figure. Cosí un'immagine può cambiare negli anni, al cambiare del punto di vista, e può essere modificata o sovvertita. È nota a tutti la raffigurazione dell'atomo fatta con due pallini: uno al centro e un altro che gli ruota intorno. Oggi sappiamo che questa è una raffigurazione troppo schematica, e che l'elettrone dovrebbe presentarsi come qualcosa di piú sfumato, non una traiettoria dunque, ma una nebulosa che avvolge il nucleo. Quest'esempio mostra come le invenzioni visive per spiegare e divulgare si affidino a un immaginario già noto: nel caso dell'atomo si sta imitando il sistema solare, trattando gli elettroni come pianeti.

Il destino della divulgazione è sovente quello di dover sacrificare l'accuratezza in nome dell'invenzione icastica, che ne decreta poi il successo. L'elica del Dna raffigura relazioni non visibili, dando loro l'aspetto di una costruzione, simile al meccano o al lego. Quest'immagine, suggerendo che quella struttura è fatta di «pezzi», come un giocattolo smontabile, da una parte ci fornisce una forma che si presume analitica, dall'altra ci imbocca su un suo possibile utilizzo, cioè l'ingegneria genetica.

Il Dna non lo si è semplicemente scoperto, lo si è comunicato. Attraverso riviste scientifiche, quotidiani popolari, documentari e manuali scolastici, la maggior parte delle persone si è convinta che il Dna fosse fatto in quel modo, finendo per trattare un'invenzione del visual design come fosse la realtà. Il Dna esiste, certo, ma lo si potrebbe raffigurare in molti altri modi.

E che dire della molecola dell'Aids raffigurata sempre di un arancione scuro e violento, come si trattasse dell'invasione di un ultracorpo marziano? E delle raffigurazioni neuroscientifiche in cui le aree del cervello si accendono e si spengono come i pulsanti di una cabina di pilotaggio? Sono tutte semplificazioni molto amate dal giornalismo piú andante, che trova le icone a effetto piú comunicabili della complessità reale della ricerca scientifica. Alcune di queste raffigurazioni hanno avuto poi grande uso in pubblicità; ad esempio quelle dei dentifrici abbondano di illustrazioni pseudoscientifiche e pseudoinformative, in cui attori in camice bianco fanno finta di essere scienziati, cioè garanti di ciò che è davvero *vero*.

A differenza del Dna o dell'atomo, alcune immagini non sono però il frutto di una interpretazione *diretta* e, proprio per questo, celano meglio l'aspetto ideologico, risultando piú insidiose. Un'ecografia o una lastra a raggi *x* traducono in chiaroscuro informazioni non visibili, e per la contiguità con la misurazione (la semiotica le chiamerebbe «indici») queste vengono considerate oggettive: sono la trascrizione di un dato rilevato tramite raggi o ultrasuoni. Eppure, sebbene non ci sia un'interpretazione dichiarata, anche loro sono portatrici di un punto di vista. L'ecografia in gravidanza ha mostrato come figu-

264

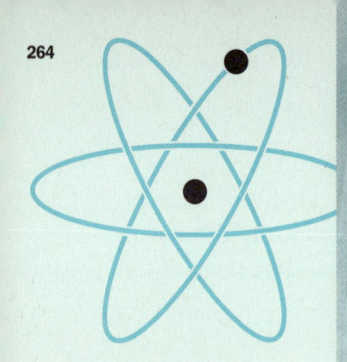

265

266

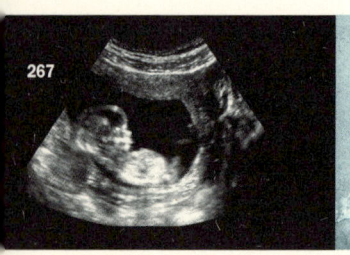

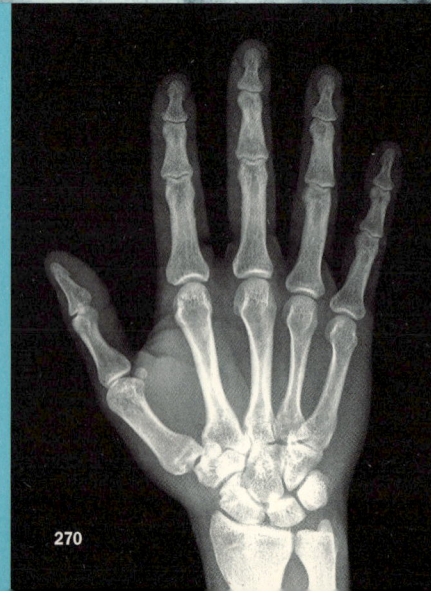

267 268

269 270

ra il feto, per la prima volta entità separata dalla donna: una sagomina bianca incorniciata su un fondo nero, in cui la madre è assente. Secondo alcuni, far vedere il feto come creatura autonoma ha un valore politico e può influire sulle percezioni dei genitori: molte donne, risolute ad abortire, avrebbero cambiato idea di fronte all'ecografia del bambino. Si tratta di questioni troppo delicate per essere affrontate in un libro sul design, è però importante riflettere sul fatto che considerare il feto un essere indipendente è una visione del mondo costruita *anche* tramite gli strumenti del visual design.

In altri casi, l'interpretazione può diventare un completo travisamento, di cui l'esempio piú eclatante riguarda il darwinismo. Nell'illustrazione in cui uno scimmione, camminando, diventa per gradi un Homo sapiens, le figure sono viste di profilo e il verso di lettura da sinistra a destra coincide con l'idea stessa di evoluzione. Immagine famosa fino alla citazione o alla parodia, eppure quello che racconta c'entra poco con Darwin. Secondo l'evoluzionismo, le creature non cambiano gradualmente diventando altro, bensí una serie di cambiamenti casuali modificano la genetica di un gruppo di discendenti, che continua a vivere accanto ai primi (non vi si sostituisce), moltiplicando i tipi di scimmie, di cui solo alcune specie sopravvivono, perché piú adattive. L'Homo sapiens non si è dunque sostituito allo scimmione, né l'uomo di Neanderthal si è trasformato in Homo sapiens. Queste creature convivono, e solo alcune sopravvivono: lo scimmione ancora esiste e vive con noi sul pianeta.

La famosa illustrazione deforma quindi Darwin, divulgando un'idea dell'evoluzionismo piú simile al pensiero di Lamarck, secondo cui alle giraffe si sarebbe allungato il collo per brucare le foglie sui rami piú alti delle tamerici[*].

---

[*] In realtà Darwin non aveva escluso del tutto alcuni aspetti del pensiero di Lamarck.

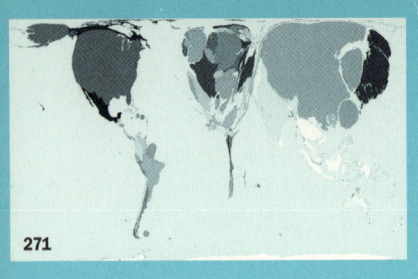

271

272

273

Oceania

Africa

America del Sud

Asia

Europa

America del Nord

274

L'illustrazione scientifica di massa è anch'essa un fenomeno ottocentesco, profondamente intriso di retorica. Quella naturalistica ad esempio si è concentrata sulla raffigurazione accurata degli animali in ogni singolo peluccoo, descrivendo però allo stesso tempo la loro operosità, apprezzando l'onestà degli insetti e celebrando il loro duro lavoro: cercando insomma in una natura «inventata» la giustificazione ai propri modelli sociali. Ancora oggi i documentari, sotto la patina dell'informazione, usano gli animali come specchio, raccontandoci di leoni, leonesse e cuccioli che vivono insieme come una famiglia nucleare. Se ci capita di sorridere per i bestiari medievali, in cui agli animali si attribuivano poteri e simbologie, non dobbiamo dimenticare che anche l'illustrazione recente è *moralizzata*. Nel Medioevo il leone era simbolo di regalità, oggi le api lo sono di operosità, ed è chiaro che la società di massa ha piú bisogno di operai, che di re.

Tra le piú brillanti invenzioni visive per veicolare informazioni ci sono le mappe. Si tratta di modelli molto diversi fra loro: è una mappa la carta geografica scientificamente impeccabile, ma lo è pure la mappa del tesoro alla Stevenson, quella con la x e il forziere carico di dobloni. Sono mappe quelle che indicano gli snodi di una metropolitana; la piantina con l'indicazione dell'uscita di sicurezza negli alberghi, su cui è scritto: «Voi siete qui»; fino alle mappe ludiche e di fantasia come il tabellone del Monopoli. Le mappe raccontano anche quantità, posizioni, qualità, misure e valori; cosí da farsi strumenti statistici.

È nel Seicento che le nuove necessità amministrative e commerciali dànno il via all'impiego massiccio di dati. Si segnano le cose per ricordarle e per dominarle: la cartografia, vera perla e ossessione barocca, raffigura campagne militari, territori colonizzati, commerci e controllo dei mari. Nel Seicento le carte geografiche sono sempre carte politiche. Le nature morte ci raccontano i possedimenti materiali della borghesia, le carte geografiche quelli territoriali.

Codici diversi si affiancano e sovrappongono in una stessa carta: incisione, xilografia, acquaforte, tipografia. Come apprendiamo da molti dipinti, in primis quelli di Jan Vermeer, le carte venivano appese al muro e, all'epoca, ancora non avevano un orientamento fisso.

Si arriverà solo dopo alla notissima carta occidentale che usiamo oggi, quella col Polo Nord in alto e il Polo Sud in basso, scelta convenzionale visto che la forza di gravità si esercita in ogni punto del globo in modo simile. In questa carta l'Europa occupa il centro, ed è raffigurata spesso piú grande di quanto non sia in realtà, soprattutto in relazione ad altri continenti come l'Africa. Se la carta la guardiamo rovesciata, ecco che se ne intuisce tutto il portato politico.

È chiaro che la nostra carta del mondo dice cose precise, risente della mentalità coloniale e imperialistica ottocentesca, e conferisce alla grande Europa un primato e una superiorità morale. Si deforma la geografia per informare secondo certe idee. Varrà la pena non dimenticarlo anche quando guardiamo le mappe dei navigatori satellitari, lo stradario cittadino, o Google Maps, per capirne meglio le indubbie virtú ma pure i limiti.

Scegliere un punto di vista è indispensabile, l'importante è sapere chi sta parlando e perché. È impossibile dire o informare senza operare delle scelte, senza selezionare i dati e senza forzare alcuni aspetti: una mappa che non ha un punto di vista è una mappa inutile.

La famosissima carta della metropolitana di Londra, concepita da Harry Beck nel 1931, se da un lato ha reso limpido il meccanismo di stazioni e coincidenze sparse per la città, dall'altro, proprio per valorizzare la struttura generale, mente sulle reali distanze che separano le varie stazioni: alcune fermate del centro e della periferia vi figurano egualmente spaziate, mentre nella topografia reale sono separate da distanze diseguali tra loro; oppure una fermata come King's Cross (dove si incrociano piú linee) appare come uno snodo doppio e concentrato, mentre prevede diversi minuti a piedi per passare dalla linea nera alla gialla. La mappa in questione non è sbagliata o ideologica, semplicemente ha fatto delle scelte, decidendo di risolvere alcuni problemi che reputava prioritari. È diventata cosí un simbolo forte di Londra, un'iconografia citatissima, esempio di design informativo a cui si è ispirato negli anni tutto il brand dei trasporti pubblici londinesi e stranieri, fino alle sue propaggini pubblicitarie.

Si possono però deformare i dati anche in maniera dichiarata, per dire cose impreviste. È il caso di Worldmapper, la cui idea di fondo è davvero brillante: visualizzare la mappa del mondo tramite un algoritmo che, di volta in volta a seconda dei dati inseriti, cambia la forma dei continenti, gonfiandoli e sgonfiandoli come fossero palloncini. Se visualizziamo la distribuzione della ricchezza nel pianeta, l'Europa e gli Stati Uniti diventano enormi mentre l'Africa appare minuscola; se visualizziamo la distribuzione della popolazione mondiale, accade tutt'altro.

Sembrerebbe che, ad alimentare i primi sentimenti ecologisti, siano state le foto della Terra vista dalla Luna: ci si rese conto che la Terra è uno spazio piccolo, limitato, le cui risorse non sono infinite. Worldmapper produce una coscienza simile, una presa d'atto piú forte di qualsiasi critica scritta: la povertà dell'Africa è lí di fronte a noi, striminzita sotto la grassa Europa. L'effetto è stupefacente, il visual design ancora una volta è politico.

Tra le piú belle mappe mai progettate, vale la pena citare quella che Charles Minard disegna nel 1869 per illustrare la campagna di Russia di Napoleone. Minard (1781-1870) era ingegnere, si occupava di ponti e canali, a settant'anni va in pensione e si dedica alla cartografia: la mappa la progetta a ottantotto anni.

Vi compare una grande campitura beige (in azzurro nell'immagine 275), simile a un grosso fiume, che rappresenta i soldati diretti verso la Russia; piú in basso, una fascia di colore nero simboleggia invece quelli che tornano indietro; il fatto che la campitura nera abbia un'area tanto piú piccola di quella beige è il segno parlante di quanti ne sono morti, indizio piú forte e chiaro di qualunque cifra. Il beige è scelto non a caso, è una tinta chiara e vi si può scrivere sopra, ogni millimetro corrisponde a diecimila uomini. Ciò che rende questo lavoro complesso e allo stesso tempo elegante è la capacità di dire molto con poco, di organizzare il pensiero in maniera tanto accurata quanto decifrabile con facilità. I dati necessitano sempre di una scala che ci permetta di interpretarli, di confronti e contrasti che ci aiutino a ragionarci su, di differenze marcate che evidenzino le connessioni logiche. Qui nulla è lasciato alla decorazione, tutto risponde a un'idea precisa di cosa si sta dicendo. Quella di Minard è una mappa statistica, ma è anche un poster contro la guerra, dove, convitato di pietra, il nome di Napoleone non compare da nessuna parte.

Un grande salto per la grafica statistica fu compiuto a opera dell'economista e filosofo austriaco Otto Neurath (1882-1945), con l'invenzione di Isotype, negli anni Venti del secolo scorso.

Al centro del pensiero di Neurath – che fece parte anche del Circolo di Vienna – c'è l'importanza dell'emancipazione della classe lavoratrice, questione che trova nella fondazione del Museo della Società e dell'Economia di Vienna un momento cruciale. Neurath ha l'occasione di mostrare a un pubblico vasto e popolare, attraverso strumenti grafici, i processi sociali: produzione, emigrazione, mortalità, disoccupazione e cosí via.

Nasce l'infografica in senso moderno. Si spiega e si educa usando i linguaggi dei nuovi media, sempre consa-

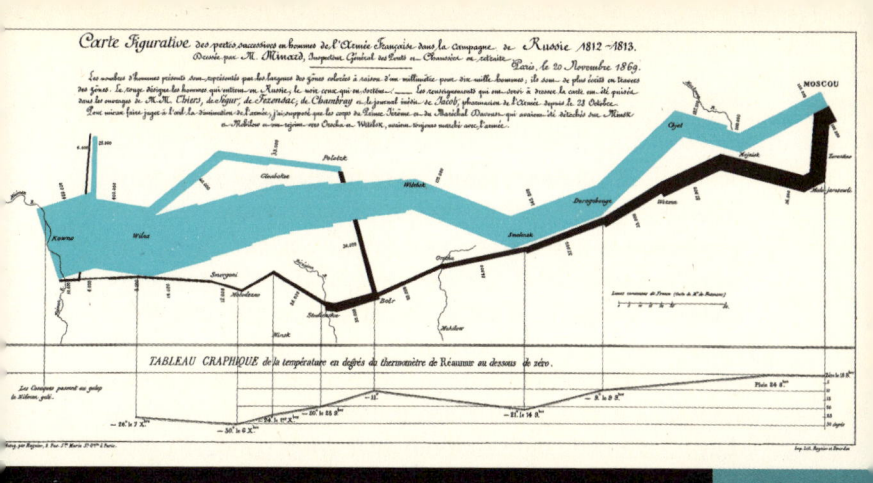

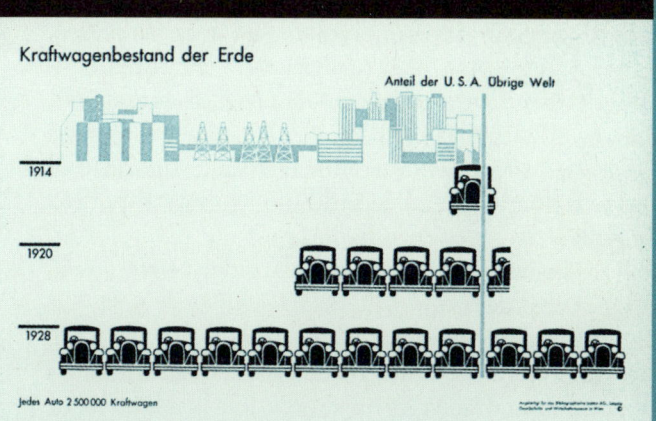

275

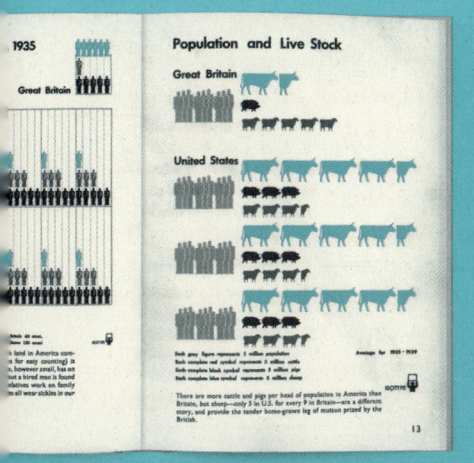

276

277

278

pevoli di parlare a un pubblico potenzialmente distratto. Il metodo diventa subito noto come «metodo viennese di rappresentazione statistica» e sarà in seguito battezzato Isotype, acronimo di *International System of Typographic Picture Education*. Neurath, appassionato fin dall'infanzia di mappe e cartografie, prende ispirazione da modelli diversi (cartografia militare, geroglifici egiziani, nuova tipografia e perfino pubblicità). Pone poi vincoli di standardizzazione: a ogni simbolo deve corrispondere un solo oggetto; i diagrammi devono essere bidimensionali (la prospettiva può ingannare); il colore ha valore semantico.

Gerd Arntz (1900-1988) realizza tutte le figure del sistema, definendo un modello ancora oggi insuperato per chiarezza ed eleganza formale, che ha influenzato tutta l'infografica successiva a cominciare dalle figurette di uomo e di donna con cui si indicano i gabinetti pubblici. Poche altre esperienze hanno posto (e risolto) tanti problemi insieme, aprendo nuove strade, visive e concettuali, per il design.

Il talento di Neurath e Arntz è stato anche quello di costruire un sistema pensato con consapevolezza per la società contemporanea: Isotype tiene in considerazione i gusti e la sensibilità delle masse, elude le freddezze della statistica precedente e l'eleganza fine a sé stessa, introducendo un tono coinvolgente, narrativo, in alcuni casi scherzoso o buffo, in altri perfino struggente. La piccola sagoma con cui si raffigura la disoccupazione rimane un'invenzione di straordinaria forza icastica e poetica.

L'esperienza di Isotype è antesignana della maggior parte della grafica informativa successiva. Oggi non c'è mass media che, in qualche forma, ne possa fare a meno. Eppure, troppo spesso, l'infografica di riviste e quotidiani è solo una variante dell'illustrazione, chiamata ad abbellire, e non a spiegare davvero. Rendendo anzi certe volte le cose piú confuse, rimpinzate di orpelli e decorazioni, fino a falsare i dati. Complice anche un pubblico sempre meno educato a leggere e interpretare i dati forniti, anzi convinto che il design sia la glassatura sulla torta e niente di piú.

Il caso piú grottesco di information design fine a sé stesso è rappresentato da un software tra i piú diffusi, il famigerato PowerPoint, che fornisce appunto strumenti di addobbo.

Le ragioni del successo sono però presto dette: oggi nelle aziende organizzare presentazioni è un'attività cruciale per confermare il lavoro svolto: un'idea senza proiezione di slide è come non esistesse. L'impiegato medio, però, per quanto brillante, non è stato formato ai problemi della comunicazione, cosí nel timore di sbagliare e terrorizzato dalle pause e dal vuoto (strumenti essenziali del discorso), infila nel PowerPoint piú del necessario, finendo vittima di animazioni e ornamenti leziosi. Come le pionieristiche macchinette per i biglietti da visita presenti nelle stazioni, PowerPoint patisce i limiti dei *template* preconfezionati. Si impone la forma ai contenuti, finendo per far dire a tutti le stesse cose e diffondendo l'idea che la grafica consista nel decidere se aggiungere o meno una cornicetta intorno al proprio nome.

Questo non significa però che ci sia bisogno di grafici professionisti, al contrario è importante che si impari tutti un po' piú di comunicazione per fare meglio da sé. Chiunque usi quotidianamente anche solo un programma di impaginazione dovrebbe cominciare a saperne di piú. Non servono dunque piú designer ma piú design ben fatto.

Del resto Otto Neurath era un economista e sociologo, Minard un ingegnere e gli inventori di Worldmapper dei matematici. Nessuno di loro era un professionista della grafica.

279

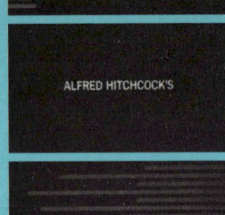

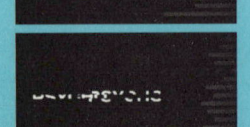

ALFRED HITCHCOCK'S

280

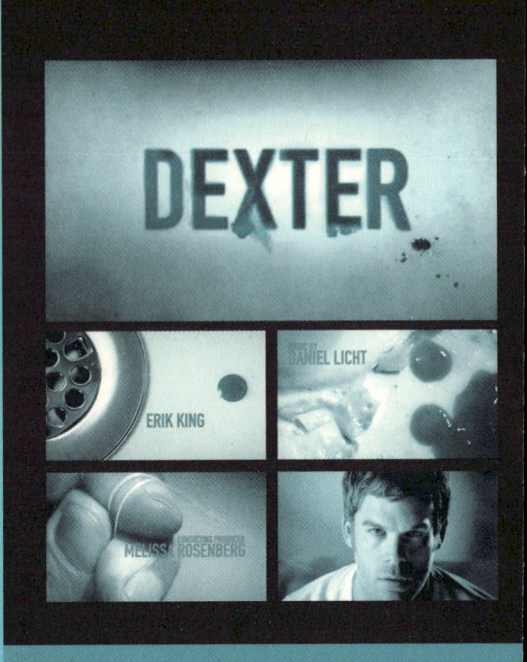

DEXTER

DANIEL LICHT

ERIK KING

MELISSA ROSENBERG

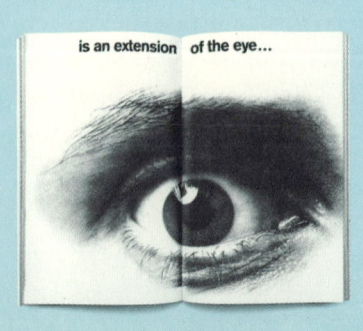

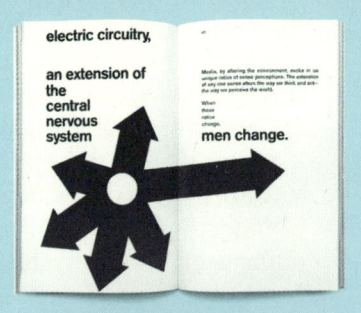

the book

is an extension of the eye...

electric circuitry,

an extension of the central nervous system

men change.

281

Narrazioni

Da sempre il visual design racconta, progettando storie. Libri illustrati, fumetti, graphic novel, cataloghi fotografici, sequenze animate, titoli di testa di film e serie Tv, videogiochi di «formazione» in cui i personaggi cambiano e crescono col progredire del gioco, fino ai servizi fotografici delle riviste di moda dove piú pagine mettono in scena un racconto, come artificio per presentare abiti e accessori.

Altre volte è la forma stessa dei supporti a costruire la storia, come i libri pop-up in cui l'ingegneria cartotecnica diventa elemento di fiction. Gli esempi di visual design narrativo sono pressoché infiniti, varrà dunque la pena soffermarsi su alcune esperienze particolarmente significative che ne evidenziano gli aspetti teorici e concettuali.

La fruizione del design, in generale, dipende sempre da quanto tempo l'utente decide di dedicargli. Per le narrazioni, però, il tempo è un elemento intrinseco all'artefatto: si progettano lo spazio, il layout e la sua durata.

Nel caso dei supporti filmici il tempo è una realtà data, la maestria è nel montaggio e nel ritmo: in questo ambito rimane indiscusso il talento di Saul Bass (1920-66), designer di titoli per il cinema intelligenti e fascinosi, che in alcuni casi valgono piú del film stesso. In Bass, grafica, regia e montaggio si intersecano senza fratture, imponendo un gusto sofisticato ed elegante di cui sono debitori infiniti emuli. Ne sono un esempio i titoli di *Psycho* di Alfred

Hitchcock, costruiti con un reticolo di bande bianche su fondo nero, che si inseguono freneticamente in accordo con la colonna sonora, alludendo, da un lato, al martellamento ossessivo di una mente disturbata (prodromo di infiniti assassini seriali); dall'altro, somigliando alle righe di luce che filtra dalle tapparelle, iconografia noir per eccellenza.

Parlando di serial killer, in tempi piú recenti, la sigla della serie Tv *Dexter* (2006) merita di essere citata per la capacità di raccontare, in poco piú di un minuto, la psicologia del protagonista. La sequenza ci mostra in dettaglio una serie di gesti mattutini: infilarsi una maglietta, allacciarsi le scarpe, friggere un uovo, spremere un'arancia. Grazie a un intelligente uso della fotografia macro•, di un montaggio serrato e di una continua variazione di tempo – ora velocizzato ora rallentato – questi gesti banali diventano violenti, facendo trapelare, senza mai mostrarlo, un lato oscuro sparso tra le pieghe della quotidianità: i lacci delle scarpe sembrano strangolare, il succo d'arancia cola come sangue.

Il lettering si fonde col fotografico senza giustapposizioni, la linearità geometrica della font (*Trade Gothic*) finisce per diventare liquida, per spandersi sbafando lo schermo, come farebbe quel succo d'arancia a contatto con lo Scottex; come farebbe il sangue, metonimia universale della serie. Il tutto in ottanta secondi.

Al di fuori dei linguaggi filmici, tempo, ritmo e montaggio sono stati importanti, piú in generale, in molte esperienze di design novecentesco. Il già citato tipofoto di Moholy-Nagy era incentrato esattamente sul ritmo dell'impaginato come forma narrativa.

• È la tecnica fotografica che permette di ottenere immagini di soggetti molto piccoli come gli insetti con un forte ingrandimento. Si parla di macro quando le dimensioni dell'immagine su pellicola o sensore sono medesime o superiori alle dimensioni del soggetto ritratto.

Ad aprire la strada a queste libertà espressive era stata la nuova facilità d'uso delle tecnologie grafiche. Filippo Tommaso Marinetti (1876-1944), caposcuola del Futurismo, compose le sue «parole in libertà» avendo accesso diretto alla tipografia sotto casa, dove pare si presentasse anche in camicia da notte. I mezzi di produzione grafica erano diventati incredibilmente maneggevoli e maneggiabili.

A traghettare le idee dell'avanguardia nel mainstream pensano però gli art director dei grandi magazine americani, a cominciare dagli anni Trenta del Novecento. Il russo Mehemed Fehmy Agha (1896-1978), presso «Vogue», e Alexey Brodovitch (1898-1971), per «Harper's Bazaar», portano le riviste di consumo a un livello altissimo di sperimentazione, mai piú raggiunto in seguito. Lavorando con cura sul layout, si rendono eloquenti le qualità temporali e ritmiche dell'impaginazione, trasformando il semplice sfogliar pagina in una complessa esperienza estetica.

Foto, tipografia, testi sono sottomessi a imperativi formali rigorosissimi: vi compaiono molte foto di modelli, ma piú che persone reali sembrano sagome astratte. Qui lo stile è una disciplina che viene imposta a testi e corpi umani. Simmetrie, riflessioni, tautologie visive e ripetizioni di elementi simili fanno del magazine un'avventura visiva temporale e narrativa.

Le riviste successive sceglieranno però altre strade, sempre meno sperimentali, sempre piú frenetiche, affollate, banalmente commerciali: oggi le riviste di moda, anche le piú prestigiose, sembrano un bollettino di vendite per corrispondenza se confrontate con le invenzioni di Agha e Brodovitch.

Questa eredità verrà invece raccolta, alla fine degli anni Sessanta, da una serie di pubblicazioni rivoluzionarie**,

---

** Vanno ricordate *War and Peace in the Global Village* (1968) di Marshall McLuhan e Quentin Fiore e *I Seem to Be a Verb* (1970) di Richard Buckminster Fuller.

soprattutto sul piano dei contenuti, e di cui il famosissimo *Il medium è il massaggio* (1967) di Quentin Fiore (1920) e Marshall McLuhan (1911-80) è forse il pezzo piú riuscito.

Già dalla copertina vediamo che gli autori sono due: il sociologo che scrive i testi (McLuhan) e il grafico che impagina il libro (Fiore) sono presentati come pari. Il medium del titolo è anzitutto il libro tascabile, inteso come forma del futuro: un po' libro, un po' rivista, ma anche un po' televisione e cinema, con giustapposizioni azzardate per l'epoca, che preludono al videoclip. Lettura, consultazione, visione, si fondono in uno dei modelli piú riusciti di visual design narrativo, stupefacente per intelligenza e gusto. Ancora oggi in epoca digitale, *Il medium è il massaggio* continua a stupire forse piú di Internet, della realtà aumentata o di una *app*, proprio perché è fatto con niente: una manciata di fogli di cartaccia dozzinale stampati in bianco e nero.

Tutto è nell'intuizione di suggerire la sensazione del tempo, dell'accadere, dell'essere travolti da codici sovrapposti. Tutto in pochi centimetri di paperback in cui è racchiusa un'idea di cultura, di società e di design, e l'insinuazione che questi, piú che una triade, siano un tutt'uno.

Altre esperienze avevano preceduto le sperimentazioni degli anni Sessanta, ponendo il problema delle potenzialità narrative dei diversi media.

Nel 1949 Bruno Munari (1907-98) inventa i «libri illeggibili», costruiti usando carte di diverse qualità e di diversi colori, carte corpose e carte semitrasparenti, tagliate in vario modo, bucate, forate, strappate, tutte infine rilegate. Prescindendo dal testo, e sfruttando tutte le possibilità della tipografia e della cartotecnica, Munari arriva a concepire un libro che, senza parole, costruisce una storia leggibile seguendo un filo puramente visivo.

Non si tratta di un libro-oggetto, non nel senso che questo termine ha avuto come esperienza artistica autonoma. Il libro-oggetto, infatti, sfrutta le possibilità della forma libro per arrivare a un pezzo unico, esponibile come una scultura o un'installazione multimediale. Il «libro illeggibile» – per quanto i primi esemplari fossero fabbricati artigianalmente dall'autore in pezzi unici – è esattamente l'opposto, perché la riproducibilità industriale vi è insita fin dall'inizio. Laddove il libro-oggetto punta sull'aspetto fisico, il «libro illeggibile» punta sulle potenzialità narrative dell'oggetto in sé.

Girar pagina è l'analogo di una durata, del tempo che scorre. La pagina, come unità spaziale, acquista in rapporto alle altre pagine una dimensione temporale, diventando un elemento ritmico. Non si impone un percorso obbligato, il libro muta col mutare del lettore, dimostrando che è superfluo arrivare alle pagine sciolte dell'avanguardia. Si giunge cosí a un apparente paradosso: girare le pagine è un'esperienza narrativa ma non letteraria.

Nel 1968 Munari pubblica *Nella nebbia di Milano*, un libro costruito con pagine di carta da lucido, che suggerisce l'impressione della nebbia: il materiale usato è già trama, e al sovrapporsi di piú pagine la nebbiosità aumenta. Qui Milano è una metafora: girando pagina l'opacità cartacea rivela il caos della metropoli. Gli uomini sono macchioline, si intravedono strade, macchine, autobus, semafori; ci si aggira in uno spazio alienato perché troppo veloce e, tra una pagina e l'altra, intermittenti, appaiono grossi caratteri che dicono: «Bevete, mangiate, spendete, consumate». Le réclame campeggiano per le strade e sono un tutt'uno figurativo con la città.

La prima pagina di *Nella nebbia di Milano* merita un'attenzione particolare. Vi è raffigurato un uccello in volo, e in trasparenza già si intravede il bailamme metropolitano. Il testo dice: «Gli uccelli fanno piccoli voli nella nebbia e tornano subito». La seconda parte della frase «e tornano subito» è stampata sul retro del foglio. Per leggerla bisogna girar pagina, eppure già la si intravede in controparte.

Succede cosí che, tra una frase e l'altra, si pone una pausa, non grammaticale ma fisica. Il girar pagina conclude il periodo e, col suo movimento, suggerisce l'andare e venire degli uccelli. I caratteri rovesciati spingono a esser letti per il verso giusto, spingono a sfogliare il libro per dar senso alla realtà e insieme creano una pausa poetica, un a capo, un ritmo. Un elemento visivo ha sostituito un elemento sintattico, ha creato una sua sintassi. In questa parola ribaltata c'è tutto il potenziale narrativo della grafica.

Un episodio di sperimentazione narrativa tra i piú compiuti è un libro a tutt'oggi inclassificabile: *La cantatrice calva* di Eugène Ionesco, impaginato da Robert Massin (1925) per Gallimard nel 1964.

Il volume è stampato in bianco e nero, senza mezzi toni, su carta patinata opaca in formato grande e cartonato. A una prima scorsa, caratteri di dimensioni diverse e di vario tipo si muovono sulla pagina, interagendo con i personaggi, secondo un gusto che risente dell'atmosfera sperimentale delle avanguardie storiche. Si direbbe un uso espressivo della tipografia, i cui precedenti illustri sono da rintracciare in Mallarmé e nel Futurismo. Quegli esperimenti, però, erano improntati a una liberazione della tipografia in direzione esteticamente rivoluzionaria, mentre quello di Massin è un problema anzitutto strutturale, logico, drammaturgico. Un problema, appunto, narrativo, prima che formale. *La cantatrice calva* è la messa in pagina di una messa in scena.

Il modello tradizionale del libro teatrale era sempre stato la pubblicazione del testo; e prima delle rivoluzioni sceniche del Novecento, il testo teatrale è soprattutto letteratura.

Tutta la drammaturgia ha un elemento comune: il nome del personaggio seguito dalla battuta. Poi c'è autore e autore: c'è quello che ci descrive la scenografia, e c'è

282

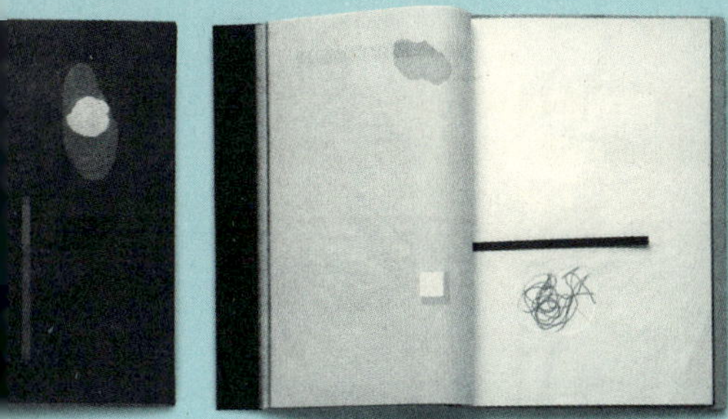

283

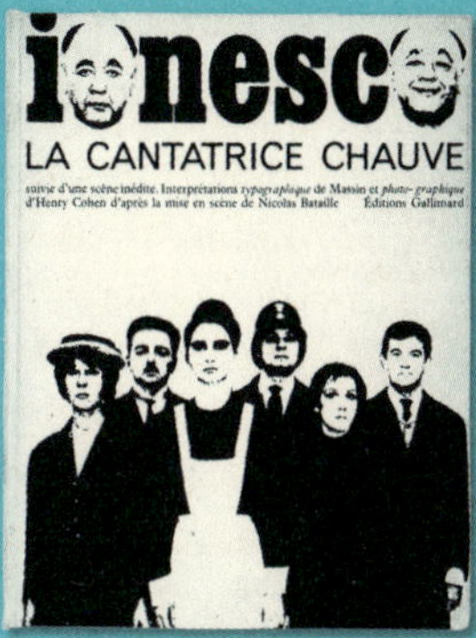

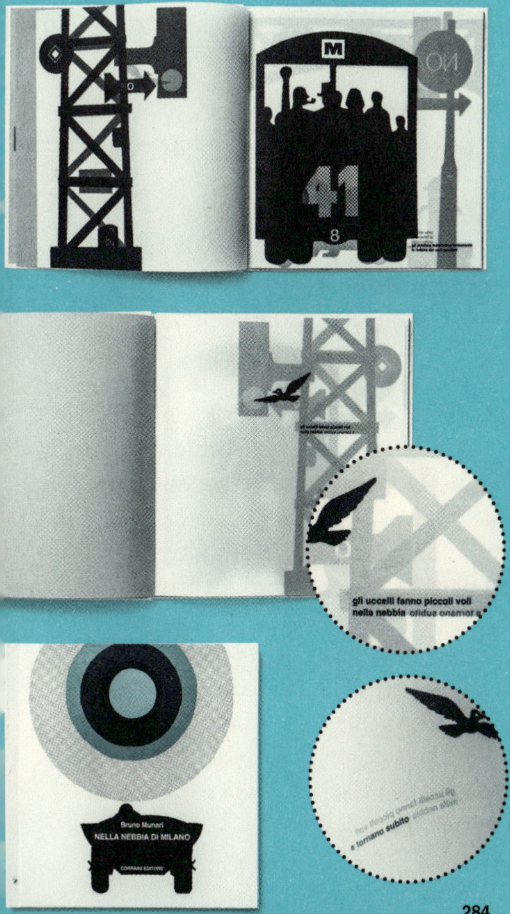

284

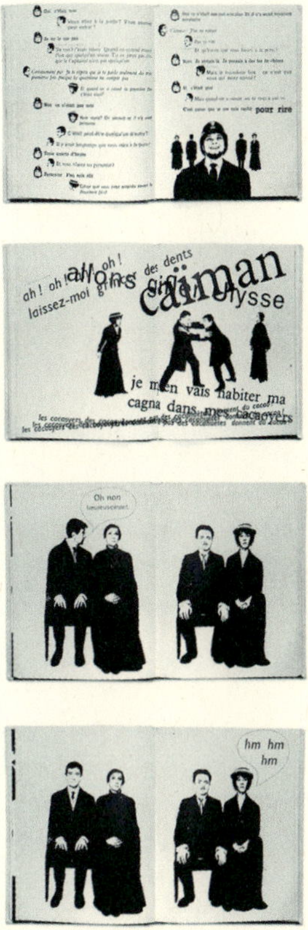

285

quello che invece scrive solo i dialoghi. Il problema di come comporre questi pezzi è all'origine dei libri teatrali. Maiuscoletti, corsivi, a capo, tabulazioni, parentesi sono tutti elementi impiegati di volta in volta per distinguere chi dice, cosa dice, dove e quando dice.

Due clausole sono state le piú usate per il nome del personaggio: mettere il nome al centro, generalmente in maiuscolo, e a capo le battute; oppure mettere il nome in capoverso seguito immediatamente dalle battute (questo è un modello piú recente, ottocentesco). Di solito tutte le altre indicazioni, come il movimento degli attori sulla scena, le pause e i cambi di scenario, sono scritte in corsivo per differenziarle dal parlato.

Massin fa esplodere questa struttura. Partendo dal presupposto che le parole sono sempre figure, al posto del nome mette una figura in senso stretto: la faccetta di uno degli attori. Poi, per irrobustire la cosa, a ogni personaggio fa corrispondere uno specifico carattere tipografico. Massin non si limita a trascrivere il parlato; nella scelta dei caratteri, cerca un'assonanza col tipo di voce. Alle donne spettano i corsivi, piú morbidi e aggraziati, tranne per la cameriera: «Mi sembrava un personaggio mascolino», dice Massin. Mr Smith parla in *Plantin* tondo e Mrs Smith in corsivo. La tipografia evoca cosí la psicologia dei personaggi, le dinamiche reciproche, il ruolo funzionale nella storia, le geometrie comportamentali.

Se ci concentriamo sulle figure, ci accorgiamo che quelli riprodotti sulla pagina non sono però i personaggi, sono gli attori. Questo accade a teatro, al cinema e tutte le volte che un performer è esso stesso «segno». La faccetta non raffigura il personaggio, la faccetta è l'attore che lo interpreta nella messa in scena. Massin va piú volte a teatro, perché il libro che progetta vuole essere la trasposizione di un preciso spettacolo; come se fossimo stati lí, al buio, seduti con lui.

Gli attori sono fotografati su un fondo bianco e l'immagine viene poi contrastata per ridurla ai neri e ai bianchi, senza scale tonali e senza retinature. Gli attori hanno cosí la stessa consistenza dei materiali tipografici, sono fatti di quello stesso inchiostro.

Ma se gli attori vengono resi neri come macchie dense di stampa, allora la pagina dovrà avere la spazialità del palco. A libro aperto, le due pagine a fronte sono lo spazio scenico dove gli attori si muovono, mettendo in pagina (cioè in scena) la pièce.

Il risultato è una ricostruzione, punto per punto, dell'esperienza scenica. Una trascrizione proiettiva su pagina. In questo senso *La cantatrice* non è un libro illustrato e non è un fumetto. La misura delle due pagine aperte che teniamo in mano ha un valore orientativo e non compositivo: ci serve per capire quanto spazio occupano gli attori, dove lo agiscono, come lo usano.

Anche qui, come in Munari, girar pagina diventa un fatto metrico, che dà ritmo al recitare e alle pause. Il bianco è una pausa visiva, un silenzio. Il girar pagina è una battuta musicale, un elemento di scansione. Una pagina nera è una pausa piú lunga, è un buio scenico.

La durata delle scene non combacia sempre col tempo dello sfogliar pagina, ci sono vari tipi di sequenze e ciascuna trova una sua corrispondenza temporale con lo spettacolo: figure piccole, primi piani, faccette, cambio del punto di vista, rallentano e accelerano il rapporto tra il tempo della lettura e il tempo dell'azione. Ad esempio, in un'occasione questa durata viene molto dilatata: il pezzo detto «dei silenzi» sulla scena non supera i due minuti, nella messa in pagina occupa quarantotto pagine, quasi un quarto del libro.

Qualche anno dopo, impaginando *La foule* di Edith Piaf, Massin porta questa logica alle estreme conseguenze, deformando i caratteri per suggerire la grana della voce. Le scritte sono consumate e ondeggianti per raccontare

286

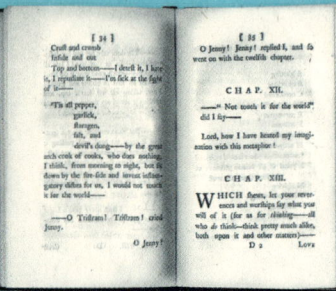

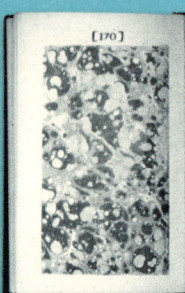

287

288

lo struggimento e l'intensità di quel canto. All'epoca non ci sono però tecnologie digitali e ottenere risultati simili è un'avventura non facile. Dopo vari tentativi, Massin trova una soluzione: stampare i caratteri sul lattice dei profilattici, deformandoli, stiracchiandoli e fotografandone l'effetto finale.

Le esperienze raccontate fin qui mostrano come libri e riviste siano diventati campi di analisi, spesso metalinguistica, di cosa un medium può fare e fin dove può spingersi.

A questo proposito vale però la pena ricordare che anche il romanzo tradizionale ha una precisa forma di design, che ci sembra invisibile solo perché a essa siamo molto abituati. Le righe continue che si srotolano per pagine e pagine, magari divise in capitoli, hanno prodotto un ben definito codice narrativo e visivo. I romanzi di Flaubert o di Dostoevskij possiedono un design necessario e appropriato, non uno casuale. Anche nella poesia le strutture retoriche e rimiche hanno una apparenza costante: un sonetto è anzitutto una figura piú o meno quadrata, divisa in quattro fasce; forma tanto precisa che la si riconosce anche sfocata; se distruggiamo questa apparenza perdiamo anche la forma letteraria. Per ragioni simili un poema in endecasillabi trascritto per esteso viene stravolto nell'essenza.

La forma della letteratura è anch'essa visual design, e gli scrittori piú attenti lo hanno sempre saputo. La prima edizione dei *Promessi sposi,* uscita nel 1840, era riccamente illustrata. Manzoni aveva sceneggiato con grande cura il contenuto di ogni singola vignetta, indicando come e dove queste avrebbero dovuto essere inserite, pianificando con cura il layout e l'impaginato del libro. *I promessi sposi* non nasce dunque come testo con illustrazioni; nella mente di Manzoni, i due elementi erano parti di un unico discorso.

Il fatto che il libro sia stato in seguito ripubblicato ridotto al solo testo, evidenzia che le immagini sono state vissute dalla cultura italiana come trastulli per l'infanzia, rivelando cosí una completa incomprensione di Manzoni, che invece aveva una fortissima sensibilità per il gusto e i linguaggi a lui contemporanei. *I promessi sposi* senza figure sono un'opera a metà, filtrata secondo i dettami dell'idealismo accademico, che trasmette un'immagine falsata delle innovazioni editoriali dell'Ottocento, un secolo molto piú spregiudicato e grafico di quanto si creda.

Vale la pena allora ricordare un altro romanzo che ha fatto della sua forma materiale un elemento di narrazione: *La vita e le opinioni di Tristram Shandy, gentiluomo*, pubblicato da Laurence Sterne tra il 1760 e il 1767. Vi compaiono pagine tutte nere; pagine marmorizzate; pagine bianche in cui siamo invitati a disegnare; testi in gotico; capitoli brevi di sole cinque righe; un testo a fronte latino-inglese; tabulazioni e diagrammi che ci informano sull'andamento del racconto.

A differenza dei libri di cui abbiamo parlato fin qui, non si tratta però di un romanzo sperimentale, bensí di un libro popolare, che riscosse subito grande successo. L'intento di Sterne era divertire la nascente borghesia industriale e, allo stesso tempo, svelare l'artificio con cui sono costruite tutte le storie. Mettendoci sotto gli occhi il design del libro, ci ricorda che una convenzione è niente piú che una cosa su cui ci siamo messi d'accordo. Le edizioni successive del romanzo, come accaduto con *I promessi sposi*, ne hanno alterato la grafica e violentato i contenuti.

Oggi i sistemi digitali alimentano il mito che tutto possa essere smaterializzato e ridotto a un'unica tecnologia, e di conseguenza a un unico linguaggio. Ma quale sarà la forma migliore per leggere Sterne su uno schermo? Mpeg? Pdf? Epub?

I libri di confine vanno indagati a fondo per evitare di fare oggi con gli strumenti digitali l'imitazione inappropriata di linguaggi complessi e già compiuti. Se lo specifico della carta è la sfogliabilità e se questa è già narrazione, qual è lo specifico del web e dell'e-book?

Non è pensabile infatti che i libri digitali siano il semplice riversamento di un testo su un monitor. Gli scrittori del futuro che libri scriveranno? E le nuove forme quali esperienze narrative produrranno?

- Macchina fotografica
- Negativo o positivo fotografico
- Camera litografica
- Foto retinata per stampa
- Foto fruita dal pubblico

289

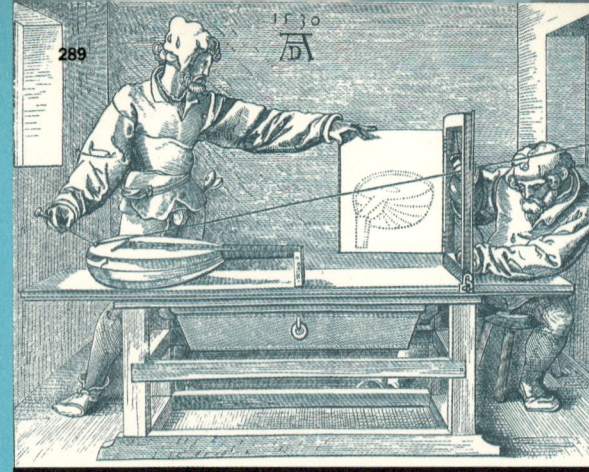

290

STORIA DELLA FOTOGRAFIA - 3 - Le Eliografie di Nicéphore Nièpce
TAVOLETTA LIEBIG: è più ricca di estratto di carne

291

292

Fotografia

La fotografia, come linguaggio, ha un ruolo centrale in moltissimi artefatti di visual design. E questo è lapalissiano. Ciò che invece può sfuggire è che la fotografia, come tecnologia, è il sistema con cui da centocinquant'anni vengono moltiplicati, riprodotti e trasmessi tutti i linguaggi, anche quelli scritti o disegnati. Ed è questa una storia che va capita dalle fondamenta, per non confondere la fotografia con la storia di poche, belle immagini d'autore.

Prima della fotografia, se si voleva riprodurre a stampa un dipinto, bisognava ricorrere al lavoro di un incisore, come il Marcantonio Raimondi che è comparso all'inizio della nostra storia. I metodi fotomeccanici inventati nell'Ottocento spazzarono via non tanto la pittura, quanto il lavoro certosino dell'incisione manuale.

L'idea di poter creare le matrici *automaticamente* aveva però cominciato a farsi avanti già un secolo prima dell'avvento della fotografia. Ad esempio era stata sperimentata una carta sensibile che poteva essere messa a contatto con un disegno e duplicarlo, esponendola al sole: la prima fotocopia è un processo settecentesco. Comparvero poi i primi esperimenti di *cliché verre*, tecnica che consisteva nel disegnare su una lastra trasparente e nell'usarla come matrice, sempre accoppiandola a carte rese sensibili alla luce, come si trattasse di una specie di negativo gigante. L'impressione automatica esisteva dunque prima della fotografia.

La vera rivoluzione della fotografia non consiste infatti nell'impressione (che di fatto era nell'aria da un po'), ma nell'invenzione del negativo miniaturizzato e dell'ingranditore.

Come raccontano molte Storie della fotografia, l'autore della prima foto sarebbe stato Nicéphore Niépce nel 1826. Inventore di famiglia ricca e borghese, Niépce non trae ispirazione però dalla pittura, ma dalla litografia, anch'essa un'arte di recente invenzione, che si basava sulla repellenza tra l'acqua e l'oleosità dell'inchiostro. Il procedimento era il seguente: si disegnava con matite grasse su una lastra di pietra (*lithos*), la si bagnava e si passava infine l'inchiostro sulla matrice ottenuta, che aderiva solo nelle parti disegnate (grasse) e veniva rifiutato dalla pietra umida. Su questo principio si basa ancora oggi il sistema piú diffuso di stampa industriale: il cosiddetto *offset*. I rulli non sono di pietra ma di metallo, incisi digitalmente, ma il principio è lo stesso.

Niépce scopre dunque la fotografia cercando di perfezionare un sistema per riprodurre immagini preesistenti, non per crearle: sta infatti incidendo otticamente la lastra per ricavarne una matrice tipografica. Non sta cercando di fare una foto come la intendiamo oggi.

Le Storie della fotografia, con rarissime eccezioni, questo non lo raccontano; trascurano l'altra storia, altrettanto importante, quella dell'uso del mezzo non per fare foto al mondo, ma per moltiplicare immagini già date. La ragione è, al solito, economica: i libri e le riviste sulla fotografia, nella maggior parte dei casi, sono serviti per pubblicizzare l'enorme industria delle macchinette per amatori, e non per vendere le camere litografiche, cioè l'apparecchio del fotolitista.

La storia delle camere litografiche (o da fotoincisione), però, è stata determinante tanto quanto l'invenzione della Leica portatile; tuttavia, pare chiaro che il talento avventuroso di Robert Capa è piú raccontabile al grande pubblico della lentezza del laboratorio litografico. Cosí oggi se diciamo foto, pensiamo all'espressività dell'istante perfetto.

Cos'è una camera da fotoincisione? Potremmo definirla una macchina fotografica di scala industriale. Il formato era molto piú grande di un banco ottico, veniva fissata al suolo e permetteva di scattare foto non al mondo, ma a immagini piatte che le venivano posizionate davanti. Il negativo che si otteneva non si usava per stampare foto, ma per incidere un cliché tipografico, tramite un filtro apposito che scomponeva le sfumature in puntini inchiostrabili, cioè il retino. Ovvero, poiché in stampa non si possono avere quantità diverse di inchiostrazione (come accade in pittura), si simulavano le sfumature delle immagini con tanti puntini di inchiostro pieno, ora piú grandi ora piú piccoli, e sarebbe stato poi l'occhio a scambiare quei puntini per gradi di colore.

Il retino è invisibile (o meglio è ignorato) in quanto è trattato come una realtà della stampa stessa, fino a diventare l'antonomasia della stampa di massa quando Roy Lichtenstein lo ingrandisce a dismisura dichiarandone l'artificio. È però importante capire che il retino, prima che un fatto di stampa, è stato il frutto di un processo fotografico.

Per cogliere l'importanza della faccenda basterà riflettere su una cosa: se prendiamo una foto a caso tra tutte quelle prodotte nel Novecento, è pressoché sicuro che ce ne capiterà tra le mani una passata attraverso la fotoincisione. Per quanto la foto all'origine sia stata impressa su carta sensibile, noi ne conosciamo la stampa tipografica. Le mostre di fotografia con le belle stampe satinate, in cui si discetta della qualità dei mezzi toni, sono riserve indiane: le foto che conosciamo, anche quelle dei grandi fotografi-autori, sono state stampe tipografiche su carta comune. «National Geographic» o «Life» erano stampati su carta naturale, non su carta fotografica, e senza i grandi rotocalchi illustrati, senza i cataloghi e le riviste, senza il giornalismo (nel senso di medium e non di linguaggio), non avremmo avuto accesso alla fotografia come la conosciamo. La 35 mm è stata la scintilla, ma la fotoincisione è stata l'esplosione del mass medium.

Prima dell'avvento del computer e degli scanner, tutti i processi di elaborazione grafica sono stati processi fotografici, anche se non sempre vi era coinvolto un obiettivo. Anche la fotocopia classica, quella col toner secco, è un caso limite di processo fotografico.

Fin dal Rinascimento la composizione delle pagine aveva comportato l'accostamento del testo in blocchi al cliché figurato, con ingombri determinati e vincolanti. Non si davano esempi di testi e immagini sovrapposti, anzitutto perché era fisicamente impossibile farlo, se non stampando il foglio due volte: prima la figura, poi il testo battuto sopra. Ancora oggi, specie nei quotidiani, ci troviamo di fronte a colonne di testo separate da una bacchetta bianca; questa, che sembra un elemento di ordinamento visivo (e di fatto lo è), nasceva in principio dall'esigenza di tenere fermi i blocchi di caratteri, separandoli con una fascetta di piombo. I quotidiani realizzati in fotocomposizione non ebbero piú bisogno di quella bacchetta (e di fatto alcuni magazine avanguardisti la eliminarono), eppure è un elemento rimasto: segno di come una necessità tecnica finisca spesso per diventare una consuetudine linguistica.

I processi fotografici permisero invece di maneggiare elementi trasparenti e quindi sovrapponibili: nasceva la fotocomposizione, fatta di giustapposizioni di grandi fogli di pellicola, con cui costruire il layout finale. Questa nuova e facilissima mobilità dei pezzi permetteva una serie di giochi, come appunto sormontare testi e immagini, che diventeranno la cifra della grafica moderna, portata avanti soprattutto dalle riviste di massa.

293

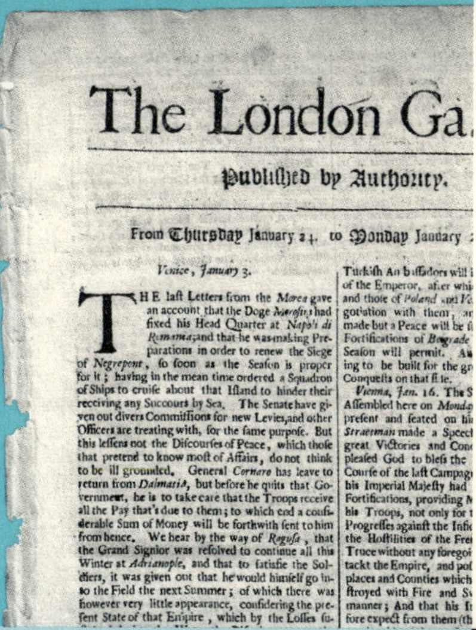

The London Ga...

Publiſhed by Authority.

From **Thurſday** January 2¼ to **Monday** January 2

Venice, January 3.

THE laſt Letters from the *Morea* gave an account that the Doge *Morofini* had fixed his Head Quarter at *Napoli di Romania*, and that he was making Preparations in order to renew the Siege of *Negrepont*, ſo ſoon as the Seaſon is proper for it ; having in the mean time ordered a Squadron of Ships to cruiſe about that Iſland to hinder their receiving any Succours by Sea. The Senate have given out divers Committions for new Levies, and other Officers are treating with, for the ſame purpoſe. But this leſſens not the Diſcourſes of Peace, which thoſe that pretend to know moſt of Affairs, do not think to be ill grounded. General *Cornaro* has leave to return from *Dalmatia*, but before he quits that Government, he is to take care that the Troops receive all the Pay that's due to them; to which end a conſiderable Sum of Money will be forthwith ſent to him from hence. We hear by the way of *Raguſa*, that the Grand Signior was reſolved to continue all this Winter at *Adrianople*, and that to ſatisfie the Soldiers, it was given out that he would himſelf go into the Field the next Summer ; of which there was however very little appearance, conſidering the preſent State of that Empire, which by the Loſſes ſu...

Turkiſh Ambaſſadors will be of the Emperor, after whi and thoſe of *Poland* and *V* goniation with them ; made but a Peace will be fi Fortifications of *Belgrade* Seaſon will permit. A ting to be built for the gr Conqueſts on that ſi de.

Vienna, Jan. 16. The S Aſſembled here on *Mondo* preſent and feaſted on his *Stratman* made a Speech great Victories and Conq pleaſed God to bleſs the Courſe of the laſt Campaig his Imperial Majeſty had Fortifications, providing N his Troops, not only for t Progreſſes againſt the Infid the Hoſtilities of the Fren Truce without any foregoi tackt the Empire, and poſ places and Counties which ſtroyed with Fire and Sw manner ; And that his Im fore expect from them (th

294

I processi fotografici permisero invece di maneggiare elementi trasparenti e quindi sovrapponibili: nasceva la fotocomposizione, fatta di giustapposizioni di grandi fogli di pellicola, con cui costruire il layout finale. Questa nuova e facilissima mobilità dei pezzi permetteva una serie di giochi, come appunto sormontare testi e immagini, che diventeranno

M

I processi fotografici permisero invece di maneggiare elementi trasparenti e quindi sovrapponibili: nasceva la fotocomposizione, fatta di giustapposizioni di grandi fogli di pellicola, con cui costruire il layout finale. Questa nuova e facilissima mobilità dei pezzi permetteva una serie di giochi, come appunto sormontare testi e immagini, che diventeranno

M

295

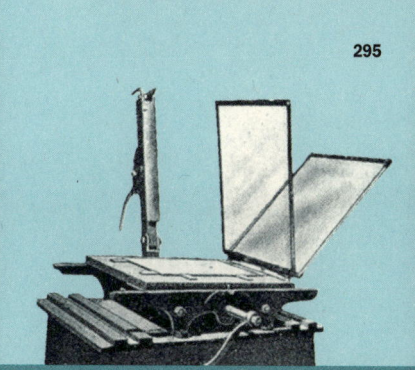

296

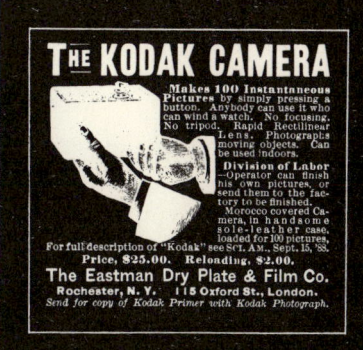

THE KODAK CAMERA

Makes 100 Instantaneous Pictures by simply pressing a button. Anybody can use it who can wind a watch. No focusing. No tripod. Rapid Rectilinear Lens. Photographs moving objects. Can be used indoors.

Division of Labor —Operator can finish his own pictures, or send them to the factory to be finished. Morocco covered Camera, in handsome sole-leather case, loaded for 100 pictures.

For full description of "Kodak" see Sci. Am., Sept. 15, '88.

Price, **$25.00**. Reloading, **$2.00**.

The Eastman Dry Plate & Film Co.
Rochester, N. Y. 115 Oxford St., London.

Send for copy of *Kodak Primer with Kodak Photograph*.

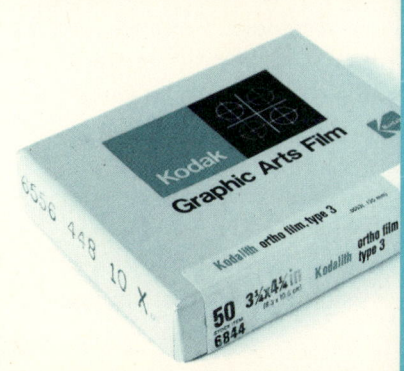

297

298

In quest'ottica, la rivoluzione digitale va in parte ridimensionata: sono state infatti le manipolazioni permesse dai processi fotografici a liberare la pagina dalle rigidezze del piombo. La camera litografica aveva fornito i mezzi per riprodurre le immagini, trasformando una foto su carta sensibile in una matrice stampabile; la fotocomposizione permise di assemblare il tutto.

Negli anni Sessanta divenne poi di moda la reprocamera, una macchina montata verticalmente per riprodurre disegni, testi, grafica, simile alla macchina da fotoincisione negli intenti di preparazione alla stampa, ma piú agile. Se infatti questa era uno strumento ingombrante, pensato per i fotolitisti, la nuova occupava poco spazio, e diventò lo strumento adatto ai grafici. Fu questa che permise di ingrandire, rimpicciolire, deformare le foto o solarizzarle.

Gli effetti dalle marcate separazioni tonali molto in voga all'epoca (come le Marilyn di Warhol o l'iconico ritratto di Che Guevara) erano frutto della reprocamera e del *kodalith*, una pellicola ad alto contrasto pensata per la grafica e lanciata dalla Kodak proprio in quegli anni. La fotografia, nelle sue varie forme, non è quindi uno dei linguaggi usati dal design, è design essa stessa. Anche per questo spiegare il design senza parlare delle sue tecnologie (come fanno troppi libri) è un discorso inerte.

La foto è stata, quasi sempre, foto riprodotta, foto tipografica. Anche se oggi una tecnologia fluida ci permette di passare dallo scatto col cellulare alla lastra di stampa o alla pagina Facebook, è al solito fondamentale capire come siamo arrivati fin qui.

A inizio Novecento vennero commercializzati vari apparecchi che permettevano di trasformare i negativi fotografici in matrici inchiostrabili, cosí che fosse possibile stampare in casa le foto non tramite il bagno di sviluppo, ma con il comune inchiostro tipografico: una specie di piccola stamperia figurativa con cui trasformare in cartoline le proprie foto*.

Si era messo alla portata di tutti un potente mezzo di produzione, eppure l'invenzione non ebbe successo: un po' perché troppo costosa, un po' perché il pensiero comune vedeva nella foto soprattutto uno strumento artistico o memorativo. Lo standard divenne cosí il bagno di sviluppo: i fotoamatori del resto non sapevano cosa farsene della riproducibilità, non volevano diventare *litoamatori* o produttori di immagini, ambivano al massimo alla mostra autocelebrativa, e non alla diffusione massiccia del loro lavoro. Questa è una storia da non dimenticare, quanto mai attuale e che pone una domanda centrale: cosa chiedono gli utenti ai mass media? Quanti di loro comprendono lo scarto – di cui abbiamo parlato – tra produrre e consumare immagini?

Se molti fotografi snobbarono le possibilità che si venivano presentando, furono invece i fotoreporter a capire che la potenza comunicativa delle foto stava nell'essere stampate con l'inchiostro e non con lo sviluppo, cominciando a pensarle direttamente per il «quarto potere».

La storia della fruizione tipografica delle foto è infatti la storia delle grandi riviste del Novecento: «Camera Work», «Harper's Bazaar», «Time», «Playboy» (per citare alcune fra le piú famose) fecero della fotografia non un riempitivo, ma il contenuto dei loro numeri, educando lo sguardo di milioni di persone. Mentre l'album era il luogo delle foto private, le pagine stampate furono il luogo di quelle pubbliche.

L'imperativo diventò non tanto scattare una foto, ma pubblicarla: Henri Cartier Bresson (1908-2004) – divulgato semplicisticamente come l'artista dell'istante perfetto

---

* Questi procedimenti erano chiamati «fotocollografia», «collotipia» o «fototipia» e si ottenevano stampando a contatto un fototipo su una lastra di cristallo cosparsa di uno strato di gelatina sensibile.

e ineffabile – è stato anzitutto tra i fondatori dell'agenzia fotografica Magnum, la prima a porre al centro del dibattito la politicità dello scatto. Tra i dogmi della Magnum figurava infatti il divieto, rivolto ai grafici e ai giornalisti, di tagliare o modificare gli scatti. L'uso spregiudicato (o solo ignorante) fatto da molti art director finiva infatti per alterarne il valore semiotico e quindi politico. Se da una foto di guerra io cancello, tagliandolo fuori, chi spara, ecco che la foto finisce per raccontare tutt'altro.

C'era, nel pensiero della Magnum, un'ingenuità di fondo da cui il digitale ci ha vaccinato: per sapere che una foto è un documento *vero*, non basta guardarla, ma serve qualcuno che ce lo dica.

Questa constatazione apre su una questione tra le piú attuali. Già da tempo, negli Stati Uniti, una foto non è piú un'evidenza legale, in quanto, senza qualcuno che certifichi che è stato cosí, potrebbe essere frutto di manipolazione. Eppure continuiamo a considerare le fotografie sempre in rapporto alle cose vere: le foto, piú dei disegni, ci sembrano l'antonomasia del realismo; vuoi perché sappiamo come nascono, vuoi per le qualità di toni e tessiture cosí simili al mondo percepito. Lo stesso facciamo con i render costruiti al computer perché in fondo trattiamo come fotografie non tanto quelle che sappiamo esser vere, ma tutte quelle immagini che ci paiono esserlo, e a cui deleghiamo un nostro profondo desiderio di realtà.

Per molti aspetti, la fotografia è la realizzazione meccanica della prospettiva rinascimentale: sul piano concettuale è Brunelleschi che inventa la piramide ottica, cioè il fatto di guardare la scena da un punto fisso e di trascriverla sul piano. Negli stessi anni, come sappiamo, la stampa tipografica formula standard che stabiliscono fin dove può spingersi un testo: gabbie e colonne definiscono rettangoli vincolanti, mentre nei libri medievali potevano accadere le piú impreviste bizzarrie.

Il quadro prospettico e la pagina divisa in blocchi sono quindi frutto di una stessa mentalità, quella quattrocentesca, che coniugava le esigenze mercantili di economia e razionalizzazione con quelle piú aristocratiche e filosofiche di contenimento del mondo dentro un'unica visione. Le riviste illustrate degli anni Venti del Novecento, unendo blocchi di testi e immagini ottiche, sono il coronamento di pulsioni iniziate con l'Umanesimo.

A questo proposito, è esemplare il lavoro del già menzionato Alexey Brodovitch. Questi, attraverso la foto di moda e il ritratto brillante – due generi apparentemente disimpegnati – ha mostrato in maniera inequivocabile cosa vuol dire «progettare la fotografia» senza ridurla a mera illustrazione.

Se guardiamo la coppia di pagine tratte da «Harper's Bazaar» in figura 299, capiamo meglio il magistero di Brodovitch. L'argomento è mondano: si tratta di parlare di sandali alla moda. Brodovitch ne fa un'immagine del cosmo. Lo scatto è pensato a monte per il taglio della carta, ma c'è di piú: Brodovitch fa cadere il ginocchio piegato proprio al centro delle due pagine, cosí quando apriamo e chiudiamo la rivista la gamba si piega assecondando lo sfogliare, e facendo coincidere rotula e rilegatura in un'unica cerniera. Allo stesso tempo, Brodovitch schiarisce il bianco del vestito, fino a farlo coincidere col bianco della carta (intuiamo la gonna ma non la vediamo), e le righe nere diventano come striscioline di carta poggiate sul foglio, in perfetta assonanza con le righe nere del testo composto a bandiera. I forti contrasti bianchi e neri vengono amplificati dall'utilizzo di un carattere bodoniano molto marcato. Dietro il piede poggiato a terra c'è un vuoto bianco che, come aria compressa, fa da propellente e spinge il passo ancora piú avanti; mentre le due righe sfasate del titolo sembrano la scia lasciata dal piede sollevato, come accade nei fumetti. La foto e la tipografia sono legate in un gioco continuo di assonan-

The Crossbarred Sandal
and the Roman-Striped Pump

• Here's one aspect of what's news about—and it's terrific. Shoes in bold, amusing color have already come into their own. Now the shoe with a sharp, strong pattern is just getting into its stride. The sandal and the pump here are—really—a kind of "primer"; which looks more than running along below a suit-hemmed, all-of-a-piece color scheme in spring and summer evenings. In effect, a brilliant upside-down change in everything you have on, which is the kind of shake-up its wearer has continually keeps things staying in all forms of design.
• The sandal (above) is white kid banded with black patent leather. By Johansen. About $18. Lord and Taylor; I. S. Ayres. The Blum Store, Philadelphia.
• The pump (opposite) in gilded kid, striped with red and green satin. Or, it can be made to order in pink and white kid, or in any colorscheme you like. By David Evins. About $30. I. Miller, Saks Avenue; I. Magnin, Neiman-Marcus.
Stockings—a candyfloss whisper of beige by McCallum.

SOFT BROWN

New Arrangements for Dinner

• Left: A dinner and dancing dress, designed to look particularly alluring across a table top. Its top, a blaze of pearls and gold embroidery; the bodice, white; the cummerbund, a saffron satin; the skirt, a dark chocolate— all in Gilmour slipper satin. By J. L. F. Originals. About $50. Saks Fifth Avenue; Julius Garfinckel.
• Above: A short evening dance of vanilla maline (the white coat for night is new and delicious). This floats from a high waistline into a circumference huge enough to cover the hugest crinoline. By J. L. F. Originals in Enka nylon. About $50. Saks Fifth Avenue; William H. Block. Capezio shoes. The harp, from Lyon and Healy; the bass viol, from G. Schirmer.

ze e di riflessi. Nello spazio minuscolo di un servizio di moda, si compie il sogno delle avanguardie: unire testi e foto senza soluzione di continuità.

Sarà ovviamente la pubblicità a trasformare il sogno in fatto quotidiano. Se chiedo: «Qual è l'ultima foto che avete visto?», penserete a una mostra o a uno scatto messo su Facebook; pochi si rendono conto che l'ultima foto vista è, spesso, quella stampata sulla scatola dei cornflakes.

301

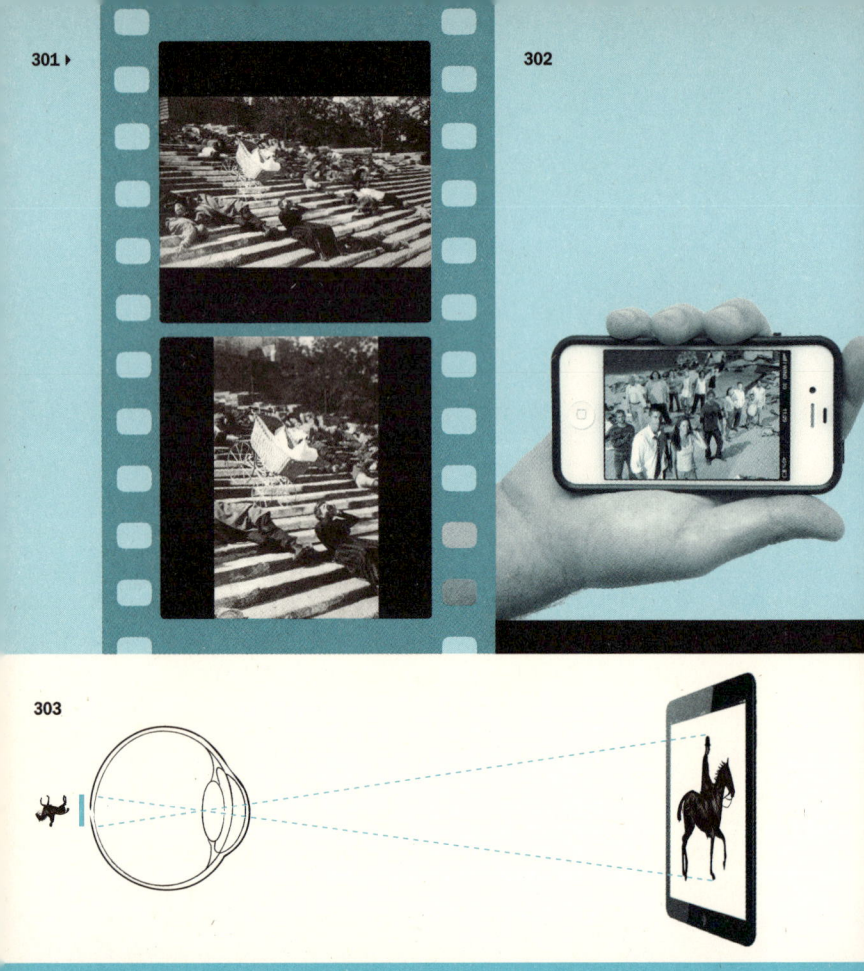

302

303

304

Schermi

Quando nel linguaggio comune si dice «multimedialità» si confonde la possibilità di affiancare codici diversi (testo, foto, video) con la reale varietà di medium a disposizione. Perché, a dispetto degli entusiasmi, oggi il medium sembra essere uno solo: lo schermo.

«Schermo» viene dal longobardo *skirmjan* («difendersi»), cioè qualcosa che viene interposto tra due cose, potremmo dire un filtro tra noi e gli oggetti della conoscenza. Entriamo in contatto col mondo attraverso schermi di vario tipo (del computer, del cellulare, del televisore) con incredibile agevolezza, ma anche con enormi rischi, il primo dei quali è un forte appiattimento di prospettiva; vuoi in senso letterale (gli schermi sono piatti, almeno per ora), vuoi in senso metaforico (tutto è ridotto a un visibilismo senza peso e senza odori). In un rettangolo (spesso orizzontale) è contenuto l'universo conoscibile, o almeno quello con cui ci interessa interagire.

È forse questo un altro compimento del pensiero rinascimentale, razionale e prospettico: guardare tutto dentro un unico quadro. La cornice è infatti la terza grande invenzione della cultura umanistica che, insieme alla camera oscura (prospettica) e alla pagina fatta di blocchi componibili, regola le percezioni, ancorandole a degli standard.

Lo schermo è uno standard anche al suo grado zero: se dico «sedici noni» ho già definito un modo di accadere delle cose, la realtà oblunga e dinamica delle grandi narrazioni statunitensi.

Se i nonni desideravano case spaziose, oggi si desiderano schermi piú grandi delle stanze che li contengono e, anche nel linguaggio del bar sport, farsi il «plasma» significa godere del calcio in maniera spettacolare e, allo stesso tempo, partecipare a un salto di classe, formato casalingo. L'entusiasmo per la tecnologia, come fatto estetico o come segno di status, è tipico di una società educata all'idea di un progresso ineluttabile e, in carenza di progresso reale (civile, culturale, economico), ci si accontenta del cellulare nuovo. Il boom dell'elettronica sembra essere accompagnato dall'incapacità di immaginarsi un futuro migliore concretamente raggiungibile, cosí, anziché entusiasmarsi per i nuovi linguaggi, cioè per nuovi modi di guardare il mondo, ci si interessa alle tecnologie di fruizione. La stessa euforia per gli e-book pare spesso piú un business di tablet, che di libri.

Uno standard diventa presto linguaggio. Ad esempio la disponibilità di schermi piú grandi e panoramici ha cambiato completamente il volto delle serie Tv, facendole somigliare sempre piú al cinema, sia nel layout del fotogramma, sia nelle strutture narrative. Le inquadrature con campi lunghi e lunghissimi di molte serie di azione, come *Lost* (2004), sarebbero state invisibili sui vecchi televisori quadrotti, e difatti prima dei nuovi schermi, il codice della Tv si limitava al primo piano e al mezzo busto, tipici della soap opera e del telegiornale.

Non solo: oggi molte serie Tv vengono guardate direttamente al computer, vuoi in streaming vuoi tramite download, e queste fruizioni molteplici stanno cambiando il design dei programmi: gli sceneggiatori piú accorti sanno che quella storia verrà visualizzata su device diversi, non scrivono piú per lo schermo, ma per gli schermi.

Ogni medium ha i suoi armamentari, minimi e necessari: il teatro chiede almeno un palco e un pubblico; il libro e le riviste chiedono la maneggevolezza di una forma facile da tenere con due mani (il libro tascabile poi andrebbe tenuto con una sola, magari in piedi in metropolitana). Il cinema e la radio invece sono stati i primi linguaggi a dipendere da una tecnologia standardizzata: la pellicola di formato uguale in tutto il mondo per il cinema, le frequenze concordate per la radio.

Il regista russo Sergej Ėjzenštejn (1898-1948) – in occasione di un ciclo di conferenze tenute negli Stati Uniti negli anni Trenta del Novecento – propose di passare, per il fotogramma, a un formato quadrato: l'idea era di avere a disposizione uno spazio versatile che, mediante mascherature, potesse produrre fotogrammi orizzontali o verticali a piacimento. La proposta rimase però inascoltata. Mentre in altri sistemi linguistici tutto (o quasi) è possibile, il cinema, per sostenere i costi industriali, era alla ricerca di uno standard il piú stabile possibile.

Se infatti nello stampare un libro (oggetto conchiuso e finito) posso usare e tagliare quasi ogni tipo di carta, purché assorba l'inchiostro, nel cinema devo attenermi a materiali e formati ineludibili (35 mm, 70 mm, cinemascope). Il concetto di formato è quindi cruciale nel design: è un prerequisito per qualunque azione successiva.

Nel momento in cui la fruizione diventa personale e domestica, tramite computer o tablet, nasce poi il concetto di *device* (dispositivo predisposto allo scopo). La radio è stata il primo device. Se dunque il formato di una rivista è questione di gusto, o di costi, i formati digitali (tiff, mpeg, avi, epub) sono codici rigidi che fissano l'esistenza stessa del discorso.

Nella guerra dei formati, solo il Pdf è riuscito a imporsi in maniera abbastanza democratica: il resto è un campo minato che permette di fare solo quanto è stato deciso dai signori dell'elettronica.

A differenza dei sistemi del passato, nel mondo digitale i formati di fruizione sono omogenei con i formati di produzione: non c'è differenza tra quello che vedo mentre progetto e quello che vedrà l'utente di fronte al design finito; entrambi ci relazioniamo a uno schermo.

Questo pone una questione squisitamente estetica. Quando, navigando in rete o sfogliando riviste e cataloghi, vediamo progetti di design, sempre piú spesso non vediamo il vero oggetto ma un'immagine digitale: non la foto dell'artefatto reale, bensí un render realizzato a partire da file. Non stiamo quindi guardando un prodotto di design, ma una sua idea concettuale, verrebbe da dire platonica: il file del progetto, non il design realizzato. La cosa è lecita a una sola condizione: che l'intenzione del designer sia quella di mostrarci uno strumento teorico, un modo di ragionare.

Gli schermi, in maniere diverse, sono quasi sempre delle interfacce, cioè dei filtri di interazione. La principale convenzione nel loro layout è la frammentazione del testo in piccole porzioni. Fu l'editore inglese John Bell (1745-1831) il primo a capire che il mondo era cambiato e che la nuova unità di lettura era il paragrafo breve. Su questa intuizione nacque il nuovo ritmo dei quotidiani, fatto di frequenti «punto a capo». Gli schermi hanno sistematizzato l'intuizione di Bell: pensiamo a come è scorporata in piccole dosi una voce di Wikipedia, rispetto a una enciclopedia cartacea. Quando guardiamo uno schermo, noi stiamo sempre esplorando, saltando da un blocco a un altro, attirati da piccoli gruppi di elementi.

Gli schermi non parlano però qualsiasi lingua, ma si attengono a codici precisi e riconoscibili. Di fronte al seguente segno vediamo un box con una paroletta:

design

ma di fronte a questo:

design

vediamo senza dubbio un pulsante. Le sfumature, simulando la profondità, mettono in scena la «cliccabilità» dello spazio.

Le finestre che compaiono sui nostri monitor seguono tutte una logica simile: la luce proviene da sinistra in alto, cosí che tutti i box e tutte le finestre proiettano una lieve ombra sul lato opposto, in basso a destra. Ci siamo evoluti in un mondo dove la fonte di luce è unica, il sole, e viene dall'alto, un fatto che diventa subito codice, anche negli schermi che simulano uno spazio che non c'è.

Di fronte a una pagina web, riconosciamo dei luoghi deputati: ci aspettiamo la testata in cima alla pagina, spesso a sinistra; mentre in alto a destra prevediamo la casella per cercare i contenuti. Compiamo movimenti oculari ripetitivi a cui siamo stati educati da migliaia di pagine simili e, poiché la maggior parte dei siti che consultiamo è di natura commerciale (piú o meno dichiarata), nessuno ha intenzione di rischiare con strutture sperimentali.

Come recita il titolo di un famoso manuale per web designer: «Don't make me think», un sito ha successo se l'utente smette di pensare. Se questa, da una parte, è un'immagine folgorante dell'efficienza cosí come viene intesa dal marketing, allo stesso tempo bisogna riconoscere che qualsiasi linguaggio, anche quello piú innovativo, deve basarsi sul nostro desiderio di non dover pensare ogni volta al suo funzionamento, di trovarci all'interno di un sistema in cui ci sappiamo muovere.

In generale però l'efficienza del web è piú un mito che una realtà. Siti famosi come Amazon sono tortuosi, confusi e poco intuitivi: è facile infilare gli acquisti nel carrello, ma capire come richiedere una ricevuta è tutt'altra storia.

L'idea stessa di efficienza, usabilità ed ergonomia delle interfacce è un ideale molto meno compiuto di quanto raccontino gli esperti: l'elettronica, per suo stesso statuto, non può essere immediatamente efficiente, perché quello che può fare non si vede (come in un cacciavite), ma va imparato. Se qualcuno non ci avesse detto che sull'iPhone bisogna cliccare due volte per vedere le applicazioni in uso, non l'avremmo capito da soli.

La prima interfaccia è stata quella dei macchinari industriali: le cosiddette «camere dei bottoni» in tutte le loro varianti, alcune fascinosissime, come i quadri di comando che ancora regolano lo scambio dei binari nelle stazioni di provincia. È venuto poi il cruscotto dell'automobile, in principio analogico.

La prima interfaccia digitale (e di uso quotidiano, se non domestico) è stata però quella dei videogiochi. Il famoso gioco del tennis Pong (1972), fatto di niente se non di due piccole bacchette, apre alla nuova civiltà degli schermi. Pac-Man (1980) e Mario Bros. (1983) sono stati il salto che ha portato nei videogiochi la trama. Infine il debutto di *console* sofisticate come la prima e piú famosa PlayStation (1994), che ha comportato la strutturazione di uno spazio complesso con cui interagire. E qui gli schermi hanno determinato l'invenzione di nuovi codici figurativi.

In molti videogiochi ciò che appare sullo schermo è un punto di vista sul mondo (quello del protagonista) che può corrispondere, per gradi diversi, col punto di vista del giocatore. Guidando la Formula 1, posso stare dentro l'abitacolo della macchina o posso vedere la macchina appena davanti a me; ci sono, insomma, slittamenti minimi per cui posso coincidere, in tutto o in parte, col protagonista. Questo vuol dire che posso essere attore dell'azione, o guardare le cose dall'alto e trovarmi nella posizione del regista, o di un dio che vede ogni cosa. Il tutto tramite livelli sofisticati di simulazione. Si può giocare in piú persone, ognuno da casa propria collegandosi in remoto, ciascuno col proprio punto di vista. Si può giocare in due, facendo combattere due personaggi e guardando la scena, entrambi dall'esterno, ma stando affiancati sul divano, e rispettando cosí un certo isomorfismo spaziale.

Inventare il punto di vista è il vero cuore del design dei videogiochi. È questo che determina, prima di colori ed effetti speciali, il grado di coinvolgimento emotivo.

Il design di queste interfacce ha compiuto un salto concettuale rispetto alle immagini dinamiche di cinema e Tv con esiti che non somigliano a nessun altro linguaggio. Sullo schermo abbiamo la coabitazione pressoché perenne di elementi diversi: testi, immagini, notazioni, animazioni. Questi elementi indicano punteggi accumulati, tempi e durate, riserve di energia, velocità; cioè un insieme di cose da sapere sullo stato del gioco, sulle capacità del personaggio, sul mondo in cui ci troviamo: sono la schematizzazione diagrammatica di un momento dell'esistenza.

Se però la scena visualizzata coincide col mio punto di vista, cioè col mio occhio, dove sono scritti quei testi? È questa un'invenzione icastica, tanto forte quanto banale: quei dati sono forme di pensiero incastonate dentro il nostro sguardo. Si porta la lettura del cruscotto su un piano concettuale, secondo l'iconografia, ormai nota, per cui i cyborg vedono il mondo attraverso un occhio elettronico simile a una telecamera. Si capisce cosí che la vera (e piú autentica) posizione occupata da chi gioca non coincide col protagonista, ma con un *homunculus* che vive dentro il cervello del personaggio, come alla guida di una cabina di pilotaggio.

Questo armamentario iconografico non poteva non nascere dalla metafora visiva del simulatore di volo: i videogiochi, la cui tecnologia è oggi usata anche per educare i chirurghi a operare, sono sempre simulatori.

L'ultima generazione di *console*, la Wii, ci introduce a una cultura del post-schermo o della «schermizzazione» totale della realtà: si interagisce non piú con un mero supporto piatto, ma nello spazio. Rispetto al vecchio desiderio di immergersi in una realtà virtuale, qui si porta il virtuale nello spazio reale, o meglio: si trasforma il corpo in un'interfaccia, senza bisogno di mouse o di joystick.

Accanto agli entusiasti, sono però in molti a temere queste esperienze simulative, spesso per le ragioni sbagliate, assecondando una critica aristocratica nei confronti dei generi di consumo: nell'Ottocento si criticavano i romanzi che alimentavano i bovarismi; poi i fumetti che corrompevano la morale; infine i manga perché troppo violenti. L'accusa si è sempre rivolta al rischio di perdere contatto con la realtà. Ma dei casi di giovani che fanno stragi reali per aver giocato troppo, vanno incolpati i venditori d'armi, non la PlayStation.

Il divertimento sta invece proprio nel fatto che sappiamo che è tutto finto. È il fascino piú antico di tutti: come un dipinto realistico che ci diverte perché sembra la realtà ma non lo è, cosí il cuore del videogioco è il fatto che una palla che non esiste risponda al colpo che le diamo. Qualunque esperienza formativa inizia con «facciamo finta che io sono», e non abbiamo fatto altro da che siamo comparsi sulla Terra.

Accanto alle esperienze simulative, gli schermi, con la loro riduzione del percepito a pixel, favoriscono un approccio mentale, incorporeo, teorico. Un rimprovero che a ragione può essere mosso loro, riguarda l'eccessiva smaterializzazione delle esperienze.

Un aspetto importante, legato al funzionamento profondo della nostra mente, è il fatto che questa si forma, apprende e inventa in base ai modi che le mettiamo a disposizione. Se passiamo tutto il tempo davanti a uno schermo, il nostro cervello finirà per ripetere sempre uno stesso pattern, come il topo imprigionato nel labirinto del laboratorio.

305

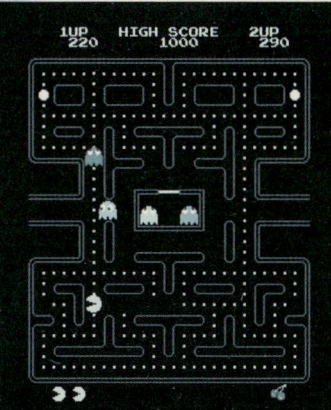

306

307

308 309

Le pratiche artistiche e artigianali hanno invece sempre comportato un uso specifico del corpo e dello spazio: non c'è mai stato un guardare senza un fare. Sarebbe una grave svista non considerare quanto conti il corpo nella formulazione del pensiero creativo. Scolpire, dipingere, suonare non sono attività che si fanno da seduti guardando il soffitto: le idee della scultura non vengono prima di scolpire, ma vengono scolpendo.

Quando prendiamo appunti, quando schizziamo, quando progettiamo, inventiamo o scarabocchiamo, stiamo mettendo in atto pratiche mentali diverse, senza confini precisi tra scrittura, organizzazione e disegno: perché le attività grafiche sono, piú in generale, un modo in cui spostiamo il pensiero sul foglio. Per questo, progettare esclusivamente al computer rischia di farci perdere delle possibilità: la rigidezza di immissione della tastiera e del mouse ancora non ci consentono la libertà di pratiche miste, che ci permettono invece carta e penna. Lo stesso touch screen rimane una procedura piena di vincoli: possiamo fare solo quello che è stato previsto a monte, e niente altro.

Nelle attività progettuali, rimane invece fondamentale poter saltare da un uso a un altro: pensate alla scarica fisica che comporta per un bambino cancellare un disegno di cui non è contento, l'energia e anche la violenza con cui si nega un segno, seppellendolo sotto altri segni. Anche il cancellare fa parte del mettere le idee sulla carta. Il valore sinestetico del disegno è poi indubbio, sia nella produzione che nella fruizione. La grana ruvida o liscia di un supporto o di un materiale è un'esperienza precisa; calcare sul foglio o muoversi leggeri è subito, mentre lo si fa, fonte e prodotto di uno stato multisensoriale.

Rinunciare al disegno in nome della sveltezza o del progresso digitale comporta rischi enormi: significa rinunciare anzitutto a una pratica motoria, alle potenzialità ragionative che nascono dall'uso del corpo.

Anche se ogni giorno si celebra trionfalmente la creatività, nei fatti però designer, illustratori, architetti svolgono sempre piú il loro lavoro seduti come impiegati, secondo posture rigide e schemi ripetitivi. Lo scarabocchiare, il dipingere, l'incollare, lo scattare fotografie (magari in pellicola) andrebbero recuperati non per nostalgia antidigitale, ma per proporre al corpo altre posture e quindi altre idee.

Non è un caso, infatti, che la grafica globalizzata tenda spesso a somigliarsi un po' tutta. Non si tratta di mera influenza culturale, ma di modo di procedere. Tutti i designer compiono gli stessi movimenti, maneggiano pixel: un po' piú a destra; ruotato; di nuovo a destra; abbassato; poi sopra; e taglia; e incolla. Cosí all'infinito. Il design dovrebbe essere un modo di ragionare, di impostare problemi, di raccontare storie, non può ridursi a maneggiare box o a spostare pixel.

310

311

312

313

314

Stile

Lo stile è l'apparenza costante che identifichiamo in cose, eventi, comportamenti. È la sensazione di individuare, attraverso le apparenze, un'impronta omogenea che accomuna fenomeni diversi. È un'aria di famiglia, un *quid* estetico. Lo stile non si definisce, si riconosce.

Elementi diversi concorrono a determinare quei fenomeni articolati che ravvisiamo come uno stile preciso: nella Storia dell'arte, lo stile è ora lo spirito del tempo, ora il carattere dei singoli artisti, come la linea di contorno in Botticelli o le macchie in Monet; e finisce per coincidere con precise scelte espressive.

Nel design, lo stile è sempre connesso con le tecnologie a disposizione, tanto da incarnare il gusto di un'epoca attraverso i suoi mezzi di produzione, e generando un'enciclopedia di qualità specifiche che finiscono per essere citate all'infinito.

Ad esempio l'incisione, col suo denso tratteggio, fa subito Ottocento, e ogni volta che questa tipicità viene evocata, siamo subito calati nella sensibilità vittoriana. Per ragioni simili, l'aerografo fa anni Ottanta pur essendo un'invenzione del secolo precedente. Era stato infatti lanciato nel 1894 col nome di «matita pneumatica», per agevolare le pratiche di fotoritocco: la sottile nebulizzazione del colore permetteva passaggi tonali morbidissimi che potevano, meglio del pennello, camuffarsi nella grana dei sali d'argento. Se nel Novecento l'aerografo non verrà mai abbandonato, sarà però negli anni Settanta, sull'onda del gusto iperrealista, che diventerà uno strumento autonomo soprattutto in pubblicità: si riescono a evocare cromature, smalti, riflessi perfetti sia per l'industria cosmetica che per quella automobilistica, ricoprendo tutto di una patina oleografica ed erotizzante.

Oggi questi effetti patinati, che il computer può produrre fra tanti altri, sono considerati dozzinali e irrimediabilmente anni Ottanta (con tutto il giudizio che la nostra epoca di crisi può esprimere su quell'abbondanza irresponsabile). Viceversa, proprio l'avvento del computer – con la facilità estrema di produrre effetti sfumati, puliti, iperrealistici, come nei render tridimensionali – ha fatto esplodere un gusto prima inimmaginabile, quello per il «rovinato». È nella natura dei software grafici permettere allineamenti impeccabili e precisione tagliente, così i vecchi difetti (come la messa a registro e le sbavature) si decide di simularli, recuperati come forma organica, calda, chic.

L'immaginario visivo stratecnologico e metallico – prefigurato a inizio anni Ottanta dal film *Blade Runner* – non aveva infatti tenuto conto che l'avvento della cultura digitale avrebbe provocato anticorpi e reazioni. Non aveva insomma previsto, per l'Occidente ricco, l'esplosione dell'immaginario «bio», del «chilometro zero», della cultura dell'organico e del materico; elemento che invece era presente nel romanzo originario di Philip Dick, in cui gli animali autentici sono prestigiosi beni di lusso rispetto ai comuni e dozzinali animali elettrici. Lo stile hi-tech, contemporaneo alla rivoluzione digitale, ha avuto così il suo contrappasso: l'epoca del *délabré*.

I primi a scoprire questo nuovo gusto, antesignano di infinite varianti, furono i designer che venivano dall'estetica grunge, dalla cultura street, skate, surf e dal mondo dei graffiti. Un pantalone vissuto, un muro scrostato, uno skateboard consumato dall'uso, manifestano graffi e ragnature che diventano indubitabile segno di prestigio, come da sempre le cicatrici di chi ha vissuto molto.

Si cominciano cosí a impiegare font destrutturate, erose, imitando l'effetto di quegli stickers su cui si sono depositati, negli anni, sporco e scorticature. Del resto non è questo un concetto strettamente giovanile o di strada: le scarpe classiche, da uomo, all'inglese, sono considerate eleganti solo se mostrano, sotto l'impeccabile lucidatura, i segni degli anni. Niente di piú rustico che presentarsi a un incontro importante con le scarpe nuove di scatola: la patina del tempo è subito aristocrazia dell'anima.

Lo stesso vale per il mobile decapato o per la vecchia insegna rugginosa trasformata in colto soprammobile. Il vintage è la variante storicizzata del rovinato: in un'epoca in cui tutti gli stili sono compresenti, è la nostalgia per altri tempi dallo stile forte e riconoscibile.

A metà anni Novanta il gusto rovinato divenne dogma. Sembrava non si potesse fare grafica senza sporcizia. Il californiano David Carson (1954) divenne il guru di questa nuova tendenza, soprattutto attraverso «Ray Gun», una rivista di cultura *beach*, in cui foto sgranate e caratteri al limite della leggibilità si inseguivano come in un videoclip, in perfetto accordo col coevo gusto grunge, nichilista e coscientemente apatico.

A distanza di vent'anni rimane, di questa esplosione di ruvidezze, un inventario di manierismi. Quando scattiamo una foto col cellulare possiamo decidere di attribuirle un effetto sgranato, come fosse un vecchio negativo rigato; oppure possiamo darle quei colori acerbi effetto polaroid; o ancora usare l'effetto *cross-process* che imita, attraverso tinte contrastate e complementari, il risultato di una pellicola lavorata col bagno di sviluppo sbagliato, tocco ormai legato anche agli effetti delle foto fatte con le macchinette Lomo.

Oggi il digitale può simulare approssimativamente ogni cosa, cosí lo stile è diventato un deposito di trovate, un inventario di modi, tutti disponibili fin quando non ci si stufa.

Se infatti l'effetto polaroid è stato usato con grande maestria da Sofia Coppola nel *Giardino delle vergini suicide* (1999) per raccontare, attraverso quei rosa giallastri, l'irripetibile struggimento del diventare adulti, oggi è sentito come logoro e banale, per l'abuso fatto da videoclip alla moda. Una storia simile riguarda le separazioni dei toni della grafica anni Sessanta (come quella di Fiore o di Massin), effetti che avevano all'epoca un forte tono politico, che si è perso nelle loro imitazioni di trent'anni dopo. Nel visual design lo stile è sempre la conseguenza di una tecnologia, diventa poi spirito del tempo, infine repertorio, spesso fine a sé stesso.

Valga un esempio fra tanti: i colori saturi e innaturali delle foto dei francesi Pierre et Gilles (1950 e 1953) sono un lucido tributo al Technicolor dei melò anni Cinquanta: la patinatura oleografica è una forma di *camp* militante. Quegli stessi colori in David LaChapelle (1963) o nello spot del Nescafé sono solo una ricercatezza noiosa e inerte che non racconta nulla se non il proprio compiacimento. È questa la condanna della maggior parte del visual design contemporaneo: un affastellarsi di stili deprivati di senso, di motivi, di storia, a opera di designer che saturano i colori al massimo perché «fa fico», magari ignorando chi fosse Douglas Sirk (1897-1987), il regista che ha consolidato l'esasperazione del colore come forma fiammeggiante dei conflitti sociali e morali.

Alle volte il recupero di forme analogiche può essere invece dettato dal desiderio di mantenere un tono consolidato, come nel caso della «Settimana Enigmistica». Rivista che – realizzata oggi integralmente al computer – impiega varie strategie, dalla carta alla scelta degli inchiostri, per riproporre lo stile di un'editoria «di piombo». In alcuni cruciverba il reticolo delle caselle non è fatto di linee continue, manifesta piccole interruzioni,

316 ▶

▲
315

◀ 317

318
▼

ma queste, un tempo necessarie nella composizione meccanica dei filetti, sono oggi uno stratagemma digitale per simulare (e quindi evocare) un effetto del tempo che fu. Lo stesso vale per la foto di copertina stampata in rotocalco su carta porosa, tecnologia ormai desueta che conferisce, anche agli attori ventenni, la patinatura da divi anni Quaranta.

«La Settimana Enigmistica», simulando col digitale gli effetti di tecnologie desuete, non fa il vintage ma il *trompe l'oeil*, non usa il retrò per essere alla moda, bensí il fuori moda per imporsi come intramontabile.

La grafica moderna esordisce con un movimento artistico che, non a caso, viene subito battezzato «stile», almeno in Italia: il liberty.

Se l'espressione francese *art nouveau* conferisce al movimento il legittimo titolo di arte, quella italiana lo rinchiude nell'orticello di un gusto fatto di piccole idiosincrasie. È però vero che, per la prima volta, anche nell'opera dei piú grandi, si rintracciano delle costanti facili da riconoscere pure dai non addetti ai lavori: le linee sinuose, ondulate, che si chiudono repentinamente in un colpo di frusta, l'imitazione di racemi e l'ossessione floreale sono elementi ricorrenti. Pochi, anche tra i colti, sanno riconoscere con certezza il chippendale o il biedermeier, ma il liberty lo riconoscono tutti. È il primo stile per la società di massa, è il primo stile di design.

Se l'eccesso di barocchismi e l'horror vacui possono sembrarci polverosi e vittoriani, il liberty nasce però modernissimo. Vi contribuiscono una serie di fattori sociali, igienici e tecnologici: anzitutto c'era stata l'invenzione di microscopi sempre piú potenti che, in pieno Positivismo, aveva nutrito un interesse molto alla moda per la Natura. Da qui nasce la passione per le forme fitomorfiche, per la geometria di petali e pistilli, per l'ingegneria della crescita di rami e foglie. Allo stesso tempo, il microscopio rivela l'esistenza di microbi e batteri, scoperta che cambia la faccia delle abitazioni. L'Ottocento si chiude con una battaglia igienica che elimina i pesanti paramenti vittoriani: tende e nappine, tappeti e velluti diventano indice di arretratezza, perché ricettacolo di polvere e malattie. È in questi anni che nasce l'usanza di arieggiare le stanze.

Non a caso, gli interni voluttuosi di Victor Horta (1861-1947) sono spartanamente vuoti, se confrontati con una comune casa borghese dell'epoca. Il liberty semplifica l'arredamento: si decora il tessuto, ma si riducono gli «impicci».

I pattern liberty sono elementi seriali, pensati per essere stampati, per farne stencil, per cucire, ricamare, tappezzare: le forme sono semplificate ma la decorazione è ricca, ed è questa logica, squisitamente industriale, che ci fa capire oggi lo zaino robusto ed efficiente decorato col pattern di Fendi o con quello di Hello Kitty.

Ad agevolare le forme sinuose del liberty concorrono anche nuovi materiali: nasce il cemento armato che, rispetto ai mattoni, può essere colato dentro stampi e assecondare le plastiche piú diverse. Anche nel caso dei metalli, il mantra delle nuove lavorazioni è *plasmare*.

Si cita l'antico ma lo si rende tecnologico e metropolitano: le famose donne disegnante da Alphonse Mucha (1860-1939) sono dee greche, ma stanno fumando una sigaretta, invogliandoci a fare lo stesso.

Lo stile che diventerà sinonimo di buon design, almeno in Europa, è però il Modernismo, nelle sue varie declinazioni. Si è trattato infatti di movimenti diversi accomunati da un medesimo spirito di razionalizzazione estetica prima che produttiva: l'ambizione di ridurre tutto a elementi semplici, su cui agivano pulsioni etico-democratiche, igieniche e di costume.

Paul Moreau de Tour (1844-1908), psichiatra, e Jean-Martin Charcot (1825-93), fondatore della neurologia, avevano iniziato, già nel XIX secolo, una battaglia contro gli eccessi decorativi ottocenteschi, mettendo in evidenza come appartamenti arredati con semplicità ed equilibrio fossero un rifugio per la mente, assediata dalla frenesia destabilizzante della città moderna. A cavallo del XX secolo, nelle case alto-borghesi, si assisterà alla scomparsa del personale di servizio, ormai troppo costoso nella nuova economia novecentesca. Anche i benestanti diventeranno paladini della sobrietà modernista, perché una casa in stile Bauhaus, basta una sola donna di servizio a spolverarla.

Anche sul piano didattico – rispetto alle accademie d'arte che da sempre guardavano al passato, imponendo come modello imprescindibile l'imitazione degli antichi – le avanguardie moderniste vogliono azzerare tutto e inventare il futuro su basi razionali. Sono alla ricerca di principî universali, presupposti oggettivi: si cominciano a usare espressioni come «linguaggio visivo», «sintassi della forma», a ribadire che ci sono regole da svelare e da insegnare.

L'uso intensivo della fotografia rientra in questa ambizione all'oggettività; la foto sembra infatti piú neutra, meno connotata dell'illustrazione. La grande ambizione del Bauhaus, arrogante e ingenua allo stesso tempo, è quella di non avere uno stile, di porsi come il metro assoluto e imperfettibile della forma. Se questa era la legittima reazione all'eclettismo ottocentesco, fatto di mobili in mille stili (medievale, rinascimento, barocchetto), è chiaro però che anche il desiderio di purezza produce uno stile: quello Bauhaus.

La grandiosità dell'esperienza modernista non può tuttavia essere ridimensionata, i meriti sono indubbi. Il fallimento è stato invece proprio sul piano democratico, perché le istanze di fondo appaiono oggi fortemente autoritarie: si è voluto cambiare il design (e il mondo) con idee precise di cosa fosse giusto o sbagliato, di cosa

320

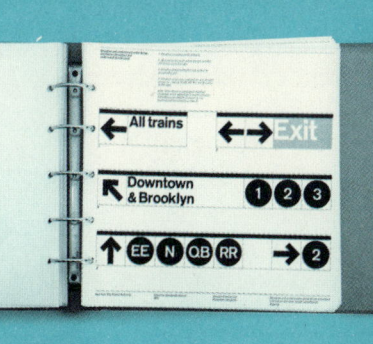

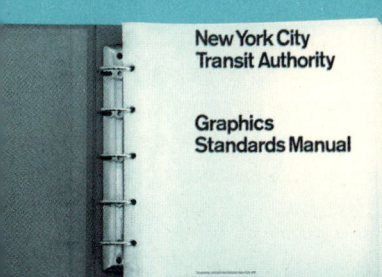

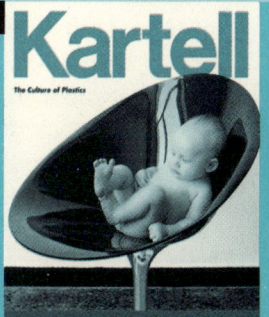

321

322

323

324

andasse fatto e di cosa no. Ma del resto, nel Novecento, il peccato originario di molti movimenti progressisti è stato quello di voler migliorare le masse guardandole dall'alto dei propri privilegi.

L'International Style con cui nella grafica ci si riferisce allo stile svizzero esploso negli anni Sessanta* raccoglie l'eredità modernista, portandola alle estreme conseguenze: l'uso di poche font selezionatissime; di gabbie modulari per la costruzione di tutti i layout; di procedure rigorose di organizzazione del lavoro, come, ad esempio, l'invenzione del manuale di stile, pubblicazione in cui si raccolgono le linee guida di cosa è ammesso nell'immagine coordinata di un'azienda. Questo diventerà in breve il linguaggio delle grandi aziende, soprattutto delle case farmaceutiche, tanto che ancora oggi il packaging dei medicinali risente di quel gusto da designer molto *sixties*, piú di qualunque altro prodotto. Allo stesso tempo quella semplicità rarefatta sarà impiegata, com'era ovvio, nella grafica dei grandi marchi del product design come Kartell, Knoll o Cassina. Che si tratti della scatola d'aspirina o della lampada *à la page*, l'International Style sta lí, a dirci che qualcuno lo ha pensato, con cura, con misura, con riga e compasso.

Il Modernismo ha cosí promosso, prima dei prodotti, sé stesso: è diventato lo stile che «fa design», anche come garanzia etica di qualità.

Alla monolitica asciuttezza modernista, prettamente europea, l'America contrappose un eclettismo piú adatto alle esigenze del mercato: se l'élite europea suggeriva di usare poche font, l'America ne inventò a centinaia. La priorità non era educare al gusto le masse, ma vendere piú prodotti. Quel che contava non era perciò la razionalità, ma lo styling. E lo stile non doveva esse-

---

* Da non confondere con l'International Style tout court, con cui ci si riferisce in architettura al Modernismo statunitense degli anni Venti e Trenta.

re neutro o invisibile, bensí si doveva vedere, doveva essere dichiarato, riconoscibile, e ne serviva uno per ogni discorso.

In America, il designer non è un progettista che vuole migliorare il mondo, ma un *consumer engineer*, uno stratega del consumo; e il visual design non è un linguaggio della forma, ma il braccio armato del marketing. Modello meno autoritario di quello europeo, ma certo non meno violento.

325

326

327

328

329

330

331

Miti

Come ogni sistema culturale, il visual design è fatto di saperi diversi e di inevitabili miti, alcuni dei quali si sono già affacciati piú volte nelle pagine di questo libro. Possiamo dividerli in due categorie: quello che le persone comuni pensano sul design; quello che i designer pensano del design e di sé stessi.

Nell'immaginario corrente, design è sinonimo di stile contemporaneo. L'espressione «mobile di design» è di uso comune per indicare, in una sedia o un tavolo, la presenza visibile di un progettista creativo. Non c'è però oggetto che non sia stato disegnato da qualcuno, si tratta dunque di una concezione debole che asseconda il diffuso desiderio per le merci firmate.

Sono in molti a voler pagare di piú per il design, sia i consumatori finali sia i committenti, ricercando non tanto l'efficacia quanto la garanzia di un'artisticità incorporata. In alcuni casi comprare design può rispondere anche a una visione del mondo, un modo di essere, una tribú a cui appartenere, come è accaduto con i computer Macintosh dai colori vivaci, disegnati da Jonathan Ive (1967) a fine anni Novanta.

Design è sinonimo di creatività e di ricercatezza e, transitivamente, di buon gusto. È un fascino che le forme esercitano sul pubblico. Il design è un tipo di lusso, è «quel certo non so che» aggiunto ai prodotti industriali. Il design è *cool*.

Nell'ambito piú circoscritto della grafica, il design viene riconosciuto quando il layout diventa rarefatto, come nelle riviste di architettura: i grandi bianchi e gli spazi vuoti di «Casabella», «Domus» o «Architectural Digest» fanno molto design. È un retaggio dell'immaginario costruito dal Modernismo, incentrato su una radicale riduzione all'essenziale. Anche l'uomo comune riconosce il design perché è fatto di poco o niente, secondo la vulgata del *less is more*.

Si tratta del mito forse piú imponente del Novecento: quello della semplicità. Una virtú che non richiede argomentazioni: se è semplice, è buono.

È l'ideale totalizzante che tiene insieme lo show room di Armani, gli appartamenti dai muri bianchi alla Le Corbusier, il minimalismo zen di Muji, fino alle composizioni di nouvelle cuisine dove un ciuffetto di prezzemolo troneggia sul vuoto di una campitura di rafano. Una sorta di grado zero che si oppone al fragore e all'affastellarsi di linguaggi e di segni del mondo contemporaneo. Mito dunque, ma soprattutto invenzione, perché, come sappiamo, il semplice non esiste in sé, è soltanto un codice a cui deleghiamo un nostro profondo desiderio di misura.

Una variante della semplicità è il neutro, ciò che si pone privo di tratti salienti, rivendicando distacco dagli stili e indipendenza dalla retorica. Un esempio di neutro è per molti l'*Helvetica*, perché sentito privo di connotazioni forti. Eppure, nei risultati, è un carattere diverso se usato da Müller-Brockmann (1914-96) o da Vignelli (1931), per citare due dei suoi piú fieri paladini: può significare ora efficienza, ora classe, a seconda degli impieghi, e può essere citato oggi, cinquant'anni dopo, come forma sofisticata di recupero chic, di gusto anni Sessanta. Sono in molti, anche tra i designer professionisti, a dichiarare di scegliere il vuoto zen o la font minimale in nome della semplicità. Ma come è chiaro non c'è nulla di piú insidioso del neutro, di quello che si pretende invisibile.

Il mito della semplicità ha radici antiche e nasce, prima che come fatto estetico, come imperativo etico. Fu la cultura protestante, a inizio Cinquecento, a imporre l'understatement come valore. Dai ritratti di Hans Holbein (1497-1543), si vede che la borghesia del Nord vestiva di nero, in aperta polemica con i colori sgargianti indossati dai principi delle corti italiane: l'abbigliamento colorato è percepito come dismisura, spreco, rumorosità cattolica e levantina. Vestirsi di nero diventa invece sinonimo di misura morale, di compostezza interiore, di understatement, appunto. Forma simbolica dell'etica protestante, del nascente capitalismo, di uomini fatti ricchi dal lavoro e non dai privilegi della nascita.

A questo modello comportamentale si aggiungerà poi un'esperienza strettamente di design, legata a un ramo del protestantesimo puritano nato nel primo Settecento e diffusosi presto negli Stati Uniti: gli Shakers.

Questi si dedicano alla progettazione di abbigliamento e arredamento come parte integrante di un modo fideistico di stare al mondo, inventando oggetti solidi, essenziali, spogliati di qualsiasi aggiunta decorativa, che avranno un'influenza determinante su tutto il design successivo. Sono gli Shakers i primi a condannare l'ornamento come *delitto*[*]. Le loro sedie, strutture ridotte all'osso, sono il modello della nostra sedia quotidiana, e impongono l'etica del minimalismo casalingo due secoli prima dell'Ikea.

La rivoluzione industriale ha inizio e sviluppo all'interno di tale mentalità. Sarà questo il modello vincente, e infatti oggi, in occasioni eleganti, non possiamo non vestirci di nero. Lo smoking è l'ossimoro prestigioso del

---

[*] *Ornamento e delitto* è il saggio di Adolf Loos del 1910, considerato uno dei principali manifesti del Razionalismo.

glamour non ostentato. Audrey Hepburn avvolta dal tubino nero è il coronamento di un ideale di asciuttezza (non aristocratico e non cattolico) che continua a essere considerato l'eleganza tout court, anche in molti Paesi del Mediterraneo.

È nota in proposito la famosa battuta di Henry Ford: «Ogni cliente può ottenere una macchina Ford colorata di qualunque colore, purché sia nero». Non soltanto le automobili sono l'unica merce nera: sono neri i primi telefoni, i ferri da stiro e molte apparecchiature elettriche. Bianchi invece i frigoriferi, in omaggio a un'idea di igiene.

Lo styling americano è stato l'incubatore di molte delle pulsioni postmoderniste, tanto che l'eclettismo progettuale di Las Vegas, fatto di giustapposizioni disomogenee, verrà preso come modello dalle nuove generazioni di architetti e designer. Da qui nasce l'altro grande mito novecentesco: l'entusiasmo per il nuovo. Il design migliore è sempre l'ultimo, secondo una tendenza che non pare attenuarsi.

Sono due le ragioni sottese a questo mito. L'idolatria per il nuovo è lo strumento principe dell'economia capitalistica, che ha bisogno per sua stessa sussistenza di merci deperibili e quindi sostituibili: bisogna desiderare il nuovo affinché i soldi girino. Allo stesso tempo però, nei circuiti di opposizione, quelli che criticano il «sistema», si coltiva l'idea del nuovo come forma di progresso e avanzamento: un linguaggio nuovo sembra sempre foriero di novità sociali.

A istituire questa equazione non è stato però il design ma, piú in generale, il mondo delle arti. Una ragione potrebbe essere cercata nello stato di nevrosi che caratterizza i linguaggi artistici da ormai un centinaio d'anni. Di fronte all'innovazione tecnologica e scientifica, portatrice di risultati, se non oggettivi, quantomeno misurabili, l'arte si è trovata spodestata del ruolo forte che occupava fin dal Rinascimento: rappresentare il meglio di una civiltà.

Le arti, senza rendersene conto, hanno imitato le scienze nel peggiore dei modi, mettendosi in una competizione (da cui non possono che uscire sconfitte) sfociata nel cancro avanguardistico dell'innovazione per l'innovazione, in un rituale necessario quanto fine a sé stesso.

Si tratta però di un'aberrazione: il valore nell'arte riguarda categorie storiche e convenzionali, per le quali è impensabile un progresso che non sia relativo. A meno di non sostenere che Michelangelo è superiore a Fidia e Pollock superiore a entrambi, il che, va da sé, è una sciocchezza anche un po' discriminatoria, in quanto sottende l'idea di una civilizzazione progressiva che rende l'uomo sempre migliore, confondendo il darwinismo con la cultura borghese. Il desiderio di linguaggi e di stili sempre nuovi è, in parte, un malinteso.

Al mito del nuovo a tutti i costi si associa poi un mito gemello, quello per la giovinezza come garanzia di valore. Già «Vogue», in un articolo del 1959, affermava che la parola *young* appare ormai ovunque: giovani cantanti, giovani imprenditori, giovani designer. Mito declinato più di recente nell'idolatria giornalistica per i nativi digitali che uniscono, quadratura del cerchio, tutti i miti: giovinezza, novità e culto dell'elettronica.

Anche l'ossessione del nuovo nasce col Modernismo; e si potrebbe dire che, per certi aspetti, la modernità è stata il mito dei miti. Il Modernismo era però proteiforme e contraddittorio: se da una parte ambiva al miglioramento della società, dall'altra si ripiegava su sé stesso secondo formule autoriflessive sul piano estetico. In ambito grafico non si studiava il mondo esterno (ad esempio tramite strumenti statistici), ma si cercavano regole interne ai linguaggi stessi; si cercava il «linguaggio della visione» o il «linguaggio della forma», come se fossero eterni, indipendenti dalla cultura materiale o dalla realtà sociale in cui si operava.

Centrale è stato l'impiego di strumenti di razionalizzazione: righe e compassi con cui disegnare tutto il disegnabile, e soprattutto griglie e gabbie per distribuire pesi, spazi, forme. Da una parte si perseguiva un approccio scientifico che garantisse oggettività e autorevolezza, dall'altra si veniva influenzati dalle coeve esperienze della pittura astratta, in cui la composizione è un'entità autonoma che precede i contenuti.

A questo si aggiunga quella che è stata forse la piú grande invenzione modernista: il montaggio. Si tratta di qualcosa di diverso dal semplice collage; il montaggio – termine in uso non a caso nel cinema ma pure in fotografia e nel layout dei magazine – è anzitutto un modo di ragionare che giustappone fonti diverse (materiali massmediatici preesistenti o inventati ad hoc) amplificandone gli aspetti ritmici e temporali e facendo scaturire, dalla relazione fra i pezzi, nuovi significati e discorsi.

Questo spirito innovatore non è stato tuttavia privo di ombre e di questioni irrisolte. Oltre la razionalità e la misura, infatti, il Modernismo è stato un movimento profondamente conflittuale e diciamo pure tormentato: in fondo, professando il progresso con piglio militante e immaginando un domani migliore, il Modernismo ha temuto il presente, e quindi la vera modernità.

Passiamo ora a parlare di quello che i designer pensano del design e di sé stessi. Uno di questi miti riguarda il considerarsi dei *problem solver*; né artisti né artigiani, ma figure nuove, nate all'interno della cultura architettonica di inizio Novecento, che da una parte contribuiscono a risolvere problemi, dall'altra ne pongono di nuovi non previsti dal committente. Responsabili quindi di progettare non solo il cucchiaio e la città (come recitava un famoso adagio), ma cucchiai e città migliori.

Se molti art director si formano tramite studi di architettura, altri escono invece dalle fila delle accademie d'arte. A differenza di altre professioni dai confini piú precisi, infatti, il visual design ha piú anime, e non è ancora chiaro dove andrebbe studiato. Presso le facoltà di architettura? Nelle scuole specializzate nel disegno industriale? Nelle accademie d'arte?

Nel dubbio, proliferano corsi di vario tipo: è di tendenza ambire a un mestiere creativo e il design ha fatto del suo stesso mito un fiorente business didattico.

La maggior parte dei corsi però – di grafica, di moda, di fotografia – parte dall'assunto che queste discipline non richiederebbero studio, ma solo pratica. Si tratta di un mito nel mito: quello del training, che tratta la progettazione come una attività tecnico-meccanica, in cui l'importante è maneggiare prassi, siano esse i software o i formulari che insegnano la sezione aurea, la regola dei terzi o le accoppiate cromatiche. Chi rivendica questo approccio ritiene che, una volta padroneggiate le tecniche, conti solo il talento, e rifiuta cosí gli aspetti teorici del design, reputati inutili filosofemi. Gli ingenui sostenitori di queste idee non si rendono però conto che rifiutare la teoria è anch'essa una teoria. Modesta, ma pur sempre una teoria.

Altri designer oppongono al modello razionale del *problem solver* il mito della creatività, quella dei pubblicitari ispirati, magari con un pizzico dell'artista bohémien e dell'enfant terrible: quella spolverata di sregolatezza che rende piú ineffabile il talento. Sul piano delle capacità il designer si propone spesso come un uomo del Rinascimento aggiornato su scala industriale; con tutte le fascinazioni dell'individuo dotato, in grado di aggiungere quel tocco che altri non saprebbero dare. Se, in alcuni casi, questo può contenere una verità, piú spesso si tratta di un modo di autopromuoversi, di convincere la committenza della necessità del design non sul piano dell'efficacia, ma della magia.

È lo stereotipo dell'artista nato sotto il segno volitivo di Saturno, a cui si aggiunge un po' di glamour da rockstar. Philippe Starck (1949) o Neville Brody (1957) sono ospitati in televisione e si organizzano mostre come si fa per Tiziano o Monet. In altri casi, ci può essere anche un po' di ispirazione mistica, da santone o da guru: il designer *vede* ciò che agli altri è invisibile, e ci indica la via. Anche questo è un modello antico, consolidato da poeti come Baudelaire o Rimbaud, che si professavano veggenti, e di cui Steve Jobs (1955-2011), soprannominato «visionario», è la variante in salsa duepuntozero.

Ci sono poi quei designer che introducono nella progettazione procedure e stilemi tipici dell'arte contemporanea: happening, performance, body art; come quando Stefan Sagmeister (1962) usa il proprio corpo per scrivere, o per farne il protagonista di sequenze narrative. Oppure si fanno esperimenti concettuali, come quando Carson pubblica un articolo sostituendo al carattere da testo un *dingbat*, impedendoci cosí di leggerlo; o quando il magazine «Émigré» – capofila di un rinnovamento elitario della grafica – copre con rettangoli colorati il testo della rivista, negandocene l'accesso.

Molte piattaforme digitali propongono il lavoro dei designer all'interno di gallerie che simulano la visita di un museo o lo sfogliare un catalogo d'arte, equipollendo dipinti con poster, marchi e copertine di libri. La promozione del design come espressione del talento comporta il privilegio di farsi pagare di piú, in nome di una maggiore autorialità rispetto al semplice *problem solver*, livellato sul tariffario delle consulenze aziendali. Questi aspetti sono poi amplificati dai media, che trovano piú facilmente comunicabile una condotta eccentrica, rispetto alla spiegazione di un progetto nel suo funzionamento.

Piú in generale il design, come l'arte, diventa sinonimo di alto valore aggiunto: un'eccellenza percepita e distinguibile che rassicura anche il committente meno prepara-

332

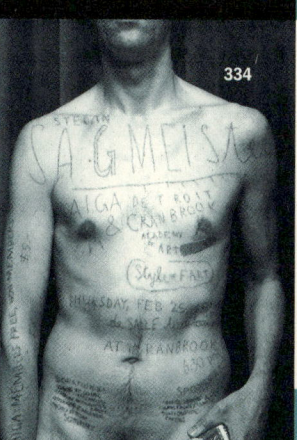

333

334

335

THE GRAPHIC LANGUAGE OF
NEVILLE BRODY

336

to di non stare sbagliando. Si cerca non il progetto ben fatto, ma la firma famosa, che possa suggerirne la qualità. Anche designer giovani e poco noti finiscono però per imitare questi atteggiamenti da detentori del gusto, convinti che l'abito faccia il monaco. Ma questa non è storia nuova: i membri del Bauhaus, una volta emigrati negli Stati Uniti, fecero di tutto per alimentare la fama della scuola come forma di autopromozione e di consolidamento sociale.

Fu Tiziano il primo a rivendicare per il proprio lavoro lo statuto di opera di ingegno, comportandosi, in fondo, come un designer. Gli altri pittori vendevano i loro quadri; Tiziano, nel 1567, ottenne dal senato veneziano i diritti sulla riproduzione dei suoi dipinti: per la prima volta, in modo ufficiale, il valore non veniva calcolato sull'esecuzione materiale, ma sull'invenzione, sull'idea compositiva: quelle che oggi chiamiamo *royalties*. Il sistema venne perfezionato da un altro pittore coinvolto con la riproducibilità tecnica, William Hogarth, che nel 1735 riuscí a ottenere il primo vero atto legale di riconoscimento della proprietà intellettuale, cioè i diritti d'autore applicati alle immagini.

Il mito del designer che si comporta come un artista pone dunque l'annosa questione: ma il design è arte?

A questa domanda molti si rifiutano di rispondere, ritenendolo un problema vecchio e male impostato. Eppure sono sempre di piú i giovani che si avviano a una carriera nel design con intenzioni *artistiche*: è dunque una domanda che non possiamo ignorare.

Vale però subito la pena precisare che oggi nessuno sa bene cosa sia l'arte: non esistono piú discipline eminentemente artistiche e, negli ultimi cento anni, gli ambiti dell'estetico si sono allargati sempre di piú. Dopo l'esperienza di Marcel Duchamp (1887-1968) nessuno può piú circoscrivere con precisione il fatto artistico: l'arte è un'idea mobile, definita (come tutti i concetti) anzitutto per convenzione, e ogni ambito culturale ne individua i tratti salienti e le condizioni necessarie.

L'idea di arte a cui in genere si fa riferimento è recente e ha cominciato a delinearsi a partire dal Quattrocento. L'utopia di un tempo lineare della storia artistica in cui si manifesta un progresso nasce infatti come mera propaganda per i signori dei Rinascimento. Il concetto di arte – definito per approssimazioni successive a partire dal Vasari a metà Cinquecento – trova poi nella cultura romantica la sua formulazione attuale.

Rispetto alle molte attività intraprese dall'uomo, l'arte sarebbe quel luogo in cui l'espressione non ha finalità, in cui i discorsi prendono consistenza estetica in una generale amplificazione dell'esperienza sensoriale, emotiva o conoscitiva: la messa in forma di un modo di sentire la vita o di una visione del mondo. È chiaro che si tratta di un'idea per molti aspetti vaga e un po' scivolosa: una società utilitaristica delega all'arte il ruolo del disinteresse e della contemplazione, che in altre culture spetta alla spiritualità e alla religione.

Quando però, nel linguaggio comune, si dice «è arte», piú che una definizione spesso si sta usando una metafora: diciamo «è arte» ma intendiamo «è come un'opera d'arte», trattando le opere di ingegno come fossero già dei michelangelo, e quindi meritorie di rimanere nella Storia dell'umanità. Musei e gallerie, infatti, staccando le opere dai contesti reali per cui erano state pensate, ne hanno messo in luce soprattutto gli aspetti autoriali, promuovendo l'idea che l'arte sia una cosa conchiusa, sganciata dalle esigenze quotidiane del mondo e della società. Ma un'arte siffatta non c'è mai davvero stata, tanto che nel contratto di Botticelli per la *Primavera* si legge che il dipinto aveva un funzione concreta di arredamento, essendo commissionato per appenderlo sopra un «lettuccio», cioè una cassapanca.

Eccoci dunque al nodo di fondo: il problema del design, dal Modernismo in poi, è stato sempre quello di riconoscersi fuori o dentro l'arte, partendo dall'assunto che il design svolge una funzione mentre l'arte non ce l'avrebbe. Il design risolve problemi, mentre l'arte esprime sé stessa in maniera disinteressata. Ma, appunto, un'arte senza funzioni non è mai esistita: anche oggi, ad esempio, l'arte contemporanea muove ingenti somme di denaro solo per il suo valore simbolico, tramite il sistema delle biennali e dei *beaubourg*. Non si tratta quindi del tempio dell'espressione spassionata, ma di alta finanza fatta con altri mezzi.

Le opere degli artisti contemporanei, per quanto belle e geniali, hanno una funzione molto precisa, simile a quella dei titoli di borsa. Tuttavia, mentre nel design o nella grafica la funzione è evidente, nell'arte è celata, proprio perché il valore presunto dell'arte consisterebbe nell'essere splendidamente inutile.

Arte è insomma una parola sdrucciolevole, che rimanda a un'imprecisata e mistica autorialità, a volte gratuita, visto che, nell'arte contemporanea, il vero autore sembra essere spesso il curatore e non l'artista. Potremmo anzi dire che siccome il sistema dell'arte progetta la carriera di un artista (e delle sue opere) usando tutti gli strumenti comunicativi adeguati, oggi è l'arte a essere pensata come design.

È questo, però, solo un aspetto della questione, perché il termine arte è usato spesso in maniera piú generica e opaca: definiamo arte anche un videogioco o un fumetto, vuoi per l'eccellenza con cui è realizzato (concezione debole), vuoi perché vi rintracciamo una forte intenzione espressiva.

L'idea di arte come luogo dove esprimere sé stessi non è però mai stata centrale in quei prodotti fatti negli ultimi trentacinquemila anni che oggi chiamiamo arte. A meno che per «esprimere sé stessi» non si intenda avere una visione del mondo e raccontarla: ma allora qualsiasi individuo esprime sé stesso, pure quando cammina o fuma una sigaretta senza che questo c'entri nulla con l'arte.

Al fondo del problema troviamo, ancora una volta, la conflittualità interna a una cultura materialistica: si usa infatti il termine «arte» spesso come opposto di «commerciale». Qualcosa è arte se si svincola dalle logiche stereotipate del mercato. E da qui si arriva al parossismo, in fondo ridicolo, per cui se un libro o un film hanno molto successo di certo *non sono arte*. Si tratta, insomma, di una parola jolly, in cui confluiscono i desideri di purezza e disinteresse, come una bolla di aria respirabile all'interno dell'inquinamento mercantile della società di massa.

Anche nell'ambito piú ristretto della grafica si pongono graduatorie basate sul livello di disinteresse e di autorialità: tra gli addetti ai lavori, il grafico che lavora per progetti culturali è considerato un intellettuale, mentre quello che lavora in pubblicità è un mercenario. Possiamo sorridere di queste semplificazioni, ma non possiamo ignorare che anche gli stereotipi parlano, agiscono e costruiscono i saperi del design.

A guardar bene, arte, pubblicità e design sono oggi sempre piú simili fra loro, e impiegano strategie e linguaggi comuni. Quello che cambia è solo il desiderio di valore, una differenza di prestigio dunque, non di linguaggio: è il contesto istituzionale che determina se una cosa è arte, design o pubblicità.

A questo punto però, avendo dato al visual design confini larghi e sfumati, si dovrà render conto di quelle opere che manifestano un sincero intento espressivo, uno schietto anelito di rinnovamento linguistico, opere in cui quel desiderio di disinteresse ci pare compiuto.

È qualcosa che accade spesso quando il design prende forme narrative e si accosta, nella percezione del pubblico, ai film o ai romanzi, come nel caso dei fumetti o delle narrazione grafiche. Vuoi perché quando si racconta è implicito esprimere una visione del mondo, vuoi perché le storie hanno una funzione che pare di per sé stessa disinteressata: intrattenerci, emozionarci o farci riflettere.

La cantatrice calva di Massin o i fumetti di Carl Barks (1901-2000) appartengono senza dubbio al visual design; questo è un fatto. Però su un altro piano, soggettivo, li si può reputare opere d'arte. Per argomentare questa mia posizione ho bisogno di una definizione filosofica di arte: chiamiamo arte qualunque oggetto venga scelto come pretesto (ma necessario per il soggetto) di esperienza estetica; un oggetto in cui si senta un'intenzione, la quale può essere nominata, rivendicata, pretesa in un contendere dialettico. Chiamiamo arte ciò in cui sentiamo un'intenzione d'arte.

Il visual design è dunque arte? Anche. Perché no? Talvolta.

L'analisi dei miti e delle idee che profani e professionisti hanno sul design chiarisce ancora meglio come si tratti di pratiche molto diverse che non possiamo costringere in un'unica interpretazione.

Analizzare i miti significa decostruirli: li si smonta per guardarli da fuori, per capirli meglio, per capire cosa hanno da dire su di noi, sulla nostra cultura. Spesso, però, quando si smonta qualcosa, ci si ritrova senza piú modelli e privi delle vecchie sicurezze. Vivere in questa disillusione può essere sconfortante, ed è dunque legittimo chiedersi: che fare? Una volta compiuta questa decostruzione, cosa ci resta?

Molti filosofi, quando smontano il mondo, ci tolgono tutte le nostre certezze, ma in cambio ci prospettano un futuro migliore, libero dai pregiudizi e dai legacci delle false credenze. Per molti aspetti il libro che avete letto è la decostruzione di un unico grande mito, quello della naturalità delle forme: nel design, non solo tutti i linguaggi, ma anche i comportamenti sono convenzionali, cioè culturali.

Capire questo non vuol dire però che dobbiamo rinnegare ogni pratica o linguaggio perché inautentici. Non si tratta di rinunciare alla semplicità, al reportage, al minimalismo, all'arte o al *problem solving*; si tratta casomai di accoglierli, praticarli o rifutarli con consapevolezza.

Ciascuno sceglierà per sé che tipo di designer o di pubblico vuole essere: si può preferire il funzionalismo o il design espressivo; si può ambire a una grafica strettamente informativa o di stile postmoderno; credere nell'efficienza o praticare la performance. Purché non si scambino questi convincimenti per verità ineluttabili, purché li si tratti per ciò che sono. È l'unica strada per non finire nelle secche del moralismo, come coloro che credono ci sia un solo modo giusto di fare le cose.

Non dunque decostruire per arrivare a nuovi formulari, né smascherare il mito per sostituirlo con un altro; l'obiettivo non è stabilire se il garamond sia migliore dell'helvetica, bensí sapere perché, di volta in volta, usiamo l'uno o l'altro, perché li prediligiamo o li rigettiamo.

I sistemi linguistici, proprio perché convenzionali, prevedono scelte buone o cattive, non lecite o illecite; una critica al visual design deve essere, per forza di cose, anche un'autocritica che prenda atto delle incoerenze e dei conflitti in cui ci troviamo immersi ogni giorno, come produttori e consumatori di comunicazione. Nessuno può, in buona fede, rivendicare purezza e chiamarsi fuori. Sarebbe troppo facile. Ed è per questo che posso proporre domande e non soluzioni, perché i miti e gli oggetti polemici non sono vizi a cui restiamo estranei o che possiamo limitarci a condannare con distaccata superiorità. Il termine «critica» va inteso non come giudizio, ma come messa in discussione.

Se il visual design è fatto di informazioni, narrazioni e seduzioni, è chiaro che oggi la maggior parte degli investimenti va alla seduzione. Chiedersi quindi che rapporto intrattiene un libro di matematica con uno spot televisivo, è una domanda quanto mai attuale per capire le dinamiche del potere.

Gli strumenti del visual design sono alla portata di sempre piú persone, le sue questioni non riguardano piú soltanto un numero ristretto di addetti ai lavori. Possedere i mezzi, però, non basta. In pochi centimetri di scrivania si dischiudono poteri comunicativi enormi, ma, come dice l'Uomo Ragno, da grandi poteri derivano grandi responsabilità. Saper usare un software è poca cosa, quello che serve è, appunto, consapevolezza culturale; perché il visual design è anzitutto un fatto sociale, dove committenti, utenti e progettisti hanno desideri e intenzioni.

Per questo capire il design non è riconoscere le forme, ma sapere chi è che sta parlando.

3

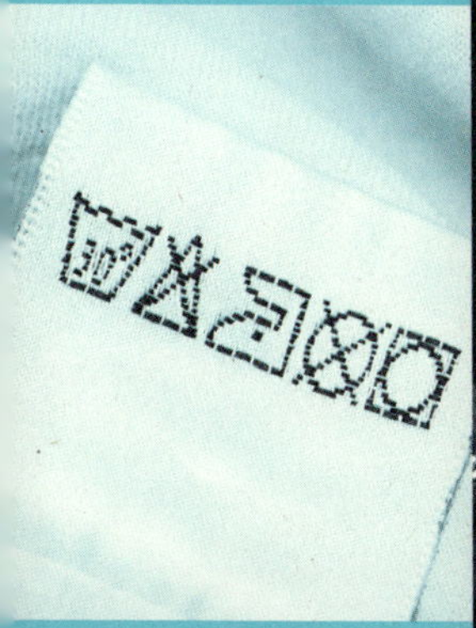

337

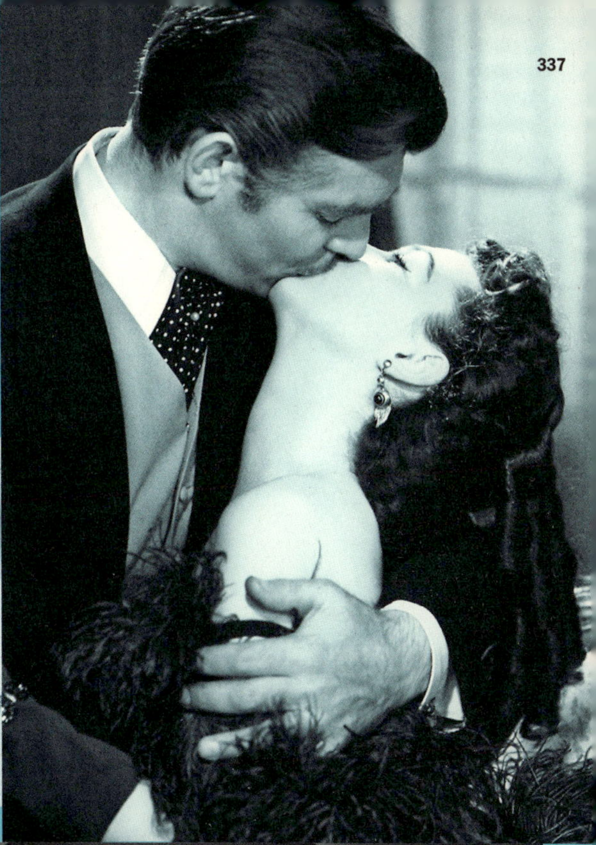

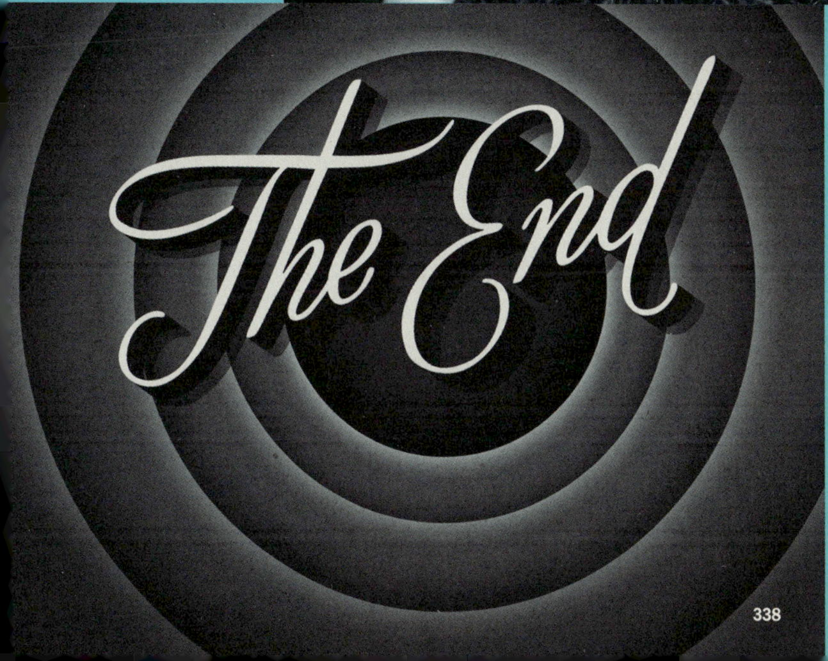

338

339

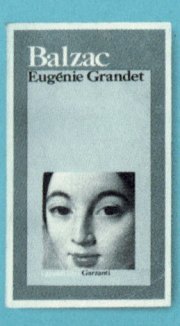

340

341

342 / 343

Elenco delle illustrazioni

controfrontespizio: Parigi, Musée du Louvre, sala della *Monna Lisa*, 2013.
(Foto © Riccardo Falcinelli).

1. Giulio Romano, *Giove seduce Olimpiade*, affresco, 1526-35.
Mantova, Palazzo Te, Sala di Psiche. (Foto Akg-Images / Mondadori Portfolio).

2. Marcantonio Raimondi, incisioni da Giulio Romano, in Pietro Aretino, *I Modi*, 1524.

3. Etichetta di biancheria con le istruzioni per il trattamento.
(Foto iStockphoto).

4. Lucas Cranach il Vecchio, *La passione di Cristo e l'anticristo*, incisione, 1521.

5. *Ego sum Papa*, xilografia, prima metà del XVI secolo.

6. Marcantonio Raimondi, *Trionfo di Galatea*, incisione da Raffaello Sanzio, 1515.

7. Esempio di packaging di surgelati.
(Foto © Riccardo Falcinelli).

8. Istruzioni per mobile Ikea.
© Inter Ikea Systems B.V.

9. Marchio a fuoco su prosciutto.

10. Riviste sul banco di un giornalaio.
(Foto © Riccardo Falcinelli).

11. Bottiglia Absolut Vodka.
(Foto iStockphoto).

12. Attacco alle Torri gemelle, 11 settembre 2001, schermata YouTube.

13. Attacco alle Torri gemelle visualizzato su telefono cellulare.
(Foto © Riccardo Falcinelli).

14. Pubblicità Absolut Vodka, 2007.
© The Absolut Company Ab.

15. Dettaglio da un telegiornale visualizzato su monitor.
(Foto © Riccardo Falcinelli).

16. Fotogramma dalla serie Tv *Sherlock*, 2010.
© Hartswood Films, Bbc Wales, Wgbh.

17. Fotogrammi dal film *I racconti del cuscino*, 1996.
© Peter Greenaway, per gentile concessione.

18. Catalogo Ikea, 2013.
    © Inter Ikea Systems B.V.
19. Esempi di confezioni in vetro e in lattina.
    (Foto © Riccardo Falcinelli).
20. Ricostruzione di un torchio tipografico del XVI secolo.
    (Foto © Riccardo Falcinelli).
21. Carattere tipografico di legno di inizio Novecento.
    (Foto © Riccardo Falcinelli).
22. Scarpe da ginnastica.
23. Impressione del carattere in legno della figura 21.
24. Johannes Gutenberg, Bibbia detta «delle 42 linee», 1455 circa.
25. Sigillo cinese, dinastia Qin, 221-206 a. C.
26. *L'annunciazione*, xilografia, XV secolo, elaborazione grafica.
27. Sigilli egizi, XVIII dinastia, XVI-XIV secolo a. C.
28. *San Cristoforo*, xilografia, 1423.
29. *La storia della Beata Vergine*, xilografia, XV secolo.
30. Aristotele, *Opere*, tipografia di Aldo Manuzio, Venezia 1495.
31. Carta da gioco, xilografia, XV secolo.
32. Schema di ingombro dei caratteri tipografici.
33. Caratteri tipografici.
    (Foto © Alessio Macrì).
34. Caratteri tipografici.
    (Foto © Alessio Macrì).
35. Struttura di un carattere tipografico in piombo.
36. «Capitalis romana», incisione su pietra, II secolo d. C.
37. Cartamoneta cinese, matrice e stampa, XIII secolo.
38. Sutra in cinese, xilografia, 1011-82.
39. Disco di Festo, retro, prima del 1700 a. C.
    Iraklion (Creta), Museo archeologico.
40. Anfora vinaria, II secolo a. C.
41. Bottiglie da vino e da acqua.
    (Foto © Riccardo Falcinelli).
42. Copie del Discobolo di Mirone.
43. Mattonelle decorate, graniglia, anni Trenta.
44. Una mano e la sua fotocopia.
    (Foto iStockphoto).
45. Immagine assente.
46. Copie del *David* di Michelangelo.
47. Caratteri tipografici di legno di inizio Novecento.
    (Foto © Riccardo Falcinelli).
48. «Motion Picture», agosto 1941.
49. Ingrandimento dell'immagine 48 che ne evidenzia il retino.

ELENCO DELLE ILLUSTRAZIONI

50. Compasso e spazzola.
    (Foto © Riccardo Falcinelli).
51. Piotr Naszarkowski, francobollo per il centenario della nascita di Greta Garbo, incisione da Clarence Bull, 2005.
52. Antonio Sant'Elia, disegno architettonico, 1914.
53. Giambattista Piranesi, *L'arco con la conchiglia*, tavola XI, in *Carceri d'invenzione*, incisione, 1745-70.
54. Livrea Alitalia.
    (Foto iStockphoto).
55. Biglietti Alitalia.
    (Foto iStockphoto).
56. Moneta raffigurante Luigi XVI.
57. *Citizen Kane*, 1941, locandina.
58. Leonardo da Vinci, *Monna Lisa*, olio su tavola, 1503-14 circa.
    Parigi, Musée du Louvre. (Foto Album / Mondadori Portfolio).
59. Tazza souvenir con raffigurata *Monna Lisa* di Leonardo da Vinci.
    (Foto © Riccardo Falcinelli).
60. Jacopo Pontormo, *Visitazione*, olio su tavola, 1528-29.
    Carmignano, Propositura dei Santi Michele e Francesco. (Foto © Remo Bardazzi / Electa / Mondadori Portfolio).
61. Albrecht Dürer, *La crocifissione*, tavola XXV, in *Piccola Passione*, incisione, 1511.
62. Albrecht Dürer, *Le quattro streghe*, incisione, 1497.
63. Albrecht Dürer, *Melencolia I*, incisione, 1514.
64. László Moholy-Nagy, *Pittura Fotografia Film*, Einaudi, Torino 1987.
    © Siae 2017.
65. Gustave Doré, *Paolo e Francesca*, in *La Divina Commedia*, Inferno, incisione, 1890.
66. Henri de Toulouse-Lautrec, *Divan Japonaise*, 1892-93.
67. Katsushika Hokusai, manga, xilografia policroma, 1818.
68. Kitagawa Utamaro, *Ragazza che soffia in un popen*, xilografia policroma, 1792-93.
69. Katsushika Hokusai, *La grande onda di Kanagawa*, in *36 vedute del monte Fuji*, xilografia policroma, 1823-29.
70. W. A. Dwiggins, *Layout in Advertising*, Harper, New York 1948.
71. Duilio Cambellotti, copertina per *Arione* di Eugenio Della Valle.
    © Marco Cambellotti, per gentile concessione.
72. Duilio Cambellotti, manifesto per *Gli uccelli* di Aristofane al teatro romano di Ostia Antica.
    © Marco Cambellotti, per gentile concessione.
73. Esempio di packaging.
    (Foto iStockphoto).
74. *Good Bye, Lenin!*, 2003, locandina.
    (Foto The Kobal Collection / Mondadori Portfolio).

75. Schermata di Flickr.
(Foto iStockphoto).

76. Pagine di rivista con pubblicità per Chanel n° 5, 1973.
(Foto © Riccardo Falcinelli).

77. *The Twilight Saga: Eclipse*, 2010, locandina.
(Foto The Kobal Collection / Mondadori Portfolio).

78. Fotogramma dalla serie Tv *True Blood*, 2008.
(Foto Picture Desk / Mondadori Portfolio).

79. Pennello da fard.

80. *Peyton Place*, 1957, locandina.

81. Fotogramma dalla serie Tv *Desperate Housewives*, 2004.
(Foto Picture Desk / Mondadori Portfolio).

82. Pubblicità del mascara L'Oréal Paris con Eva Longoria in una strada di Beirut, Libano, 2010.
(Foto iStockphoto).

83. «Screen stories», maggio 1949.

84. Pagine di rivista con pubblicità per Collistar, 2011.
(Foto © Riccardo Falcinelli).

85. Pubblicità per L'Oréal Paris, 2009.
© L'Oréal Paris.

86. Pagine di rivista con pubblicità per Lancôme, 2009.
(Foto © Riccardo Falcinelli).

87. Copertine di riviste.
(Foto © Riccardo Falcinelli).

88. Nicole Kidman e Tom Cruise sulla copertina di «Time» per l'uscita di *Eyes Wide Shut* di Stanley Kubrick, 1999.
(Foto © Riccardo Falcinelli).

89. Copertine di riviste di gossip cinematografico negli anni Sessanta.
(Foto © Riccardo Falcinelli).

90. Ritratto di Wallis Simpson e re Edoardo VIII.
(Foto Corbis).

91. *Mrs Wallis Simpson. Her Royal Romance and Life Story*, Dell Comics, New York 1936.

92. «Time», 1935, n. 1.

93. Diagramma di volto femminile.

94. Dettagli di una banconota da cinque pound, Gran Bretagna, 1990.

95. Impronta digitale dell'autore.

96. Motivi per assegni bancari (Caslon & Livermore, 1825) sovrapposti a una fototessera della madre dell'autore (1970 circa).
(Foto © Miriam Marchetti).

97. Menu di Facebook.

98. Pubblicità per Marlboro, 1969.

99. Pubblicità per Marlboro, 1937.

100. Pubblicità per il California Department of Health Services, 1999.

ELENCO DELLE ILLUSTRAZIONI

101. Confezioni di lamette da uomo e da donna.
(Foto © Riccardo Falcinelli).

102. Risultati della ricerca immagini «oj simpson time newsweek» su Google, con il confronto fra le copertine pubblicate.
(Foto © Riccardo Falcinelli).

103. Tessera sanitaria, facsimile.

104. Carta d'identità, facsimile.

105. Tessera della previdenza sociale fascista, fine anni Trenta.

106. Stemma di Napoleone Bonaparte.

107. William Faulkner, *Sanctuary*, Penguin Books, Londra 1955.

108. Marchiatura del formaggio parmigiano.

109. Marchio Apple dal 1976 al 1999.
© Apple Inc.

110. Marchio Ibm.
© International Business Machines Corporation.

111. Baule Vuitton, anni Venti.

112. Muji Store a Düsseldorf, 2007.

113. Scatola di pasta Barilla.
(Foto © Riccardo Falcinelli).

114. Marchio Nike.
© Nike Inc.

115. Baffo Nike impiegato nell'insegna di un negozio.
(Foto iStockphoto).

116. Barattolo di gelato.
(Foto © Riccardo Falcinelli).

117. Pacco FedEx.
(Foto iStockphoto).

118. Logotipo presidenza del consiglio, dettaglio.

119. Marchio Barbie.
© Mattel, Inc.

120. Tappo di una bottiglietta di Coca-Cola.
(Foto iStockphoto).

121. Barattolo di zuppa Campbell's.
(Foto © Riccardo Falcinelli).

122. Peter Behrens, manifesto per Aeg, litografia a colori, 1907.

123. Formella dei Paratici, corporazione dei carradori, 1150 circa.
Piacenza, cattedrale di Santa Maria Assunta e santa Giustina.

124. Marchio Aeg.

125. Marchio Warner Bros.
© Warner Bros. Entertainment Inc.

126. Pan Am, manuale di immagine coordinata, anni Sessanta.

127. Andrea Alciato, *Emblematum liber*, 1549.

128. Emblema di Aldo Manuzio.

129. Il cagnolino-mascotte His Master's Voice Gramophone su un disco in vinile.
     (Foto iStockphoto).
130. Marchio Einaudi.
131. Marchio Burberry.
     (Foto © Riccardo Falcinelli).
132. Marchio Lacoste.
     (Foto iStockphoto).
133. Marchio Feltrinelli.
134. Banane Chiquita.
     (Foto © Riccardo Falcinelli).
135. Cassandre, manifesto per Galeries Lafayette, litografia, 1928.
136. Fortnum & Mason, vetrine su strada, Londra.
     (Foto © Riccardo Falcinelli).
137. Eataly, l'insegna sulla facciata, Roma.
     (Foto © Riccardo Falcinelli).
138. Reparto ortofrutta di un supermercato.
     (Foto iStockphoto).
139. Harrod's, shopper.
140. Manifesto per Lux Toilet Soap, 1949.
141. Flacone di profumo Chanel n°5.
142. Annuncio pubblicitario *New Clothes for Coca-Cola*, 1917.
143. Mae West in costume di scena, anni Trenta.
144. Packaging di Sunlight Soap, XIX secolo.
145. Manifesto per Pears' Soap, 1886.
146. Barattolo di borotalco Roberts.
     (Foto © Riccardo Falcinelli).
147. Boccetta di acqua di rose Roberts.
     (Foto © Riccardo Falcinelli).
148. Dettaglio della bottiglia del liquore Strega.
     (Foto © Riccardo Falcinelli).
149. Scatola di Idrolitina.
     (Foto © Riccardo Falcinelli).
150. Una cornice.
151. Un libro.
152. Eugène Ionesco, *La cantatrice chauve*, grafica di Robert Massin, Gallimard, Parigi 1964.
153. Winsor McCay, *Little Nemo in Slumberland*, illustrazione, in «New York Herald», 1907.
154. Indicazione delle toilette in un aeroporto.
     (Foto iStockphoto).
155. Scontrino fiscale.
156. Bollettino postale di pagamento.

ELENCO DELLE ILLUSTRAZIONI

157. Orario ferroviario, 1975.
158. Vladimir Vladimirovič Majakovskij, *Per la voce*, progetto grafico di El Lissitzky, 1923.
159. Distinzione tra testi e immagini nei sistemi digitali.
160. Alex Raymond e Don Moore, *Flash Gordon*, tavola, 1936.
161. Barra degli strumenti di InDesign e QuarkXPress.
162. Iscrizione dal basamento della Colonna Traiana, 113 d. C.
163. *Adobe Trajan Pro*, progettato da Carol Twombly, 1989-2001.
164. *Lions for Lambs*, 2007, locandina.
    (Foto Album/Mondadori Portfolio).
    Sex and the City, 2008, locandina.
    (Foto Album/Mondadori Portfolio).
    A Beautiful Mind, 2001, locandina.
    (Foto The Kobal Collection/Mondadori Portfolio).
    Minority Report, 2002, locandina.
    (Foto Picture Desk/Mondadori Portfolio).
165. Studi per la costruzione della lettera *r*, in Geoffroy Tory, *Champ fleury*, Parigi 1529.
166. Minuscola mercantesca.
167. Minuscola beneventana.
168. Minuscola merovingia.
169. Sarcofago di Teodechilde, particolare dell'iscrizione, VIII secolo.
    Jouarre (Francia), basilica cimiteriale di Saint-Paul.
170. Minuscola carolina.
171. Arnold Pannartz e Konrad Sweynheim, caratteri tipografici. *In alto*: Magonza, 1465. *In basso*: Subiaco, 1467.
172. *Adobe Garamond Premier Pro*, progettato da Robert Slimbach, 2005-07.
173. Carattere tipografico disegnato da Francesco Griffo, in Pietro Bembo, *De Aetna*, tipografia di Aldo Manuzio, Venezia 1495.
174. *Itc New Baskerville*, progettato da John Quaranda, 1982.
175. Virgilio, *Bucolica, Georgica, et Aeneis*, tipografia di John Baskerville, Birmingham 1757, frontespizio.
176. Pagina da Giambattista Bodoni, *Manuale tipografico*, Parma 1818.
177. Copertine di riviste di moda.
    (Foto iStockphoto).
178. *Linotype Didot Headline*, progettato da Adrian Frutiger, 1991.
179. Rotative in una stamperia ottocentesca, incisione d'epoca.
180. *Times New Roman*, progettato da Stanley Morison e Victor Lardent, 1932.
181. Ludovico Ariosto, *Orlando Furioso*, frontespizi. *A sinistra*: tipografia di John Baskerville, 1773. *A destra*: tipografia di Antonio Zatta, 1772.
182. «The Illustrated London News», 15 marzo 1856, p. 270.

183. Packaging di epoca vittoriana.
    (Foto © Museum of Brands, Londra).
184. Carlo Collodi, *Le avventure di Pinocchio*, prima edizione, Firenze 1883.
185. Spessore delle grazie nei caratteri ottocenteschi *Clarendon*, *Playbill*, *Bodoni Poster* e in un carattere decorato.
186. *C'era una volta il West*, 1968, locandina.
    © Leone Film Group, per gentile concessione.
187. William Klichin, manifesto, 1890.
188. *Futura*, progettato da Paul Renner, 1927.
189. Tascabile Penguin Book, dettaglio, 1955.
190. Il carattere *Johnston* in un cartello della metropolitana di Londra.
    (Foto © Riccardo Falcinelli).
191. Ernest Hemingway, *Il vecchio e il mare*, «Medusa», Mondadori, Milano 1952.
192. Roland Barthes, *La camera chiara*, «PBE», Einaudi, Torino 2003.
193. *Gill Sans*, progettato da Eric Gill, 1928-32.
194. Pubblicità per Linotype & Machinery Ltd, 1966.
195. *Helvetica Neue*, progettato da Edouard Hoffmann e Max Miedinger, 1983.
196. Progetto per il carattere *Universal* ideato da Herbert Bayer, inchiostro e guazzo su carta, 1927.
197. Testata de «il manifesto».
198. Testata de «la Repubblica».
199. Prima pagina del «Corriere della Sera», 30 novembre 1975.
200. Bottiglia di birra Schöfferhofer.
201. Circolare nazista del decreto di Martin Bormann del 3 gennaio 1941.
202. Vocabolario tedesco-italiano e italiano-tedesco, 1896.
203. Pubblicità per Galliano, pagine di rivista.
    (Foto © Riccardo Falcinelli).
204. Prima pagina del «Daily Mail», 17 settembre 2012.
205. Elasticità di un libro aperto.
206. *The Serif, Thesis superfamily*, progettato da Luc(as) de Groot, 1994.
207. *Georgia* e *Verdana*, progettato da Matthew Carter e Tom Rickner, 1996.
208. Gustave Doré, *Paolo e Francesca*, in *La Divina Commedia*, Inferno, incisione, 1890.
209. Francesco Colonna, *Hypnerotomachia Poliphili*, tipografia di Aldo Manuzio, Venezia 1499.
210. Margini di default proposti da Microsoft Word per un foglio A4.
211. Dattiloscritto, anni Sessanta.
212. Lettore per e-book.
    (Foto © Riccardo Falcinelli).
213. Anthony Burgess, *A Clockwork Orange*, Penguin Books, Londra 2000.

ELENCO DELLE ILLUSTRAZIONI

214. Tavola apparecchiata in maniera standard.
215. Piatto, posate e bicchieri disposti casualmente.
216. Tavola apparecchiata con pasta nel piatto.
217. Tavola apparecchiata con pasta gettata casualmente sul piatto.
218. Tavola apparecchiata per una festa di bambini.
219. Cassandre, manifesto per Dubonnet, litografia, 1932.
220. Percezione e significati del quadro visivo.
221. Percezione della gravità nello spazio.
222. Percezione dell'ortogonalità.
223. Rettangoli verticali e orizzontali e loro utilizzi.
224. Pieter Bruegel il Vecchio, *La parabola dei ciechi*, tempera su tela, 1568 circa.
    Napoli, Museo nazionale di Capodimonte. (Foto Electa / Mondadori Portfolio).
225. Percezione della gravità nel quadro visivo.
226. El Lissitzky, *Colpisci i bianchi con il cuneo rosso*, litografia a colori, 1919.
227. Manifesto per Leica, 1940.
228. Percezione dello spazio direzionato.
229. Pagine di rivista con pubblicità per Audi.
    (Foto © Riccardo Falcinelli).
230. Fotogramma dal film *Via col vento*, 1939.
231. Fotogramma dal film *2046*, 2004.
232. Thomas Gainsborough, *Ritratto di Ann Ford*, olio su tela, 1760.
    Cincinnati (Ohio), Art Museum, Bequest of Mary M. Emery. (Foto The Bridgeman Art Library / Archivi Alinari, Firenze).
233. Bryan Organ, *Diana, Princess of Wales*, acrilico su tela, 1981.
    Londra, National Portrait Gallery. (Foto © National Portrait Gallery, Londra).
234. Iconografia del cowboy col suo modo di scaricare il peso.
235. Iconografia della femme fatale col suo modo di scaricare il peso.
236. Boris Karloff, francobollo commemorativo, 1997.
237. Manifesto per Moxie, anni Venti.
238. Achille Mauzan, manifesto per Credito italiano, 1917.
239. James Montgomery Flagg, manifesto per Us Army, 1917.
240. Fotogrammi dal film *C'era una volta il West*, 1968.
    © Leone Film Group, per gentile concessione.
241. Schema compositivo di Madonna con Bambino, litografia ottocentesca da dipinto di Raffaello Sanzio.
242. Schema compositivo di Madonna con Bambino, litografia ottocentesca da dipinto di Raffaello Sanzio.
243. Il fotogiornalismo del Novecento in alcune famose copertine d'epoca.
    (Foto © Riccardo Falcinelli).
244. Figurine Liebig, *Storia della fotografia*, litografia a colori.

245. Esempio di flacone nero per detersivo.
     (Foto © Riccardo Falcinelli).
246. Sarah Morgan, *L'onore di Bella*, Harlequin Mondadori, Milano 2012.
247. John Wayne e Maureen O'Hara in un'elaborazione grafica da foto del film *Rio Grande*, 1950.
     (© Riccardo Falcinelli).
248. Federico Seneca, illustrazione per Baci Perugina, 1922.
     © Eredi Federico Seneca.
249. Francesco Hayez, *Il bacio*, olio su tela, 1859.
     Milano, Pinacoteca di Brera. (Foto © Sergio Anelli / Electa / Mondadori Portfolio).
250. Metopa dal Partenone, v secolo a. C.
     Londra, British Museum. (Foto © The Trustees of the British Museum).
251. Finta copertina di «Vogue» e finta confezione di shampoo con un dettaglio di un dipinto di Tiziano.
     (© Riccardo Falcinelli).
252. Superman.
     © Warner Bros.
253. Francis Scott Fitzgerald, *The Great Gatsby*, Penguin Books, Londra 2000.
254. Risultati della ricerca immagini «abbey road» su Google.
     (Foto © Riccardo Falcinelli).
255. Andrea Vesalio, *De humani corporis fabrica*, Bruxelles 1543.
256. I tagli del manzo, incisione, XIX secolo.
257. William Playfair, *The Commercial and Political Atlas*, incisione, 1786.
258. Ruota lulliana dal *De umbris idearum* di Giordano Bruno, xilografia, Parigi 1582.
259. Tabellone del Monopoly, edizione americana.
     (Foto © Riccardo Falcinelli).
260. Geoffroy Tory, *Champ fleury*, Parigi 1529.
261. Ritratto di famiglia, 1910 circa.
     (Foto © Riccardo Falcinelli).
262. Diagramma della foto 261.
263. Pagine da una rivista di cucito, anni Sessanta.
264. Schematizzazione novecentesca dell'atomo.
265. Segnaletica delle ferrovie dello Stato nella stazione di Roma Tiburtina.
     (Foto © Riccardo Falcinelli).
266. Schematizzazione della catena del Dna.
267. Un feto visualizzato in ecografia.
268. Stencil graffiti su un muro di Teheran, 2007.
269. John W. Audubon, *Cervus virginianus*, in *The Viviparous Quadrupeds of North America*, Audubon, New York 1845-48.
270. Scheletro della mano visualizzato tramite radiografia.
271. The Worldmapper Team, *Mappa della ricchezza, previsioni 2015*, 2003.
272. The Worldmapper Team, *Mappa della povertà*, 2002.

ELENCO DELLE ILLUSTRAZIONI

273. La carta politica del mondo rovesciata di 180°.
274. Jan Vermeer, *Soldato con ragazza sorridente*, olio su tela, 1568.
    New York, The Frick Collection. (Foto Akg/Mondadori Portfolio).
275. Charles Joseph Minard, *Carte figurative des pertes successives en hommes de l'armée française dans la campagne de Russie 1812-13*, incisione, 1869.
276. Gerd Arntz, *Kraftwagenbestand der Erde* (Inventario delle automobili della Terra), in Otto Neurath, *Gesellschaft und Wirtschaft*, Bibliographisches Institut Ag, Lipsia 1930.
277. Otto Neurath, *Only an Ocean Between*, grafica di Gerd Arntz, 1943.
278. Gerd Arntz, pittogramma, in Otto Neurath, *Isotype*, 1929.
279. Fotogrammi dal film *Psycho*, 1960.
280. Fotogrammi dalla serie Tv *Dexter*, 2006.
281. Marshall McLuhan e Quentin Fiore, *The Medium is the Massage*, Bantam Books, New York 1967.
282. Bruno Munari, *Libri illeggibili*, 1949-1988.
    © Bruno Munari. Per gentile concessione Corraini Edizioni.
283. Eugène Ionesco, *La cantatrice chauve*, grafica di Robert Massin, Gallimard, Parigi 1964.
284. Bruno Munari, *Nella nebbia di Milano*, Corraini, Mantova 1996.
    © Bruno Munari. Tutti i diritti riservati alla Maurizio Corraini Srl.
285. Eugène Ionesco, *La cantatrice chauve*, grafica di Robert Massin, Gallimard, Parigi 1964.
286. Laurence Sterne, *The Life and Opinions of Tristram Shandy, Gentleman*, Londra 1761, vol. III.
287. Alessandro Manzoni, *I promessi sposi*, tipografia di Guglielmini e Redaelli, Milano 1840.
288. Un sonetto sfocato.
289. Albrecht Dürer, *Istitutiones geometricae*, incisione, 1532.
290. Figurine Liebig, *Storia della fotografia*, litografia a colori.
291. Sequenza di lavorazioni fotografiche dallo scatto alla stampa su rivista.
292. Camera litografica, anni Sessanta.
293. «The London Gazette», 25 gennaio 1688.
294. Logica della fotocomposizione.
295. Macchina per fototipia in un'illustrazione di inizio Novecento.
296. Annuncio pubblicitario per Kodak, 1888.
297. Pellicola Kodalith, Kodak.
298. Jim Fitzpatrick, *Che Guevara*, elaborazione grafica da foto di Alberto Korda, 1968.
299. «Harper's Bazaar», marzo 1954.
300. «Harper's Bazaar», novembre 1951.
301. Fotogramma dal film *La corazzata Potëmkin*, 1925.

302. La serie televisiva *Lost*, 2004-10, visualizzata su iPhone.
     (Foto © Riccardo Falcinelli).
303. Proiezione retinica di un'immagine visualizzata su schermo.
304. Foto di scena dalla serie televisiva *Lost*, 2004-10.
     (Foto Picture Desk / Mondadori Portfolio).
305. Pong, 1972.
     © Atari, Inc.
306. Gran Turismo 1, 1997.
     © Sony Computer Entertainment, Inc. Cyberhead, Polyphony Digital, Inc.
307. Isomorfismo spaziale tra personaggi e giocatori durante un videogioco.
     (Foto iStockphoto).
308. Joystick PlayStation.
     (Foto © Riccardo Falcinelli).
309. Pac-Man, 1980.
     © Namco Limited.
310. «Typographische Mitteilungen», ottobre 1925.
311. Gustave Doré, *Plutone e Virgilio*, in *La Divina Commedia*, Inferno, incisione, 1890.
312. Seng-gye, Tom Curtis, Christopher Hunt, *The Airbrush Book*, Orbis Publishing, Londra 1980.
313. Pubblicità per Pioneer, 1986.
314. «Ray Gun», febbraio 1993, n. 3.
315. Sedia in stile liberty di fine Ottocento.
     (Foto © Riccardo Falcinelli).
316. Alphonse Mucha, manifesto per Job, 1896.
317. «La Settimana Enigmistica», 15 settembre 2012.
     Per gentile concessione de «La Settimana Enigmistica». © riservato.
318. «La Settimana Enigmistica», 15 settembre 2012, cruciverba.
     Per gentile concessione de «La Settimana Enigmistica». © riservato.
319. Pattern liberty.
320. «Neue Grafik», luglio 1963, n. 23.
321. Josef Müller-Brockmann, *Grid Systems in Graphic Design*, Niggli, Niederteufen 1981.
322. Elisa Storace e Hans Werner Holzwarth, *Kartell. The Culture of Plastics*, Taschen, Colonia 2012.
323. Manifesto per Knoll, 1999.
324. Unimark International, manuale di immagine coordinata per New York City Transit Authority, 1970.
325. «Domus», settembre 2011, n. 950.
326. «Casabella», novembre 2010, n. 795.
327. Audrey Hepburn in un'elaborazione grafica da foto del film *Colazione da Tiffany*, 1961.
     (© Riccardo Falcinelli).

328. Ford Motor Company, Modello T, automobile, 1908.
329. Hans Holbein il Giovane, *Ritratto di Nicholas Kratzer*, olio su tavola, 1528.
   Parigi, Musée du Louvre. (Foto © Gianni Dagli Orti / Picture Desk / Mondadori Portfolio).
330. Telefono in bachelite.
331. Sedia Shaker.
332. «Ray Gun», grafica di David Carson, 1994.
333. Philippe Starck, *Starck*, Taschen, Colonia 2010.
334. Stefan Sagmeister, manifesto per Aiga Detroit, 1999.
335. Jon Wozencroft, *The Graphic Language of Neville Brody*, Thames & Hudson, Londra 1988.
336. «Emigre», 2000, n. 55.
337. Fotogramma dal film *Via col vento*, 1939.
338. Fotogramma «The End».
339. Tazza souvenir con *Madamoiselle Riviere* di Ingres.
   (Foto © Riccardo Falcinelli).
340. Guscio per iPhone con *Madamoiselle Riviere* di Ingres.
   (Foto © Riccardo Falcinelli).
341. Ragazza al Louvre di fronte a *Madamoiselle Riviere* di Ingres, 2013.
   (Foto © Riccardo Falcinelli).
342. Lev Tolstòj, *Guerra e pace*, Einaudi, Torino 1968, vol. I.
343. Honoré de Balzac, *Eugénie Grandet*, Garzanti, Milano 1976.

Bibliografia essenziale

I richiami che scorrono a fianco del testo principale rimandano in maniera libera a questa bibliografia: ora come fonti, ora come riferimenti in assonanza o in contraddizione con quanto espresso nel libro.

BARNARD, M., *Art, Design and Visual Culture. An Introduction*, Palgrave Macmillan, London 1998.

BARTHES, R., *Miti d'oggi*, Einaudi, Torino 2005.

BAUDRILLARD, J., *Il sistema degli oggetti*, Bompiani, Milano 2003.

BAXANDALL, M., *Pittura ed esperienze sociali nell'Italia del Quattrocento*, Einaudi, Torino 2001.

BECKER, H. S., *I mondi dell'arte*, il Mulino, Bologna 2012.

BELTING, H., *Antropologia delle immagini*, Carocci, Roma 2011.

BENJAMIN, W., *L'opera d'arte nell'epoca della sua riproducibilità tecnica*, Einaudi, Torino 2000.

BERGER, J., *Questione di sguardi*, il Saggiatore, Milano 2009.

BERTOLO, F. M., CHERUBINI, P., INGLESE, G. e MIGLIO, L., *Breve storia della scrittura e del libro*, Carocci, Roma 2012.

BOLZONI, L., *La rete delle immagini. Predicazione in volgare dalle origini a Bernardino da Siena*, Einaudi, Torino 2002.

BONINI LESSING, E., *Interfacce metropolitane*, et al. edizioni, Milano, 2010.

BRIGGS, A. e BURKE, P., *Storia sociale dei media. Da Gutenberg a Internet*, il Mulino, Bologna 2010.

BRINGHURST, R., *Gli elementi dello stile tipografico*, Sylvestre Bonnard, Milano 2001.

BUCCHETTI, V., *Packaging design. Storia, linguaggi, progetto*, FrancoAngeli, Milano 2012.

BURKE, P., *Testimoni oculari. Il significato storico delle immagini*, Carocci, Roma 2013.

CARTER, S., *Twentieth Century Type Designers*, Lund Humphries, London 2002.

CHAPPELL, W. e BRINGHURST, R., *Breve storia della parola stampata*, Sylvestre Bonnard, Milano 2004.

CORRAIN, L., *Semiotiche della pittura. I classici. Le ricerche*, Meltemi, Roma 2004.

DE FUSCO, R., *Storia del design*, Laterza, Roma-Bari 2013.

BIBLIOGRAFIA ESSENZIALE

DEHAENE, S., *Il pallino della matematica. Scoprire il genio dei numeri che è in noi*, Raffaello Cortina, Milano 2010.

DORFLES, G., *Introduzione al disegno industriale. Linguaggio e storia della produzione di serie*, Einaudi, Torino 2001.

ECO, U., *Apocalittici e integrati*, Bompiani, Milano 2001.

EISENSTEIN, E. L., *Le rivoluzioni del libro. L'invenzione della stampa e la nascita dell'età moderna*, il Mulino, Bologna 2011.

EUGENI, R., *Analisi semiotica dell'immagine. Pittura, illustrazione, fotografia*, Isu Università Cattolica, Milano 2004.

FALCINELLI, R., *Guardare, pensare, progettare. Neuroscienze per il design*, Stampa Alternativa & Graffiti, Viterbo 2011.

FEBVRE, L., *La nascita del libro*, Laterza, Roma-Bari 2011.

FRANZONI, C., *Tirannia dello sguardo. Corpo, gesto, espressione nell'arte greca*, Einaudi, Torino 2006.

FREEDBERG, D., *Il potere delle immagini. Il mondo delle figure: reazioni e emozioni del pubblico*, Einaudi, Torino 2009.

GALASSI, P., *Prima della fotografia. La pittura e l'invenzione della fotografia*, Bollati Boringhieri, Torino 1989.

GILARDI, A., *Storia sociale della fotografia*, Bruno Mondadori, Milano 2000.

GOMBRICH, E. H., *Arte e illusione. Studio sulla psicologia della rappresentazione pittorica*, Phaidon, Milano 2008.

–, *L'immagine e l'occhio. Altri studi sulla psicologia della rappresentazione pittorica*, Einaudi, Torino 1985.

–, *L'uso delle immagini. Studi sulla funzione sociale dell'arte e sulla comunicazione visiva*, Phaidon, Milano 2011.

GOODMAN, N., *I linguaggi dell'arte*, il Saggiatore, Milano 2008.

HARRIS, R., *La tirannia dell'alfabeto. Ripensare la scrittura*, Stampa Alternativa & Graffiti, Viterbo 2003.

HARTHAN, J., *The History of the Illustrated Book. The Western Tradition*, Thames & Hudson, London 1997.

HOLLIS, R., *About Graphic Design*, Occasional Papers, London 2012.

–, *Graphic Design. A Concise History*, Thames & Hudson, London 2001.

JOBLING, P. e CROWLEY, D., *Graphic Design. Reproduction and Representation since 1800*, Manchester University Press, Manchester 1997.

JOHNSTON, O. e THOMAS, F., *Disney Animation. The Illusion of Life*, Abbeville Press, New York 1981.

KLEIN, N., *No Logo*, Rizzoli, Milano 2012.

KINROSS, R., *Tipografia moderna. Saggio di storia critica*, Stampa Alternativa & Graffiti, Viterbo 2005.

–, *Unjustified Texts. Perspectives on Typography*, Hyphen Press, London 2002.

KRESS, G. e VAN LEEUWEN, T., *Reading Images. The Grammar of Visual Design*, Routledge, London 2006.

LAWSON, A. S., *Anatomy of a Typeface*, David R. Godine, Boston 2010.

LE CORBUSIER, *Arte decorativa e design*, Laterza, Roma-Bari 1972.

LOOS, A., *Parole nel vuoto*, Adelphi, Milano 1992.

LOWRY, M., *Il mondo di Aldo Manuzio. Affari e cultura nella Venezia del Rinascimento*, Il Veltro, Roma 2000.

LUPTON, E., *Caratteri, testo, gabbia. Guida critica alla progettazione grafica*, Zanichelli, Bologna 2010.

LUPTON, E. e MILLER, J. A., *Design Writing Research. Writing on Graphic Design*, Phaidon, London 2000.

LUSSU, G., *La lettera uccide. Storie di grafica*, Stampa Alternativa & Graffiti, Viterbo 1999.

MALDONADO, T., *Reale e virtuale*, Feltrinelli, Milano 2005.

MARGOLIN, V., *Design Discourse. History, Theory, Criticism*, University of Chicago Press, Chicago 1989.

MARRONE, G., *Il discorso di marca. Modelli semiotici per il branding*, Laterza, Roma-Bari 2012.

MASSARI, S. e NEGRI ARNOLDI, F., *Arte e scienza dell'incisione. Da Maso Finiguerra a Picasso*, Carocci, Roma 2008.

MASSIN, R., *L'ABC du métier*, Imprimerie Nationale, Paris 1989.

MCLUHAN, M., *Gli strumenti del comunicare*, il Saggiatore, Milano 2008.

MCLUHAN, M. e FIORE, Q., *The Medium is the Massage*, Penguin, London 2008.

MEGGS, P., *A History of Graphic Design*, Wiley, Hoboken 2011.

MIRZOEFF, N., *Introduzione alla cultura visuale*, Meltemi, Roma 2005.

MITCHELL, W. J. T., *Iconology. Image, Text, Ideology*, University of Chicago Press, Chicago 1987.

–, *What Do Pictures Want? The Lives and Loves of Images*, University of Chicago Press, Chicago 2006.

MOHOLY-NAGY, L., *Pittura Fotografia Film*, Einaudi, Torino 2010.

MORISON, S., *Politics and Script. Aspects of Authority and Freedom in the Development of Graeco-Latin Script from the Sixth Century*, Oxford University Press, Oxford 1999.

MUNARI, B., *Codice ovvio*, Einaudi, Torino 2008.

–, *Nella nebbia di Milano*, Corraini, Mantova 2008.

NEURATH, O., *From Hieroglyphics to Isotype. A Visual Autobiography*, Hyphen Press, London 2010.

NEWHALL, B., *Storia della fotografia*, Einaudi, Torino 1984.

PACKARD, V., *I persuasori occulti*, Einaudi, Torino 2005.

PALLOTTINO, P., *Dall'atlante delle immagini. Note di iconologia*, Ilisso, Nuoro 1992.

PANOFSKY, E., *La vita e l'opera di Albrecht Dürer*, Abscondita, Milano 2006.

PASTOUREAU, M., *Nero. Storia di un colore*, Ponte alle Grazie, Milano 2008.

–, *Medioevo simbolico*, Laterza, Roma-Bari 2013.

PERONDI, L., *Sinsemie. Scritture nello spazio*, Stampa Alternativa & Graffiti, Viterbo 2012.

PETRUCCI, A., *La scrittura. Ideologia e rappresentazione*, Einaudi, Torino 1986.

POTTER, N., *Cos'è un designer*, Codice, Torino 2010.

SAUSSURE, F. DE, *Corso di linguistica generale*, Laterza, Roma-Bari 2012.

SHAUGHNESSY, A. e BIERUT, M., *Graphic Design. A User's Manual*, Laurence King, London 2009.

SHAW, P. e BAIN, P., *Blackletter. Type and National Identity*, Princeton Architectural Press, New York 1998.

SHINER, L., *L'invenzione dell'arte. Una storia culturale*, Einaudi, Torino 2010.

SPARKE, P., *An Introduction to Design and Culture. 1900 to the Present*, Routledge, London 2013.

STEINBERG, S. H., *Cinque secoli di stampa*, Einaudi, Torino 1967.

STURKEN, M. e CARTWRIGHT, L., *Practices of Looking. An Introduction to Visual Culture*, Oxford University Press, Oxford 2000.

TANIZAKI, J., *Libro d'ombra*, Bompiani, Milano 2000.

TRACY, W., *Letters of Credit. A View of Type Design*, David R. Godine, Boston 2003.

TSCHICHOLD, J., *La forma del libro*, Sylvestre Bonnard, Milano 2003.

TUFTE, E. R., *Beautiful Evidence*, Graphics Press, Cheshire 2006.

TWYMAN, M., *Printing 1770-1970. An Illustrated History of Its Development and Uses in England*, British Library, London 1998.

VEBLEN, T., *La teoria della classe agiata. Studio economico sulle istituzioni*, Einaudi, Torino 2007.

VENTURI, R., SCOTT BROWN, D. e IZENOUR, S., *Imparare da Las Vegas. Il simbolismo dimenticato della forma architettonica*, Quodlibet, Macerata 2010.

VETTESE, A., *Ma questo è un quadro? Il valore nell'arte contemporanea*, Carocci, Roma 2005.

VITTA, M., *Il progetto della bellezza. Il design fra arte e tecnica dal 1851 a oggi*, Einaudi, Torino 2011.

–, *Il rifiuto degli dèi. Teoria delle belle arti industriali*, Einaudi, Torino 2012.

WILLIAMSON, J., *Decoding Advertisements. Ideology and Meaning in Advertising*, Marion Boyars, London 1994.

Questo libro è stampato su carta contenente fibre certificate FSC®
e con fibre provenienti da altre fonti controllate.

Stampato per conto della Casa editrice Einaudi
presso ELCOGRAF S.p.A. - Stabilimento di Cles (Tn)

C.L. 21771

Edizione								Anno			
6	7	8	9	10	11	12		2017	2018	2019	2020